U0862722

主　　编　蒋惠岭　国家法官学院副院长

　　　　　　　　　最高人民法院司法案例研究院负责人

副 主 编　关　毅　国家法官学院科研部主任

　　　　　刘　畅　最高人民法院司法案例研究院规划部主任

主编助理　边疆戈　国家法官学院科研部编辑

　　　　　朱建伟　国家法官学院科研部编辑

　　　　　赵文轩　最高人民法院司法案例研究院规划部编辑

《中国法院年度案例》编辑人员（按姓氏笔画）

边疆戈　朱建伟　刘　畅　关　毅　杨小利

罗胜华　赵文轩　胡　岩　袁登明　唐世银

曹海荣　梁　欣　蒋惠岭　程　瑛　谭　红

本书编审人员　谭　红

中国法院
2020年度案例

国　家　法　官　学　院
最高人民法院司法案例研究院◎编

行政纠纷

中国法制出版社
CHINA LEGAL PUBLISHING HOUSE

《中国法院年度案例》通讯编辑名单

凌　巍　北京市高级人民法院

刘晓虹　北京市高级人民法院

董　扬　天津市高级人民法院

陈希国　山东省高级人民法院

王　佳　河北省高级人民法院

郭宇凌　河南省高级人民法院

杨智勇　内蒙古自治区高级人民法院

刘芳百　黑龙江省高级人民法院

刘洪颖　吉林省高级人民法院

周文政　辽宁省高级人民法院

牛晨光　上海市高级人民法院

马云跃　山西省高级人民法院

戴鲁霖　江苏省高级人民法院

张晓娟　江苏省高级人民法院

沈　杨　江苏省南通市中级人民法院

周耀明　江苏省无锡市中级人民法院

章光园　江西省高级人民法院

宋淼军　湖北省高级人民法院

杨晓彤　湖北省宜昌市中级人民法院

唐　竞　湖南省高级人民法院

童飞霜　湖南省高级人民法院

吴　婧　安徽省高级人民法院

杨　治　浙江省高级人民法院

蒋　莹　浙江省高级人民法院

李相如　福建省高级人民法院

林文君　福建省高级人民法院

文靖之　广东省高级人民法院

邹尚忠　广西壮族自治区高级人民法院

韦丹萍　广西壮族自治区高级人民法院

李周伟　海南省高级人民法院

杜玉兰　四川省高级人民法院

游中川　重庆市高级人民法院

杨新斌　陕西省高级人民法院

施辉法　贵州省贵阳市中级人民法院

郑天柱　云南省高级人民法院

饶　媛　云南省昆明市中级人民法院

石　燕　新疆维吾尔自治区高级人民法院

王　琼　新疆维吾尔自治区高级人民法院生产建设兵团分院

孙启英　青海省高级人民法院

序

坚持和完善中国特色社会主义法治体系，是党的十九届四中全会作出的一项重要部署。作为其核心组成部分，高效的法治实施体系所要实现的就是让静态的法律制度在实践中得到良好实施。《中国法院年度案例》丛书的价值追求，即公开精品案例，研究案例所体现的裁判方法和价值理念，提炼裁判规则，助推司法标准统一。

《中国法院年度案例》丛书，是国家法官学院于2012年开始编辑出版的一套大型年度案例丛书。丛书由国家法官学院案例开发研究中心具体承担编辑工作，每年年初定期出版。此前，该中心坚持20余年连续不辍编辑出版了《中国审判案例要览》丛书近90卷，分中文版和英文版在海内外发行，颇有口碑，享有赞誉。作为一种全新的案例研究产品，《中国法院年度案例》丛书旨在加强完善中国特色案例指导制度，探索编辑案例的新方法、新模式，以弥补当前各种案例出版物的不足。该丛书2012~2019年已连续出版8套，一直受到读者的广泛好评，并迅速售罄。为更加全面地反映我国司法审判执行工作的发展进程，顺应审判执行实践的需要，响应读者需求，2014年度新增3个分册即金融纠纷、行政纠纷、刑事案例，2015年度将刑事案例调整为刑法总则案例、刑法分则案例2册，2016年度新增知识产权纠纷分册，2017年度新增执行案例分册，2018年度、2019年度将刑事案例扩充为4个分册。现国家法官学院及时编撰推出《中国法院2020年度案例》系列丛书，共23册。

当前市面上的案例丛书百花齐放，又有裁判文书网，可以查询各级法院、各类的裁判文书，还有各种专门领域的案例汇编书籍，以及各种案例指导、案例参考等读物，各具特色。而《中国法院年度案例》丛书则以开放务实的态度、简洁明快的风格，试图把案例书籍变得“好读有用”，故在编辑中坚持以下方法：一是高度提炼案例内容，控制案例篇幅，每个案例基本在3000字以内；二是突出争议焦点，剔除无效信息，尽可能在有限的篇幅内为读者提供有效、有益的信息；三是注重对案件裁判文书的再加工，大多数案例由案件的主审法官撰写“法官后语”，高度提炼、总结案例的指导价值。

同时，《中国法院年度案例》丛书还有以下特色：一是信息量大。国家法官学院案例开发研究中心每年从全国各地法院收集到的上一年度审结的典型案例近万件，使该丛书有广泛的选编基础，可提供给读者新近发生的全国各地多种类型的代表性案例。二是方便检索。为体现以读者为本，丛书分卷细化，每卷下还将案例主要根据案由分类编排，每个案例用一句话概括裁判规则、裁判思路或焦点问题作为主标题，让读者一目了然，迅速找到目标案例。

中国法制出版社始终全力支持《中国法院年度案例》丛书的出版，给了作者和编辑们巨大的鼓励。2018年、2019年连续推出数据库增值服务，2020年继续提供数据库增值服务并充实完善数据内容。购买本书，扫描前勒口二维码，即可在本年度免费查阅往年同类案例数据库。我们在此谨表谢忱，并希望通过共同努力，逐步完善，做得更好，真正探索出一条编辑案例书籍、挖掘案例价值的新路，更好地服务于学习、研究法律的读者，服务于社会，服务于国家的法治建设。

本丛书既可作为法官、检察官、律师等司法实务工作人员的办案参考和司法人员培训推荐教程，也是社会大众学法用法的极佳指导，亦是教学科研机构案例研究的精品素材。当然，案例作者和编辑在编写过程中也难以一步到位实现最初的编写愿望，可能会存在各种不足，甚至错误，欢迎读者批评指正，我们愿听取建议，并不断改进，不断扩大案例研究领域，实现中国特色案例研究事业新发展。

从今年起，《中国法院年度案例》改由国家法官学院与最高人民法院司法案例研究院共同编辑。最高人民法院司法案例研究院是中编办批准设置的最高人民法院的司法案例专门研究机构，与国家法官学院合署办公，在最高人民法院领导下，秉持服务司法审判实践、经济社会发展、法学教育研究、中外法学交流、法治中国建设的办院宗旨，坚持“服务、创新、合作、开放、共享”工作原则，依托国家法官学院开展司法案例的收集、生成、研究、发布和国际交流工作。司法案例研究院的加入，必将使本套丛书的编辑力量更加壮大，案例质量将进一步提升。

国家法官学院副院长

最高人民法院司法案例研究院负责人

蒋惠岭

目　录

Contents

一、行政不作为

二、行政确认

三、行政许可

四、行政征收

五、行政处罚

六、行政强制

七、行政赔偿

八、行政程序

九、政府信息公开

十、其他

一、行政不作为

1

不动产统一登记的条件应符合不动产权利主体一体化的立法目的

——王甲诉湘潭市国土资源局不履行法定职责案

【案件基本信息】

1. 裁判书字号

湖南省湘潭市中级人民法院（2018）湘03行终161号行政判决书

2. 案由：不履行法定职责纠纷

3. 当事人

原告（被上诉人）：王甲

被告（上诉人）：湘潭市国土资源局

【基本案情】

涉案房屋原系湘潭钢铁集团有限公司公房。因住房制度改革，王甲的父母王某和张某于1999年7月25日购买了该套房屋，房屋所有权证和国有土地使用权证办理在王某名下。2004年6月，王某与张某在法院调解离婚，约定王甲随王某共同生活，婚姻存续期间的共同财产两人各分一半，张某所得部分作为今后抚养王甲的生活费用。2009年12月2日，王某与二婚妻子将涉案房屋转让给李某和赵某夫妇，并办理了房屋所有权转移登记，但未办理国有土地使用权转移手续。2013年3月15日，王某去世。2015年12月30日，王甲从李某和赵某处购买了涉案房屋，并办理了房屋所有权转移登记，于2016年1月7日取得了房屋所有权证，涉案房屋归王甲单独所有，但仍未办理国有土地使用权转移手续，且王甲未获得权利人为王某的国有土地使用权证原件。王甲于2017年向不动产登记部门申请办理不动产权属证书。由于王甲没有国有土地使用权证，且国有土地使用权人仍为王某，不动产登记部门告知王甲不符合办理不动产权属证书的条件。王甲多次与湘潭市国土资源局沟通，并于2017年11月提交了请求解决办证问题的书面申请。湘潭市国土资源局召开了相关会议进行研究讨论，在会议纪要上记载的处理建议为“申请人王甲经公证或法院确权取得国有土地使用权的继承权后，房地主体即形成一致。岳塘分中心在收取房地权属来源等有关材料，依法公告并注销原国有土地使用权证后，即可办理不动产登记”。记载的会议决定为：“1. 当事人如能提交原权利人国有土地使用权证，根据湘政办发〔2017〕39号规定办理；2. 当事人如不能提交原权利人国有土地使用权证的，所有当事人需到登记机构进行申请，确认同意将权利转移给王甲后办理不动产登记，个别或部分当事人不申请且难以调解，建议当事人通过司法途径解决争议后，再根据司法判决文书申请不动产登记。”2018年4月，王甲得知了会议纪要的相关内容后，认为湘潭市国土资源局的行为系不履行法定职责的行为，遂提起行政诉讼。

【案件焦点】

1. 王甲是否向湘潭市国土资源局提出了办理不动产登记的申请；2. 湘潭市国土资源局是否存在未履行办理不动产登记法定职责的情形。

【法院裁判要旨】

湖南省湘潭市岳塘区人民法院经审理认为：第一，因王甲向湘潭市国土资源局提出了办理不动产登记的申请，才出现后续湘潭市国土资源局拒绝办理和讨论如何处理的行为。湘潭市国土资源局以申请资料不符合登记要求为由拒绝受理登记影响了程序的进行，不能以此否认王甲提出了相关申请。故应认可王甲向湘潭市国土资源局提出了办理不动产登记申请的事实。第二，王甲通过民事买卖法律行为，合法取得了涉案房屋所有权。根据不动产权利主体一体化原则，当房屋等建筑物因转让等处分形式发生权利主体变更时，该建筑物占用范围内的土地使用权归属主体应相应地予以变更。王甲取得涉案房屋所有权经登记已发生效力，应认可其同时取得了涉案房屋占用范围内的土地使用权，才符合不动产权利主体一体化规定。在原权利人无法提交国有土地使用权证的情况下，行政部门保存的土地登记卡亦能够体现国有土地使用权证记载的内容，可确定涉案房屋占用范围内的土地使用权来源清晰，权属明确，无权属争议。王甲通过买卖取得涉案房屋所有权，与继承法律关系无关，湘潭市国土资源局会议讨论的处理建议及决定内容涉及继承问题，实际是增设了涉案房屋的不动产登记条件，不当增加了申请人的义务。如果湘潭市国土资源局对涉案房屋不予登记，将违反《不动产登记暂行条例》第一条保护权利人合法权益的立法目的，无法产生不动产权利主体一体化的法律效果。故王甲申请办理不动产登记符合法定条件，其请求湘潭市国土资源局履行法定职责的理由成立。综上，一审法院判决：

责令被告湘潭市国土资源局于本判决生效之日起六十日内履行为原告王甲办理涉案房屋的不动产权属证书的法定职责。

湘潭市国土资源局不服一审判决，提起上诉。湖南省湘潭市中级人民法院经审理后，同意一审法院裁判观点。

【法官后语】

为整合不动产登记职责，规范登记行为，方便群众申请登记，保护权利人合法权益，国务院制定的《不动产登记暂行条例》于2015年3月1日起施行。根据《不动产登记暂行条例》，原国土资源部制定了《不动产登记暂行条例实施细则》，于2016年1月1日起施行。不动产登记机构进行不动产统一登记，以上述行政法规、规章为依据。此外，各省出台了相关规范性文件，对登记中可能涉及的问题具体规定操作方法。

由于社会生活的复杂性及我国公民相关法律知识的欠缺，在不动产统一登记之前，有部分公民在进行房屋买卖时，因不重视国有土地使用权证或一些其他原因，仅办理了房屋所有权转移登记手续，未同步办理国有土地使用权转移手续，导致房地权利主体分离化。国家推行不动产统一登记之后，不动产登记机构在工作中遇到房地权利主体分离的情况时如何处理，是较为复杂棘手的问题。由于生活中房地权利主体分离的原因众多，不动产登记机构应当根据具体情况区别对待，在权属明确时，不宜增设不动产登记条件，应尽量为当事人扫除障碍，解决房地权利主体分离的实际问题。

就本案而言，王甲通过买卖取得了涉案房屋所有权并办理了房屋所有权证，由于原国有土地使用权人去世且无国有土地使用权证原件，导致王甲申请不动产统一登记在其名下发生障碍。湘潭市国土资源局在处理此情况时，提出的处理意见为“1. 当事人如能提交原权利人国有土地使用权证，根据湘政办发〔2017〕39号规定办理；2. 当事人如不能提交原权利人国有土地使用权证的，所有当事人需到登记机构进行申请，确认同意将权利转移给王甲后办理不动产登记，个别或部分当事人不申请且难以调解，建议当事人通过司法途径解决争议后，再根据司法判决文书申请不动产登记”。上述处理意见，实际增设了不动产登记条件，王甲无法实现，亦说明湘潭市国土资源局未正确理解《不动产登记暂行条例》的立法精神和立法目的，将原本应当为当事人解决问题的行政职责，作为其拥有的行政权力拒绝为当事人解决问题。

通过此案例的法律分析，在不动产登记机构进行不动产统一登记时，为切实保护权利人的合法权益，不动产登记条件应符合不动产权利主体一体化的立法目的。

编写人：湖南省湘潭市岳塘区人民法院　葛嘉

2

行政机关履行法定职责期限未满，不可提起行政复议或行政诉讼

——蔡某等诉瑞安市税务局、瑞安市人民政府不履行法定职责案

【案件基本信息】

1. 裁判书字号

浙江省温州市中级人民法院（2018）浙03行终480号行政裁定书

2. 案由：不履行法定职责纠纷

3. 当事人

原告（上诉人）：蔡某等31人

被告（被上诉人）：浙江省瑞安市国家税务局（以下简称瑞安市税务局）、浙江省瑞安市人民政府（以下简称瑞安市人民政府）

【基本案情】

蔡某等31人系瑞安市上望街道雅儒村村民，因怀疑安置地瑞安市宏都小区在建设过程中相关部门存在偷税漏税情况，包含原告在内的33名雅儒村村民于2017年10月11日向被告瑞安市税务局发出《查出偷税申请书》，瑞安市税务局税收违法案件举报中心于同年10月16日受理并移交税务稽查局办理，税务稽查局展开调查核实工作并于2018年1月15日将检举事项调查结果回复举报中心。2018年1月27日，被告向原告等人送达《税收违法行为检举线索检查情况书面告知书》。另，原告等人于2018年1月2日向被告瑞安市人民政府申请行政复议，复议请求为“1. 确认被申请人收到申请人的查处偷税申请后没有依法回复的行为违法；2. 责令被申请人作出回复”。瑞安市人民政府于同年1月9日受理原告的复议申请，审理过程中因查明瑞安市税务局已针对检举事项作出调查处理并将查办结果告知检举人，故驳回原告等人的复议申请。原告遂以两被告不履行法定职责为由，于2018年3月22日诉至瑞安市人民法院，诉讼请求为“1. 确认被告瑞安市税务局收到原告的查处偷税申请后没有依法回复的行为违法；2. 判令瑞安市税务局作出回复；3. 撤销被告瑞安市人民政府作出的《行政复议决定书》”。

【案件焦点】

本案瑞安市税务局是否在法定期限内对原告的履行法定职责申请作出处理。

【法院裁判要旨】

浙江省瑞安市人民法院经审理认为：《中华人民共和国行政复议法实施条例》第十六条规定，公民、法人或者其他组织申请行政机关履行法定职责，行政机关未履行的，行政复议申请期限依照下列规定计算：（一）有履行期限规定的，自履行期限届满之日起计算……《中华人民共和国行政诉讼法》第四十七条第一款规定，公民、法人或者其他组织申请行政机关履行保护其人身权、财产权等合法权益的法定职责，行政机关在接到申请之日起两个月内不履行的，公民、法人或者其他组织可以向人民法院提起诉讼。法律、法规对行政机关履行职责的期限另有规定的，从其规定。由上述法律规定可知，公民、法人和其他组织申请行政机关履行法定职责的，应当给予行政机关针对申请作出处理的法定期间，在此期间届满之前指控行政机关不履行法定职责属于时间未成熟。根据《税收违法行为检举管理办法》第十八条第二款的规定，本级税务机关稽查局直接查办的检举案件，除有特定时限者以外，承办部门应当在收到纸质交办单以后3个月内将查办结果报告本级税务机关稽查局负责人并回复举报中心。可见，税务机关针对税收违法行为检举的处理期限应当自受理之日起3个月内反馈至税收违法案件举报中心。本案中，被告瑞安市税务局于2017年10月16日受理原告等人的举报事项申请，其履行法定职责的期限应当至2018年1月16日方才届满。故原告等人以瑞安市税务局未在法定期限回复为由于2018年1月2日向瑞安市人民政府申请行政复议，不符合复议受理条件。现瑞安市人民政府受理了原告等人的复议申请，不符合上述规定。故此，依据《最高人民法院关于适用〈中华人民共和国行政诉讼法〉的解释》第一百三十六条第七款的规定，裁定如下：

驳回蔡某等31人的起诉。

原告不服一审判决，向温州市中级人民法院提起上诉，二审审理期间，原告方撤回上诉，一审判决生效。

【法官后语】

一、履行法定职责的起诉时机问题

行政相对人申请行政机关履行法定职责是有一定履行期间的，在行政机关履行法定职责期间内，行政相对人直接指控行政机关不作为应当属于时机不成熟。只有在行政机关履行法定职责期限届满后仍然不作任何表示，即可视为行政机关不作为，此时，行政相对人指控行政机关不作为方才于法有据。。

二、行政机关履行法定职责期限未满时的处理

行政机关不履行法定职责指的是法律规范创设了行政机关的某种职责，负有该职责的行政主体，在相对人提出申请并且客观上能够履行的情况下，在一定期限之内，行政机关对相对人的申请不予答复、拒绝受理或者不正确受理的情形。因此，行政机关不履行法定职责构成行政不作为的条件有四：第一，行政机关具有法定的职责；第二，行政机关客观上能够履行该职责；第三，相对人提出申请要求行政机

关履行法定职责；第四，行政机关在履行期限内未履行该职责。就此而言，行政机关履行法定职责的期限是对行政相对人诉权的一种积极限制，亦是对行政行为效力的消极维护，履行职责期限未满，相对人的诉权将不能实现，阐述如下：

首先，行政机关在履行法定职责期限未满时，行政相对人提起行政复议的，复议机关应当不予受理。若复议机关在原行政机关法定职责履行期限未满时受理了行政复议申请，并且作出维持决定的，根据《最高人民法院关于适用〈中华人民共和国行政诉讼法〉的解释》第一百三十六条第七款的规定，此时符合“原行政行为不符合复议或者诉讼受案范围等受理条件，复议机关作出维持决定的，人民法院应当裁定一并驳回对原行政行为和复议决定的起诉”的情形，应当直接驳回行政相对人的起诉。

其次，行政机关在履行法定职责期限未满时，行政相对人提起行政诉讼的，根据《最高人民法院关于适用〈中华人民共和国行政诉讼法〉的解释》第六十六条规定“公民、法人或者其他组织依照行政诉讼法第四十七条第一款的规定，对行政机关不履行法定职责提起诉讼的，应当在行政机关履行法定职责期限届满之日起六个月内提出”，行政相对人亦只能在行政机关履行法定职责期限届满之日享有诉权，否则亦不符合行政诉讼受理条件，应当驳回起诉。

三、复议期间的经过导致起诉期限超时的处理

如果原行政机关履行法定职责期限未满，相对人又提出行政复议，复议机关受理后，复议期间的经过导致起诉期限超时如何处理？原行政机关履行法定职责期限未满，相对人便提起行政复议，复议机关受理后，由于复议期间经过的时间较长，超过了6个月的起诉期限，此时，相对人还能不能享有诉权？此时应分两种情况：第一，行政复议结果被申请人接受的，行政诉讼自然无提起之必要；第二，行政复议结果未被申请人接受的，若复议机关决定维持原行政行为的，相对人可以将原行政机关和复议机关一并起诉，若复议机关改变原行政行为的，相对人可以起诉复议机关。此时，尽管原行政行为的起诉期限已经超过，但仍不影响行政相对人的诉权，其依然可以提起行政诉讼。

编写人：浙江省瑞安市人民法院　鲍斌慧　冯余芳

3

行政机关履行法定职责应当结合职责性质全面、积极、审慎履责

——杜某诉北京市朝阳区公安消防支队及朝阳公安分局履行消防安全职责案

【案件基本信息】

1. 裁判书字号

北京市第三中级人民法院（2018）京03行终551号行政判决书

2. 案由：履行法定职责纠纷

3. 当事人

原告（被上诉人）：杜某

被告（上诉人）：北京市朝阳区公安消防支队（以下简称朝阳消防支队）、北京市公安局朝阳分局（以下简称朝阳公安分局）

【基本案情】

2017年4月19日，原告之妻张某通过96119举报投诉热线，反映“朝阳区北郎家园社区光华路×号×××国际公寓×座3103号门朝外开，影响其他住户疏散”。朝阳消防支队接举报后交由朝阳公安分局建外派出所办理。社区民警与社区居委会干部及物业公司工作人员于次日赴该公寓对举报事项进行现场核查。核查结果为，3103号业主防盗门并非长期外开，即使外开，楼道也留有40厘米左右的通过宽度。经向物业公司了解，该业主对此防盗门也是随开随关，并没有占用楼道空间的主观故意。物业公司曾与该业主就是否同意更改防盗门方向进行沟通，但遭到拒绝。针对住宅户门开启方向问题，现行规范中没有明确要求，举报人所反映的问题不属于消防隐患，举报不属实。朝阳消防支队将上述核查结果电话回复举报人。

2017年5月9日、5月12日，朝阳公安分局建外派出所北郎东社区民警再次进行核查。经核查认为，现行的《建筑设计防火规范》（GB50016－2014）中对于住宅安全疏散有相关规定，其中5.5.30条要求“住宅建筑的户门、安全出口、疏散走道和疏散楼梯的各自净宽度应经计算确定，且户门和安全出口的净宽度不应小于1.10m”。按照举报人提供的已于2015年5月1日废止的《高层民用建筑设计防火规范》（GB50045－95，2005年版），其第6.1.9条规定要求“高层建筑内走道的净宽，应按通过人数每100人不小于1.00m计算；高层建筑首层疏散外门的总宽度，应按人数最多的一层每100人不小于1.00m计算。首层疏散外门和走道的净宽不应小于表6.1.9的规定”。表6.1.9中要求居住建筑单面布房的走道净宽不小于1.20m，双面布房的净宽不小于1.30m。根据现场核查及举报人测量的疏散走道宽度1.44m的现状，均满足现行规范与旧规范，没有涉及户门开启方向的相关规定，举报人反映的问题不属于消防隐患，核查发现该举报不属实。

此后，原告认为朝阳消防支队不履行法定职责，于2017年6月9日向朝阳公安分局申请行政复议。2017年8月8日，朝阳公安分局作出被诉《驳回行政复议申请决定书》。

【案件焦点】

朝阳消防支队已经开展的消防安全监督工作是否足以达到充分全面的标准。

【法院裁判要旨】

北京市朝阳区人民法院经审理认为：国家标准没有规定入户门开启方向、原告居住的楼层楼道宽度符合国家标准成为朝阳消防支队判断是否存在消防安全隐患的主要衡量标准。

行政机关不仅应及时履行行政职责，还应确保管理全面、准确、到位，以依法实现履责目的为根本追求。消防法以预防火灾和减少火灾危害，加强应急救援工作，保护人身、财产安全，维护公共安全为宗旨。公安机关消防机构作为消防安全监督的责任主体，对于关乎人身、财产和公共安全的事项，在进行执法检查工作中应采取审慎的态度。根据不同的建筑结构、人员居住情况等相关因素，充分评估，细致排查消防安全隐患，并在此基础上作出负责任的结论意见。本案中，虽然原告所居住楼层的楼道宽度符合国家标准，且在我国现有国家标准中关于普通住宅住户的入户门开启方向确实没有强制性规定，但有关国家标准仅是消防安全检查中必须执行的不可逾越的底线。以常人的一般生活经验判断，当火灾或自然灾害等极端事件发生时，如户门开启方向这类细节设置均存在降低逃生概率的可能性。公安机关消防机构作为消防安全的主管机关，在依据国家标准规定的底线基础上，更具有根据住户所在位置、区域特点、疏散通道宽度、楼层住户量等因素，对入户门开启方向是否构成对公共安全的影响进行判断的义务，该支队仍具有发挥其专业技术优势进一步履行消防安全监督职责的空间。一审法院遂作出如下判决：

一、撤销朝阳公安分局作出的京公朝复驳字〔2017〕第0601号《驳回行政复议申请决定书》；

二、判令朝阳消防支队继续履行消防监督检查的法定职责，于本判决生效之日起三十日内重新针对原告杜某投诉的事项进行行政处理。

朝阳消防支队和朝阳公安分局上诉提出一审法院判决履责无法律依据，消防部门已无进一步的执法空间，请求二审法院撤销一审判决。北京市第三中级人民法院同意一审法院裁判意见。

【法官后语】

针对行政机关不作为或者不履行法定职责可以提起履责之诉。行政不作为大致可以分为以下三种情形：纯粹不作为、拖延履责、拒绝作为。纯粹不作为和拖延履责的判断标准相对而言比较好掌握，而对行政机关明确拒绝履行法定职责的拒绝性决定如何进行审查和判断在实务中没有明确和统一的标准。拒绝性决定的审查要点在于行政机关是否依法履行了法律赋予的职责。对拒绝性决定提起的诉讼属于履责之诉，而非撤销之诉，是因为如果从撤销之诉的角度对拒绝性决定进行审查，将仅仅停留在对行政机关已经做出的行为的合法性进行判断，必然造成对行政机关是否实体履责的忽视，也将限制司法能动性的发挥，无法对行政权进行有效监督。

拒绝性决定的特点在于行政机关作出了明确的拒绝履行原告要求的答复，所以不能简单以行政机关是否作出答复、是否进行了调查、是否满足了原告诉讼目的来进行判断是否履责，而需要探究行政机关是否在实质上履行了法定职责。

就本案而言，关于被告朝阳消防支队是否充分履行了法定职责存在两种观点。第一种观点认为朝阳消防支队已经充分履行了法定职责。理由在于，朝阳消防支队对是否存在消防隐患具有专业判断权，其对涉案户门开启方向是否构成消防安全隐患已经进行了调查，并且经过实地测量，结合相关国家标准的规定，认定涉案楼道宽度符合国家标准，相关规定也没有对入户门方向有强制性规定，因此朝阳消防支队在专业判断的基础上得出不存在消防安全隐患的结论已经履行了相应的法律职责，法院无权对涉及专业判断的事项进行审查。另一种观点即本案判决思路，认为朝阳消防支队并未充分履行法定职责。理由在于，朝阳消防支队虽然对涉案事项进行了调查，并且涉案楼道宽度确实符合国家标准，但是从消防支队所承担的法律职责来看，其负有预防和减少火灾危害，保护人身和财产安全的法定职责，所以其在履行职责时不能仅仅考虑涉案事项是否符合相关国家标准，而是应该从消防安全的角度出发，对涉案事项是否构成火灾隐患，是否影响公共安全等综合各种因素进行判断，故朝阳消防支队在本案中的履责明显是不充分、不全面的。

本案被告的答辩意见实际涉及的是司法审查与行政专业判断权之间的关系，司法审查应当尊重行政专业判断能力和自由裁量空间，这是行政首次判断权理论的基本内容。在拒绝性决定的履责之诉中，存在行政机关进行了首次判断之后作出了拒绝性的判断和结论，在这种情况下司法审查既不能突破对行政机关专业判断的尊重，认可行政机关对涉及专业事项进行的专业认定，又应当合理审查行政机关进行专业判断的出发点是否合理，考虑因素是否全面、裁量范围是否适当，不能一概推托以行政专业判断而直接放弃司法审查权。就本案来看，不能当然认定被告朝阳消防支队进行了上述专业判断就径行认定其履行了保障消防安全的法定职责。一审法院从消防安全职责的特殊性为切入点，认为朝阳消防支队没有从积极排除妨害消防安全因素的角度进行全面履责从而认定消防支队构成不履行法定职责，法院并没有直接对消防支队的专业判断进行审查，认定其具有进一步发挥专业技术优势的空间，因而不构成对行政专业判断权的侵犯。

编写人：北京市朝阳区人民法院　朱军巍　李丹丹

4

行政机关应对当事人履职申请作出针对性处理

——中粮集团有限公司诉青岛市工商行政管理局、青岛市人民政府不履行法定职责及行政复议案

【案件基本信息】

1. 裁判书字号

山东省青岛市中级人民法院（2018）鲁02行终366号行政判决书

2. 案由：不履行法定职责及行政复议纠纷

3. 当事人

原告（上诉人）：中粮集团有限公司

被告（被上诉人）：青岛市工商行政管理局、青岛市人民政府

第三人：青岛中粮宜家经贸有限公司

【基本案情】

原告中粮集团有限公司成立于1983年7月6日，由北京市工商行政管理局核准登记。1991年，根据对外经济贸易部〔1991〕外经贸人编函字第1262号文件批复，同意原告使用“中粮”作为公司的简称及所属子公司的字号。原告注册商标“中粮”于2005年被原国家工商总局商标局认定为驰名商标。

2015年8月28日，青岛市工商行政管理局作出《企业名称预先核准通知书》，核准第三人青岛中粮宜家经贸有限公司企业名称。2015年9月14日，青岛市市北区市场监督管理局为第三人办理设立登记。

2016年10月，中粮集团有限公司委托某律师事务所向青岛市工商行政管理局提交《关于纠正青岛中粮宜家经贸有限公司企业名称的申请》，认为青岛中粮宜家经贸有限公司将“中粮”作为字号登记为企业名称的行为损害了中粮集团有限公司的合法权益，已构成不正当竞争，青岛中粮宜家经贸有限公司已登记的企业名称

属于不适宜的企业名称，请求青岛市工商行政管理局纠正该公司的企业名称。2016年10月27日，青岛市工商行政管理局将上述函件发送至青岛中粮宜家经贸有限公司。2016年11月17日，青岛中粮宜家经贸有限公司作出《关于中粮宜家企业名称登记说明》，称其名称完全符合《企业名称登记管理规定》和《企业名称登记管理实施办法》，其所有行为没有对中粮集团带来任何负面影响，且“中粮”和“中粮宜家”一看就是完全不同的品牌和个体，主要还是以后面或前面带有不同的字样来区别。2017年4月18日，青岛市工商行政管理局向中粮集团有限公司作出《回复函》。2017年4月19日，青岛市工商行政管理局将中粮集团有限公司投诉青岛中粮宜家经贸有限公司不正当竞争行为转交青岛市市北区市场监督管理局办理。中粮集团有限公司不服，提起行政复议。2017年8月25日，青岛市人民政府作出行政复议决定书予以维持。中粮集团有限公司不服，提起行政诉讼。

【案件焦点】

1. 中粮集团有限公司申请青岛市工商行政管理局履行的是何种职责、是如何申请的；2. 青岛市工商行政管理局是否具有该职责；3. 青岛市工商行政管理局是否依法履行了法定职责。

【法院裁判要旨】

山东省青岛市市南区人民法院经审理认为：第三人的字号为“中粮宜家”，原告的字号和商标均为“中粮”，二者不完全相同，也不必然导致混淆，且第三人系原告旗下公司即中粮产的经销商，第三人与原告旗下公司存在合作关系且经营主体得到认可，故不宜认定第三人名称为不适宜名称。但被告青岛市工商行政管理局作出的答复未对原告投诉事项作出正面回答，对这一问题予以指正。原告如有新证据证明第三人企业名称不适宜可另行主张。故判决：

驳回原告中粮集团有限公司的诉讼请求。

中粮集团有限公司不服一审判决，提起上诉，山东省青岛市中级人民法院二审审理查明的事实与一审相同。二审认为：本案系上诉人起诉不履行法定职责及行政复议案，根据《企业名称登记管理规定》《企业名称登记管理实施办法》等，对已登记注册的不适宜的企业名称，任何单位和个人可以要求登记主管机关予以纠正，并且上述规定还明确了履行该职责的程序规定。上诉人通过律师函方式明确提出《关于纠正青岛中粮宜家经贸有限公司企业名称的申请》，其要求行政机关履行的是纠正不适宜的企业名称的法定职责。青岛市工商行政管理局作为原审第三人企业名称的核准登记机关，具有处理企业名称争议的法定职权，但是，该局受理上诉人申请之后，未就上诉人提起的争议进行核实和调查就作出回复函，且回复中仅对原审第三人企业名称核准登记过程中提交的注册登记材料是否齐全、是否符合形式要件方面作出说明，并未对企业名称在使用中是否对公众造成欺骗或者误解，是否属于不适宜的名称进行判断处理，故不能作为其已经依法履行处理企业名称争议法定职责的依据。据此，山东省青岛市中级人民法院二审判决：

一、撤销青岛市市南区人民法院（2017）鲁0202行初230号行政判决；

二、撤销青岛市人民政府2017年8月25日作出的青政复决字〔2017〕280号《行政复议决定书》；

三、责令被上诉人青岛市工商行政管理局针对上诉人提出的纠正企业名称申请在法定期限内依法作出处理决定。

【法官后语】

一、企业名称等产权应依法平等保护

加强产权保护，实现产权有效激励，尊重市场作用和企业主体地位，释放市场经济活力，是“放管服”改革的一个重要内容。为维护交易安全和交易秩序，企业名称作为我国产权的组成部分，应予以保护，尤其是知名企业名称，应加大产权保护力度，促进企业和市场的健康稳定发展。

具体到本案，《企业名称登记管理规定》第七条规定，企业名称应当由以下部分依次组成：字号（或者商号，下同）、行业或者经营特点、组织形式。企业名称应当冠以企业所在地省（包括自治区、直辖市，下同）或者市（包括州，下同）或者县（包括市辖区，下同）行政区划名称。被上诉人青岛市工商行政管理局受理上诉人申请期间所应当适用的1993年《中华人民共和国反不正当竞争法》第五条第三项规定，经营者不得采用下列不正当手段从事市场交易，损害竞争对手……（三）擅自使用他人的企业名称或者姓名，引人误认为是他人的商品。2007年施行的《最高人民法院关于审理不正当竞争民事案件应用法律若干问题的解释》第六条第一款规定，具有一定的市场知名度、为相关公众所知悉的企业名称中的字号，可以认定为反不正当竞争法第五条第三项规定的企业名称。自2018年1月1日起实施的《中华人民共和国反不正当竞争法》第六条第二项规定，经营者不得实施下列混淆行为，引人误认为是他人商品或者与他人存在特定联系：（二）擅自使用他人有一定影响的企业名称（包括简称、字号等）、社会组织名称（包括简称等）、姓名（包括笔名、艺名、译名等）。据此，本案中粮集团有限公司作为国内知名央企，其企业名称经过长期使用和宣传，在国内外具有较高市场知名度、为相关公众所知悉，依法应当受到保护。

二、行政机关应对当事人申请事项作出有针对性的履职处理

《企业名称登记管理实施办法》第四十一条规定："已经登记注册的企业名称，在使用中对公众造成欺骗或者误解的，或者损害他人合法权益的，应当认定为不适宜的企业名称予以纠正。"第四十四条规定："工商行政管理机关受理企业名称争议后，应当按以下程序在6个月内作出处理：（一）查证申请人和被申请人企业名称登记注册的情况；（二）调查核实申请人提交的材料和有关争议的情况；（三）将有关名称争议情况书面告知被申请人，要求被申请人在1个月内对争议问题提交书面意见；（四）依据保护工业产权的原则和企业名称登记管理的有关规定作出处理。"可见，被上诉人青岛市工商行政管理局作为处理企业名称争议的法定机关，具有依照上述程序规定履行该职责的法定义务。

然而，现有证据表明，被上诉人青岛市工商行政管理局在受理上诉人申请之后，仅调取了原审第三人企业名称登记情况、就上诉人申请情况向原审第三人发函并收到该公司回复，就作出《关于中粮集团有限公司申请纠正青岛中粮宜家经贸有限公司名称有关情况的回复函》，其回避企业争议焦点，作出的含糊其词的回复，不能作为其依法履职的依据。被上诉人青岛市工商行政管理局作为企业名称登记主管机关，应依法履职，加大产权保护力度，以营造全社会重视和支持产权保护的良好氛围，塑造公平竞争、诚信经营的营商环境。原审判决查明事实清楚，但认定意见不当，依法应予改判。

因此，通过该案我们可以明确：行政机关收到当事人履职申请后，应结合其法定职责依法作出有针对性的处理，以切实履行职责。裁判中应结合具体案情和相关法律规定，对行政机关行为进行甄别判断，对于回避当事人履职申请争议焦点仅进

行简单的回复行为，不能视为已经依法履行职责，应判决重新针对当事人申请，平等对待各方，依法履职。

编写人：山东省青岛市中级人民法院　刘英　刘力铭

5

开具优惠购房证明是否属于政府的法定职责

——杨某、陈某诉淮安市淮阴区码头镇人民政府履行法定职责案

【案件基本信息】

1. 裁判书字号

江苏省淮安市中级人民法院（2018）苏08行终98号行政判决书

2. 案由：要求履行法定职责纠纷

3. 当事人

原告（上诉人）：杨某、陈某

被告（被上诉人）：淮安市淮阴区码头镇人民政府（以下简称码头镇政府）

【基本案情】

杨某、陈某（二人系夫妻关系）为码头镇政府陶闸村六组村民。因许渡大桥等项目建设需要，码头镇部分农户房屋需要搬迁，杨某户位于码头镇陶闸村六组集体土地的房屋在搬迁范围内。2015年5月4日，杨某、陈某与拆迁实施单位码头镇陶闸村委会签订了《房屋拆迁补偿安置协议》，该协议约定被拆迁房屋及附属物补偿应得补偿款221617.3元，杨某户应搬迁物品后交付拆除，协议对安置房的地点、面积、安置过渡费未有约定。协议签订后，杨某户因未享受到安置房购房的优惠，要求码头镇政府出具优惠证明被拒绝，遂提起本案诉讼。

案涉《证明》的主要内容为：某安置小区，兹有码头镇某村某组某户，因某需要，对该户房屋进行拆迁，其现到贵安置小区协商代建住房一套，请贵单位按照与我单位双方约定事项予以办理，署名单位为码头镇政府。

【案件焦点】

出具购房优惠证明是否属于码头镇政府的法定职责。

【法院裁判要旨】

江苏省淮安市淮阴区人民法院经审理认为：本案的主要争议焦点为被告码头镇政府向拆迁户出具的优惠证明的行为是否属于行政行为。本案中，原告主张被告按照补偿方案应出具而未向原告出具的购房优惠证明，但涉案补偿协议中并无被告作出过相关承诺的内容，原告亦未提供证据证明被告码头镇政府出具优惠证明是在履行其法定职责。从查明的事实来看，被告在对拆迁户出具优惠证明的过程中，发挥的作用应当是一种协调作用，主要证明某户为拆迁户，帮助拆迁户在购买安置小区时能享受一定的优惠，而此种协调行为并非被告码头镇政府在行使某种法定职责。因此，不能构成行政法意义上的行政承诺，被告码头镇政府在本案中并未实施或怠于履行法定职责，被诉行为不属于行政行为，原告提起本诉不符合法定起诉条件。

据此，江苏省淮安市淮阴区人民法院依照《最高人民法院关于适用〈中华人民共和国行政诉讼法〉的解释》第六十九条第一款第一项的规定，裁定如下：

驳回原告杨某、陈某的起诉。

杨某、陈某不服一审裁定，提起上诉。江苏省淮安市中级人民法院经审理认为：履行法定职责之诉中的法定职责，既包括行政机关应当履行法律、法规或规章规定的职责，也包括行政机关因自己承诺或者行政允诺而产生的职责。本案中，依照修改前的《中华人民共和国土地管理法》的相关规定，在集体土地房屋拆迁中，给予被拆迁人合法、合理的补偿安置是地方人民政府的行政职责。上诉人杨某、陈某与村委会签订的房屋拆迁补偿安置协议中，虽然并未约定杨某、陈某在协议中可以获得的安置房屋的面积、位置以及价格，但根据被上诉人码头镇政府在补偿安置中的实际做法以及其与开发商的具体约定，实际上被上诉人码头镇政府是提供一种优惠的购买方式，以让被拆迁人通过获取补偿费用来购买房屋。上诉人的房屋因需要被拆迁，其有权获得房屋补偿或者以优惠的方式获得安置房以满足其基本的居住权。从一审法院调查获取的证明内容看，该证明系被上诉人向被拆迁人提供。被拆迁人有此证明，才可以以优惠的方式购买房屋，最终实现居住的目的。该证明并非被上诉人码头镇政府可开或者可不开，实质上是码头镇政府在拆迁中对被拆迁人作出的一种普遍的承诺，其具有这样的法定职责。上诉人认为被上诉人码头镇政府没有依法履行其承诺的职责，有权向人民法院提起诉讼，一审法院认为被上诉人不具有法定职责，不属于行政行为，从而裁定驳回上诉人的起诉错误，依法应予以纠正。

据此，江苏省淮安市中级人民法院依据《中华人民共和国行政诉讼法》第八十九条第一款第二项之规定，裁定如下：

一、撤销淮安市淮阴区人民法院（2018）苏0814行初59号行政裁定；

二、指令淮安市淮阴区人民法院继续审理。

江苏省淮安市淮阴区人民法院在继续审理过程中，码头镇政府向杨某户出具了证明，杨某户遂得以优惠购房。原告杨某、陈某于2018年12月18日向法院申请撤回起诉，法院遂裁定予以准许。该行政争议得以实质性化解。

【法官后语】

集体土地房屋征收（又称集体土地房屋拆迁）引发的行政案件，是当前行政案件的重要类型。根据修改前的《中华人民共和国土地管理法》《中华人民共和国土地管理法实施条例》以及地方法规、规章等有关规定，实施集体土地房屋拆迁应当对集体土地上的房屋及地上附着物予以补偿。集体土地房屋及附着物的补偿费归房屋及附着物的所有人，也就是被拆迁村民所有。

集体土地房屋拆迁中，被拆迁农户与拆迁实施单位、拆迁人签订的《房屋拆迁补偿安置协议》符合行政协议的构成案件，应认定为行政协议而非民事协议。一般而言，集体土地房屋拆迁应在取得征地批准后，由地方政府或行政主管部门依职权开展补偿安置工作。村委会或拆迁公司参与补偿安置协议的签订或签字，一般应视为其接受有关行政主体的委托，该协议中行政机关一方应是具有或履行安置补偿职责的地方政府、有关部门。例外情况是，村委会在不改变土地集体所有性质的前提下，对集体组织村民使用的建设用地通过行使村民自治权的形式，对集体土地在成员内部进行优化调整并自行对集体组织村民的房屋进行安置而签订的搬迁等协议，才可作为民事协议，该类争议才应通过民事诉讼途径解决。

当前，集体土地房屋拆迁的相关立法严重滞后，修改前的《中华人民共和国土地管理法》《中华人民共和国土地管理法实施条例》《江苏省土地管理条例》仅原则性规定了集体土地房屋作为地上的附着物应按照一定的标准给予补偿。例如，《江苏省土地管理条例》规定“房屋及其他建筑物、构筑物的补偿，按照重置价格结合成新确定”；“土地补偿费、安置补助费、地上附着物和青苗补偿费的具体标准，由设区的市人民政府确定，并报省人民政府备案”等内容。由此，集体土地房屋拆迁的具体补偿标准，大多由设区的地级市依照该省条例的授权自行确定相关标准。

根据《国有土地上房屋征收与补偿条例》的有关规定，国有土地上房屋征收中被征收人有权选择产权调换或货币补偿，亦即被征收人享有补偿方式的选择权。集体土地房屋拆迁，本质上是对集体土地上被拆迁农民房屋的征收，被拆迁农民将因此而失去居住的房屋。从各地集体土地拆迁实际看，集体土地房屋拆迁其补偿并不局限于货币补偿，通常都包含产权调换、货币补偿等补偿方式。因此，为保障被拆迁农民的正常居住权益以及获得公平合理的补偿，地方政府及有关部门在拆迁补偿中应当提供包括产权调换在内的补偿方式供被拆迁农户选择，以妥善解决被拆迁农民的房屋居住问题。

拆迁补偿安置的具体内容一般由拆迁人与被拆迁农户通过签订补偿安置协议的方式予以约定。集体土地拆迁中，不能达成安置补偿协议的，有权行政机关也应依法作出补偿决定，而不应久拖不决、不予处理。考虑各地拆迁状况的不同，补偿安置协议中未约定安置房屋的内容部分，也不能一概认为被拆迁农民已经放弃了产权调换而选择了货币补偿，即不应轻易地剥夺被拆迁农民对补偿方式的选择权，尤其应当妥善处理房屋拆迁后被拆迁农民的居住问题。

补偿安置协议中虽未对安置房屋面积、地点等问题进行约定，但地方政府及有关部门允许被拆迁农民到安置小区等地自行购买房屋，并通过其出具证明来保障被拆迁农户享受购房优惠待遇，可以视为在拆迁中提供了安置居住房屋的补偿方式，能够合理地满足被拆迁农民的住房安置需求。据此，被拆迁农民要求地方政府出具优惠购房的证明，可以认定系其应当履行的法定职责。

编写人：江苏省淮安市中级人民法院　王伏刚

6

履职之诉中拒绝性决定的裁判方式

——王甲诉重庆市北碚区国土资源管理分局履行法定职责案

【案件基本信息】

1. 裁判书字号

重庆市北碚区人民法院（2018）渝0109行初154号行政判决书

2. 案由：履行法定职责纠纷

3. 当事人

原告：王甲

被告：重庆市北碚区国土资源管理分局

第三人：重庆市北碚区人民政府征地办公室、万乙

【基本案情】

王甲、万乙系同母异父的兄弟。母亲周某于1964年去贵州与王某同居生活中生育长子王甲。1967年12月，周某带着王甲回现住地与万某同居生活，生育万乙、万丙（女）。万某已于征地前去世多年。王甲与前妻杨某于1999年12月6日离婚。杨某于2001年4月13日分户，二人婚生子王乙随其母杨某一户。

因实施重庆三环高速公路合川至长寿段静观至复兴道路防护绿化工程，重庆市北碚区人民政府于2017年4月14日发布征地公告征收部分集体土地，王甲户位于“北碚区静观镇天星村吴家堡佛耳4社”部分承包地在征收范围内，该户承包合同上记载承包“耕地2.93亩”，农村土地承包经营权证记载“原承包证总面积2.969亩”。经万乙户、王甲户代表在场指界、签字认可，征地实施人员将王甲户承包地上38平方米确认给万乙。2017年6月21日，静观镇天星村将《征地人员安置人数》在该村吴家堡组张贴，该表显示：“天星村吴家堡组征地前人均耕地面积1.1486亩，此次征收农用地土地面积16.02亩，市政府批准征地人员安置人数15

人。按53号令第四十一条第二项被征地多少依次确认人员安置人数15人（杨彬、聂征兰等）。王甲户现有农业人口1人，承包地面积2.93亩，以前征地面积（空白），本次征地面积0.261亩，征地后剩余面积2.669亩，征地人员安置人数0。”原告坚持认为其符合农转非条件，于2018年4月11日向被告邮寄书面申请。被告于2018年4月12日收到后，于2018年6月3日作出《关于王甲来信反映问题的回复》：“根据北碚府发〔2013〕59号文第三条规定，请到静观镇政府或区征地办咨询。”

【案件焦点】

原告请求被告依照政策规定给予其农转非待遇不能成立，但被告的答复亦不合法时，如何裁判。

【法院裁判要旨】

重庆市北碚区人民法院经审理认为：杨某虽与王甲离婚、分户，但因王甲户土地承包经营权证记载共有权人为杨某、王乙，在计算原告户农转非人数时，应将两户合并计算，而不能机械地以王甲户的在籍常住人口登记为计算依据。被告庭审中一方面陈述“按实际户籍人数”来确定该户农转非人数，另一方面又称“即便按照承包证上的面积及人数来确定安置人数，原告也没有人员安置资格”。被告直至本案庭审中都没对农转非计算方式予以明确，实属不当。原告则称，应以该户农村土地承包经营权证记载的权利人4人计算人平面积，且原告户承包地中有0.72亩系其继父万某的承包地，一直系由已分户的母亲周某、弟弟万乙耕种，应予扣除，则原告户人平耕地面积为（2.969－0.72－0.261）÷4＝0.497亩，小于0.5亩，原告属于农转非人员。本案原告实为对该户征地农转非人员安置对象的认定有异议，依据《重庆市征地补偿安置争议协调裁决办法》第七条规定，需由原告先行经过协调、裁决的法定程序。原告径直在本案中要求被告依照政策规定给予其农转非待遇并及时补办相关手续的诉讼请求缺乏事实和法律依据，法院不予采纳。

被告依原告申请确系在两个月内作出回复，但该回复显然是将原告的履职申请作为信访事项对待。《重庆市国土房管局办公室关于进一步规范履行法定职责申请答复相关工作的通知》第二条指出，“针对行政相对人提出的要求履行相关法定职责的申请，应对申请书进行全面审查。属于要求履行法定职责申请的，各单位要进行登记，建立工作台账，明确办理人员，办理时限。对属于职能职责范围的，应当依法按相关程序作出答复；答复内容应全面、客观、准确，同时应当有针对性、有法律依据”。而案涉回复违反了该通知的上述要求，其所适用的法律依据为北碚府发〔2013〕59号文第三条，其内容为，“区国土资源管理分局为征地补偿安置政策主管部门；区征地办公室负责组织征地实施工作……各镇人民政府、街道办事处和园区（管委会）应协助完成征地补偿、安置等各项工作”。案涉回复并未对原告申请作出有针对性、明确的意见，适用法律错误，应予撤销。因本案原告起诉被告履行法定职责前未经协调、裁决的法定程序，若法院再判决被告重新回复不符合高效便民、诉讼经济的原则，亦无实际意义。

重庆市北碚区人民法院依据《中华人民共和国行政诉讼法》第七十条、第六十九条之规定，作出如下判决：

一、撤销被告重庆市北碚区国土资源管理分局于2018年6月3日作出的《关于王甲来信反映问题的回复》；

二、驳回原告王甲的其他诉讼请求。

【法官后语】

一、应否准予原告提出两项不同种类的诉讼请求

根据《最高人民法院关于适用〈中华人民共和国行政诉讼法〉的解释》第六十八条的规定，行政诉讼的原告提起诉讼，既可以请求判决撤销或者变更行政行为，也可以请求判决行政机关履行特定法定职责或者给付义务，等等。如若在同一起行政诉讼案件中既存在撤销的诉讼请求，又要求履行法定职责的诉讼请求，不能简单认定原告的起诉有违“一案一诉”原则、属于诉讼请求不明确。在履行法定职责之诉中，通常都会包括撤销一个拒绝性决定的请求。原告真正的诉讼目标不是撤销，而仍然是其提出的申请最终能否获得准许。

二、拒绝性决定合法与否与行政判决的对应关系

（一）拒绝性决定合法

《中华人民共和国行政诉讼法》第六十九条规定，行政行为证据确凿，适用法律、法规正确，符合法定程序的，或者原告申请被告履行法定职责或者给付义务理由不成立的，人民法院判决驳回原告的诉讼请求。行政机关应相对人的申请作出的

拒绝性决定事实清楚、适用法律正确、程序合法的，则属于“原告申请被告履行法定职责理由不成立的”情形，依照该条规定，判决驳回原告诉讼请求。

（二）拒绝性决定违法、原告诉求成立

《中华人民共和国行政诉讼法》第七十二条规定，人民法院经过审理，查明被告不履行法定职责的，判决被告在一定期限内履行。《最高人民法院关于适用〈中华人民共和国行政诉讼法〉的解释》第九十一条规定，原告请求被告履行法定职责的理由成立，被告违法拒绝履行或者无正当理由逾期不予答复的，人民法院可以根据行政诉讼法第七十二条的规定，判决被告在一定期限内依法履行原告请求的法定职责；尚需被告调查或者裁量的，应当判决被告针对原告的请求重新作出处理。如信息公开案件中，法院经审查认为被告应当依法公开原告所申请信息，其不予公开回复理由不成立的，判决撤销该回复，责令行政机关履行相应的法定职责。推而广之，对于此种情形下的履行法定职责之诉，可在判项中逐一对原告的诉讼请求予以回应，撤销原拒绝性决定、责令被告履职（若原告之诉请为判令行政机关作出答复、未一并要求撤销原拒绝性决定的，人民法院根据上列条文在判决主文里阐述原回复不符合法律规定应予撤销，但不单独对此作为判项之一）。

（三）拒绝性决定违法、原告诉求缺乏理据

1. 拒绝性决定存在程序上轻微违法

主要是指行政机关原行为超期作出的情形。根据《中华人民共和国行政诉讼法》第七十四条第一款第二项规定，行政行为程序轻微违法，但对原告权利不产生实际影响的，人民法院判决确认违法，但不撤销行政行为。此种情形下，判决确认拒绝性决定程序违法，驳回原告其他诉讼请求。

2. 拒绝性决定存在实体上违法

原告的申请理由不能成立，但行政机关的决定具有实体上违法时，原告对此有加以撤销的利益。如若再判决被告重新作出决定不符合高效便民、诉讼经济的原则，亦无实际意义。人民法院可依据《中华人民共和国行政诉讼法》第七十条、第六十九条，判决撤销原决定，驳回原告的其他诉讼请求。

编写人：重庆市北碚区人民法院　向品

7

明显不属于行政机关权限范围不作为案件的裁判规则

——邓某某等诉重庆市大足区水务局履行法定职责案

【案件基本信息】

1. 裁判书字号

重庆市第一中级人民法院（2018）渝01行终630号行政裁定书

2. 案由：履行法定职责纠纷

3. 当事人

原告：邓某某等15人

被告：重庆市大足区水务局（以下简称大足区水务局）

【基本案情】

2017年5月15日，邓某某向大足区水务局负责人邮寄EMS邮件一份，收件地址为“大足区一环南路中段138号”，内件品名为“申请书”，快递单收件人签收栏载有“门卫”字样，签收时间为2017年5月16日。邓某某等人称，该申请书系其15人共同向大足区水务局提起的申请，由邓某某代为邮寄，其内容系要求大足区水务局对如下内容作出答复：第一，大足区水务局在解除与原告的聘用合同之前为何隐瞒足编委〔2006〕54号《大足县机构编制委员会关于增加华龙、上游、跃进、响水滩等4座水库人员编制的批复》；第二，详细介绍原大足县人事局于2007年招聘的69名水库人员的基本信息、聘请前工作简历。因大足区水务局未对该申请予以答复，邓某某等人遂于2017年8月29日提起诉讼，请求法院判令大足区水务局针对上述申请作出答复。

【案件焦点】

大足区水务局在收到邓某某等15人提交的申请书后，未作出答复，法院应当如何处理。

【法院裁判要旨】

重庆市江北区人民法院经审理认为：邓某某等人申请大足区水务局答复的两项内容明显不属于大足区水务局的权限范围。第一，关于足编委〔2006〕54号《大足县机构编制委员会关于增加华龙、上游、跃进、响水滩4座水库人员编制的批复》，大足区水务局并无主动公开的职责，亦无向邓某某等人解释为何未主动公开的职责。邓某某等人要求大足区水务局对没有向其主动公开该批复作出解释性答复，于法无据。第二，邓某某等人要求大足区水务局详细介绍原大足县人事局于2007年招聘的69名水库人员的基本信息、聘请前工作简历。既然69名水库人员系由原大足县人事局而非大足区水务局招聘，大足区水务局即不具备对相关人员基本信息和简历予以介绍的职责。根据《最高人民法院关于适用〈中华人民共和国行政诉讼法〉的解释》第九十三条第二款的规定，裁定：

驳回邓某某等15人的起诉。

一审裁判后，邓某某等15人不服，提起上诉。重庆市第一中级人民法院经审理，裁定：

驳回上诉，维持原裁定。

【法官后语】

本案在审理过程中形成两种观点。

观点一认为，依据《中华人民共和国行政诉讼法》第四十七条的规定，公民、法人或者其他组织申请行政机关履行保护其人身权、财产权等合法权益的法定职责，行政机关在接到申请之日起两个月内不履行的，公民、法人或者其他组织可以向人民法院提起诉讼。邓某某等人提供的证据足以证明，其曾于2017年5月15日向大足区水务局邮寄申请书，且该邮件已于次日妥投。大足区水务局于2017年5月16日收到申请书，未在法定期限内针对该申请书作出答复。依据《中华人民共和国行政诉讼法》第七十二条的规定，应判决责令该局于判决生效之日起六十日内针对邓某某等15人于2017年5月15日提交的申请书履行答复的法定职责。

观点二认为，根据《最高人民法院关于适用〈中华人民共和国行政诉讼法〉的解释》第九十三条第二款的规定，人民法院经审理认为原告所请求履行的法定职责或者给付义务明显不属于行政机关权限范围的，可以裁定驳回起诉。本案中，邓某某等 15 人申请大足区水务局答复的两项内容明显不属于该局权限范围，可以裁定驳回邓某某等 15 人的起诉。

综观上述两种观点，因裁判思路不同，可能出现两种截然不同的裁判结果。笔者认为观点二更为合理。理由如下：

第一，符合法定起诉条件是人民法院对行政诉讼案件进行实体审理的前提。原告提起行政诉讼，需要首先符合法定起诉条件，人民法院才可作出实体判决。换言之，即使原告不能胜诉，人民法院在选择裁判方式时亦应遵循“先程序后实体”的思路，首先考量其起诉是否符合法定条件。若起诉不符合法定条件，人民法院应当裁定驳回起诉，而非判决驳回原告诉讼请求，更毋庸说支持原告诉讼请求。本案中，观点一和观点二的分歧实际表现为：原告之诉是否符合起诉条件，进而应否作出实体判决。显然，观点一的裁判思路在该问题上持默认态度，肯定了原告之诉符合起诉条件，且认为案件事实清楚，足以作出实体判决，并支持原告的诉讼请求。但遗憾的是，该观点并未对原告之诉符合起诉条件这一前提性结论进行有效证成。从某种角度上说，该观点似乎认为，凡是公民、法人或其他组织申请行政机关履行法定职责，不论该职权是否属于行政机关的权限范围，行政机关均应履行，或至少作出答复。这种理解系对《中华人民共和国行政诉讼法》第四十七条的误读。该条所规定的公民、法人或其他组织因“申请行政机关履行保护其人身权、财产权等合法权益的法定职责”，行政机关在法定期限内不履行，向人民法院提起诉讼，其前提理应是该职责确为该行政机关的法定职责，属于其权限范围。当然，观点一对原告起诉条件问题的忽视并不必然证成观点二的合理性，观点二认为原告之诉不符合起诉条件同样还需证成。

第二，起诉条件和实体判决理由可能部分重叠，但对事实清楚的要求程度不一。在有些情况下，某一事实可能既是原告起诉的基本条件，又是实体判决时关系原告诉讼请求能否得到支持的事实基础。此时，若原告主张的事实不能成立，究竟是裁定驳回起诉，还是判决驳回原告诉讼请求，需要根据起诉条件和实体判决对事实清楚的要求程度不同作出判断。① 对于原告要求被告履行法定职责的案件，起诉

① 最高人民法院行政审判庭编：《最高人民法院行政诉讼法司法解释理解与适用（上）》，人民法院出版社 2018 年版，第 431 页。

条件要求的事实只要初步证明被告具有原告要求履行的法定职责即可；而实体判决要求的事实则要证明被告应履行该职责的事实清楚，主要证据充分。换言之，原告请求作为被告的行政机关履行职责，但该行政机关明显不具备相应的职责权限，这实际上意味着要求被告履行法定职责缺乏事实根据，不符合《中华人民共和国行政诉讼法》第四十九条第三项的规定，可以裁定驳回起诉。所谓“有事实根据”，如最高人民法院（2016）最高法行申2301号杨学奎诉天津市津南区政府、津南区咸水沽镇政府案裁定所指出，通常“是指一种‘原因事实’，也就是能使诉讼标的特定化或者能被识别所需的最低限度的事实。通俗地说，是指至少能够证明所争议的行政法上的权利义务关系客观存在”①。这其实与起诉条件对事实清楚的要求程度相契合，即初步证明事实即可。但如果行政机关是否具备相应的职责义务，或是否应当履行相应的职责义务并不明确或并非显而易见，需要进一步的实体审查方可确定，则不宜裁定驳回起诉，而应进行实体审理后，根据案件事实决定判决驳回原告诉讼请求，还是支持原告诉讼请求。因此，本案中，观点二欲证成原告之诉不符合起诉条件，实际上即需要证明：原告要求被告履行法定职责明显不属于被告的权限范围，其主张的事实达不到“有事实根据”的初步证明标准。

第三，是否“明显不属于行政机关权限范围”，应结合被告法定职权和原告申请事项综合判断。一般而言，行政机关的职权由法律、法规、规章明确规定，不能任意突破或变更。这是法治政府建设的应有之义。但缘于法律概念的开放性、法律规定的有限性和行政权的主动性特征，法律、法规、规章对行政机关具体权限范围的规定不可能做到事无巨细、清楚无争。因此，判断公民、法人或其他组织要求行政机关履行的职责是否属于后者的权限范围，或者是否明显不属于后者权限范围，均需要综合、谨慎判断。如果将被告法定职权和原告的申请事项综合对比，能够清楚、直观地认定二者不相匹配，则可以将该申请事项认定为“明显不属于行政机关权限范围”；反之，若对二者是否匹配尚存在疑问，需要进一步查实和研判，则不宜径直将该申请事项认定为“明显不属于行政机关权限范围”。本案中，被告作为水行政主管部门，除了主要负责水利工程建设管理、防汛抗灾、水资源管理等，还

---

① 最高人民法院行政审判庭编：《最高人民法院行政诉讼法司法解释理解与适用（上）》，人民法院出版社2018年版，第350页。

应履行政府信息公开等职责。但反观原告申请被告履行的职责，无论是对不公开大足县机构编制委员会批复作出解释性说明，还是详细介绍原大足县人事局所招聘员工的基本信息和简历，均与被告上述职权不匹配，且该事实清楚、直观，已然达到了“明显不属于行政机关权限范围”的程度，不符合起诉条件中所要求的“有事实根据”的初步证明标准。因此，观点二对原告要求被告履行职责的定性准确。

第四，驳回原告起诉符合行政诉讼越权无效原则的基本要求。行政机关行使行政执法权需要遵循越权无效原则，即行政机关必须在法定权限内行为，一切超越法定权限的行为无效，不具有公定力、确定力、拘束力和执行力。[①]《中华人民共和国行政诉讼法》第七十条至第七十三条规定了七种行政行为违法情形[②]，超越职权便为其中之一，具体又可分为无权限、级别越权、事务越权和地域越权四类。[③] 对行政机关而言，越权无效是义务性约束，禁止其超越法定权限范围行为；也是权力性豁免，保障其拒绝作出越权行为时不受责任追究。如果一方面要求行政机关严格按照法定职权行为，不可越雷池半步，另一方面又要求其必须迎合相关主体的申请，即使申请事项明显不属于自己的权限范围，也要答复告知，否则可能面临败诉风险，则既是对越权无效原则的侵蚀，也违背了权责统一的基本原则。

此外，对于人民法院经审理认为原告所请求履行的法定职责明显不属于行政机关权限范围的案件，《最高人民法院关于适用〈中华人民共和国行政诉讼法〉的解释》第九十三条第二款规定的是可以裁定驳回起诉，而非应当裁定驳回起诉。这也为人民法院从严把握证明标准，进一步审查原告申请，进而作出实体判决预留了制度空间，故而不会对原告的诉讼权利造成损害。

编写人：重庆市江北区人民法院　江朝丽　王明辉

---

① 姜明安主编：《行政法与行政诉讼法》，北京大学出版社、高等教育出版社2015年版，第70页。

② 包括：（1）主要证据不足；（2）适用法律、法规错误；（3）违反法定程序；（4）超越职权；（5）滥用职权；（6）明显不当；（7）不履行法定职责或法定义务。

③ 姜明安主编：《行政法与行政诉讼法》，北京大学出版社、高等教育出版社2015年版，第71～72页。

8

拒收履责申请等同于明示的拒绝履责

——于某诉北京市卫生和计划生育委员会卫生行政复议案

【案件基本信息】

1. 裁判书字号

北京市西城区人民法院（2018）京0102行初418号行政判决书

2. 案由：卫生行政复议纠纷

3. 当事人

原告：于某

被告：北京市卫生和计划生育委员会（以下简称市卫计委）

【基本案情】

2017年12月25日，于某向北京市东城区卫生和计划生育委员会（以下简称东城卫计委）邮寄信件，邮件详情单载明，收件人为“林某”、地址为“北京市东城区东四十一条83号”、备注为“履行法定职责申请书”、邮件详细说明为“要求依法查处同仁医院超科目诊疗，书面告知处理决定”。2017年12月28日，该邮件因拒收被退回至于某。2018年3月30日，于某以邮寄方式向市卫计委提起行政复议申请。同年3月31日，市卫计委签收上述邮件。同年4月8日，市卫计委向于某邮寄行政复议申请材料补正通知书、告知书，告知于某于收到该通知后15日内补正申请材料。同年4月16日，于某向市卫计委邮寄行政复议补正材料。同年4月17日，市卫计委签收上述邮件。同年4月18日，市卫计委作出告知书，告知于某已收到其提交的补正材料。同日，市卫计委作出被诉《决定》。同年4月20日，于某签收市卫计委邮寄的被诉《决定》。于某不服被诉《决定》，向法院提起行政诉讼。

【案件焦点】

1. 如何对行政机关拒收履责申请行为的性质进行界定；2. 如何对未被告知行政复议申请权的公民、法人或者其他组织的行政复议申请权进行保护。

【法院裁判要旨】

北京市西城区人民法院经审理认为：本案中于某、市卫计委争议的焦点为，于某提起的行政复议申请是否超过法定期限。

《中华人民共和国行政复议法》第九条规定，公民、法人或者其他组织认为具体行政行为侵犯其合法权益的，可以自知道该具体行政行为之日起六十日内提出行政复议申请；但是法律规定的申请期限超过六十日的除外。因不可抗力或者其他正当理由耽误法定申请期限的，申请期限自障碍消除之日起继续计算。《中华人民共和国行政复议法实施条例》第十七条规定，行政机关作出的具体行政行为对公民、法人或者其他组织的权利、义务可能产生不利影响的，应当告知其申请行政复议的权利、行政复议机关和行政复议申请期限。本案中，东城卫计委作出拒收于某邮寄的履行法定职责申请时，并未向于某告知申请行政复议的权利、行政复议机关和行政复议申请期限，有违上述规定。对于于某提起行政复议的期限，应当参照《最高人民法院关于适用〈中华人民共和国行政诉讼法〉的解释》第六十四条之规定予以认定，即复议申请期限从公民、法人或者其他组织知道或者应当知道复议权利或者复议申请期限之日起计算，但从知道或者应当知道行政行为内容之日起最长不得超过一年。据此，于某向市卫计委提出的行政复议申请并未超出法定期限，市卫计委以超过法定申请期限为由不予受理于某的行政复议申请，属于适用法律、法规错误，应予撤销，撤销后市卫计委应对于某提出的行政复议申请重新进行处理。

北京市西城区人民法院依照《中华人民共和国行政诉讼法》第七十条第二项规定，作出如下判决：

一、撤销被告市卫计委于2018年4月18日作出的京卫计复字〔2018〕17号《不予受理行政复议申请决定书》；

二、责令被告市卫计委于法定期限内针对原告于某提出的行政复议申请重新作出处理。

【法官后语】

1. 如何对行政机关拒收履责申请行为的性质进行界定

以行政行为的存在、表现形式为标准，行政行为可以划分为行政作为和行政不作为。对于行政不作为，又有广义和狭义之分。狭义的行政不作为仅指程序上的不作为，广义的行政不作为为实质上的不作为。《中华人民共和国行政复议法》第九条第一款规定，公民、法人或者其他组织认为具体行政行为侵犯其合法权益的，一般情况下其提出行政复议申请的期限为自知道该具体行政行为之日起六十日内。《中华人民共和国行政复议法实施条例》第十六条第一款第一项、第二项规定，公民、法人或者其他组织认为行政机关未履行行政复议法第六条第八项、第九项、第十项相关职责的，一般情况下其提出行政复议申请的期限为：有履行期限规定的，自履行期限届满之日起计算；没有履行期限规定的，自行政机关收到申请满六十日起计算。从上述规定可以看出，行政复议法及其实施条例在对公民、法人或者其他组织提出行政复议申请的起算时间进行规定时，分了两种情形：一种是对行政相对人的履责申请作出了回应，无论该行为是否在实质上解决问题即视为有具体行政行为；另一种是狭义的行政不作为，即在法定期限内未对行政相对人的履责申请作出回应。针对第一种情形，行政相对人提出行政复议申请的起算时间为知道行政机关作出回应之日。针对第二种情形，行政相对人提出行政复议申请的起算时间为相应法定职责履行期限届满之日。

在判断针对行政机关拒收履责申请行为提出行政复议申请的起算时间时，首先应当对行政机关拒收履责申请行为的性质进行界定。行政机关拒收履责申请与收到履责申请而未在法定期限内对申请作出回应不同，行政机关拒收履责申请是以拒收的行为明确对行政相对人的履责申请作出拒绝的回应，属于有具体的行政行为，行政相对人针对该行为提出行政复议申请的起算时间应当为自知道行政机关拒收履责申请之日。

2. 如何对未被告知行政复议申请权的公民、法人或者其他组织的行政复议申请权进行保护

保护公民、法人和其他组织的合法权益是创设行政复议制度的目的之一。行政复议制度发挥作用的前提是公民、法人或者其他组织知道自己具有提出行政复议申请的权利，并在规定的期限内向法定的机关提出行政复议申请。虽然《中华人民共

和国行政复议法》第九条第一款未区分行政机关是否已告知公民、法人或者其他组织行政复议申请权，仅规定了公民、法人或者其他组织对具体行政行为提出行政复议申请的起算时间，但该条第二款也规定了例外条款，即因不可抗力或者其他正当理由耽误法定申请期限的，申请期限自障碍消除之日起继续计算。

《中华人民共和国行政复议法实施条例》第十七条规定，行政机关作出的具体行政行为对公民、法人或者其他组织的权利、义务可能产生不利影响的，应当告知其申请行政复议的权利、行政复议机关和行政复议申请期限。对于行政机关未按照上述规定告知行政复议申请权的，现行的行政复议法律法规未对如何保护未被告知行政复议申请权的公民、法人或者其他组织的行政复议申请权作出明确的规定。

行政复议和行政诉讼均是基于公民、法人或者其他组织的请求，对行政机关损害公民、法人或者其他组织合法权益的违法或不当行政行为进行矫正，以恢复和补救公民、法人或者其他组织的合法权益。从切实保护公民、法人和其他组织的合法权益角度出发，未被告知行政复议申请权的公民、法人或者其他组织提出行政复议申请的起算时间可以参照行政诉讼的相关规定。《最高人民法院关于适用〈中华人民共和国行政诉讼法〉的解释》第六十四条规定，行政机关作出行政行为时，未告知公民、法人或者其他组织起诉期限的，起诉期限从公民、法人或者其他组织知道或者应当知道起诉期限之日起计算，但从知道或者应当知道行政行为内容之日起最长不得超过一年。复议决定未告知公民、法人或者其他组织起诉期限的，适用前款规定。故，对于未被告知行政复议申请权的公民、法人或者其他组织，其复议期限从其知道或者应当知道复议权利或者复议申请期限之日起计算，但从知道或者应当知道行政行为内容之日起最长不得超过一年。

编写人：北京市西城区人民法院 孙茜

二、行政确认

9

交警部门无法作出事故责任认定时的工伤认定

——李某不服贵港市人力资源和社会保障局社会保障行政确认案

【案件基本信息】

1. 裁判书字号

广西壮族自治区贵港市中级人民法院（2018）桂08行终46号行政判决书

2. 案由：社会保障行政确认纠纷

3. 当事人

原告（上诉人）：李某

被告（被上诉人）：贵港市人力资源和社会保障局（以下简称市人社局）

第三人：贵港市达和船务有限责任公司（以下简称达和船务公司）

【基本案情】

罗某与李某系夫妻。罗某系第三人达和船务公司码头组组长，其工作时间为：上午8:00~12:00，下午13:30~17:30，周一至周五上班，周六休息，周日值班。2017年7月30日上午7:20左右，罗某自驾二轮摩托车从自己家到第三人达和船务公司位于贵港市覃塘区石卡镇白沙村的白沙码头值班。8:20左右，罗某行至贵港市南梧高速一级连线路段时，所驾车辆发生侧翻，导致其全身多处受伤、所驾车辆损坏的道路交通事故。事发后罗某被送至贵港市人民医院住院治疗，经抢救无效于2017年8月4日死亡。经贵港市公安局交通警察支队一大队（以下简称交警一大队）申请，明桂司法鉴定中心就罗某血液酒精定性定量及死因进行鉴定，鉴定意见为：送检血液未检出酒精；罗某符合从高速运动物体上跌落地面，右侧肩部、头部与地面直接发生碰撞所致重型颅脑损伤、呼吸循环衰竭死亡。2017年8月21日，交警一大队出具车体痕迹检验报告（贵公交一检字〔2017〕0504号），分析意见：材料痕迹主要集中于车辆的右侧，符合车辆右侧倒地形态。车辆正面、尾部、左侧和右侧无对应第三方接触痕迹。2017年8月31日，交警一大队出具道路交通事故证明（贵公交一证字〔2017〕216号），载明道路交通环境情况：现场道路呈南北走向，南往南宁方向，北往贵港市方向。道路中间以绿化带分隔为双向两幅机动车道，机动车道宽395厘米，机动车道东西两侧各划设有一条宽295厘米路肩，中心现场道路西侧快速机动车道路面上有一处凹陷不平。水泥路面，路面平直、干燥，视线良好。该道路交通事故证明认定现有证据无法查实导致罗某驾车发生侧翻的原因，致无法查清本次事故的全部事实。第三人向被告提交罗某的工伤认定申请，被告以交警部门出具的证明材料不能证明罗某发生的事故为非本人主要责任的交通事故，不符合《工伤保险条例》第十四条、第十五条之规定为由，于2017年9月18日作出贵人社工伤不认字〔2017〕15号《不予认定工伤决定书》（以下简称15号决定），对罗某的交通事故伤害不认定为工伤。李某不服，遂提起本行政诉讼。

【案件焦点】

罗某在上班途中发生交通事故，在交警部门无法认定交通事故责任的情况下，其受到的事故伤害是否符合《工伤保险条例》第十四条第六项规定的应当认定为工伤的情形。

【法院裁判要旨】

广西壮族自治区贵港市港北区人民法院经审理认为：本案各方当事人对于罗某与第三人存在劳动关系以及其在上班途中发生交通事故经抢救无效死亡的事实均无异议，故本案的争议焦点是罗某是否受到非本人主要责任交通事故伤害。根据《工伤保险条例》第十九条第一款及《最高人民法院关于审理工伤保险行政案件若干问题的规定》第一条的规定，有权机构出具的事故责任认定书是审理工伤认定案件的重要证据，但并非唯一。在交警部门无法认定事故责任的情况下，市人社局仍应依法进行调查并作出事实认定。同时，上述规定明确法院对人社部作出的事实认定应当结合其提供的相关证据依法进行审查。本案中，结合发生事故时的天气、现场路况、车体痕迹检结果及罗某本人的民事行为能力等方面，在排除不可抗力、且不能归责给他人的情况下，认定罗某自负事故全部责任。故被告市人社局作出15号决定，认定罗某受到的交通事故伤害不符合《工伤保险条例》第十四条第六项的规定，不予认定为工伤（亡），事实清楚，程序合法，适用法律正确。遂判决：

驳回李某的诉讼请求。

李某上诉称，死者罗某为第三人达和船务公司的职工，其与罗某系夫妻。罗某在上班途中发生交通事故，交警部门并未认定罗某负事故的主要责任，但一审判决没有作出合理的排除就推断罗某自负事故全部责任实属不当。请求判决撤销原审行政判决以及市人社局作出的15号决定。被上诉人辩称，15号决定和原审判决认定事实清楚，程序合法，适用依据正确。原审第三人述称，同意被上诉人市人社局的答辩意见。

广西壮族自治区贵港市中级人民法院经审理认为：交警部门作出的交通事故认定书没有认定罗某在事故中的责任，被上诉人市人社局依照法定程序进行调查核实，也未能确认罗某在事故中无责任或者应当承担次要责任，即非本人的主要责任，不符合《工伤保险条例》第十四条第六项认定为工伤的条件，市人社局作出不予认定工伤的决定，事实清楚，证据确实充分，适用法律正确。原审法院分析论证得出罗某应自己承担交通事故责任的结论，认定事实清楚，证据确实、充分，据此判决驳回原审原告的诉讼请求并无不妥。上诉人请求撤销原审判决和15号决定，法院不予支持。二审法院遂判决：

驳回上诉，维持原判。

【法官后语】

我国《工伤保险条例》第十四条第六项规定，在上下班途中，受到非本人主要责任的交通事故或者城市轨道交通、客运轮渡、火车事故伤害的，应当认定为工伤。该条例将“非本人主要责任”作为职工在上下班途中交通事故伤害认定工伤的重要条件。实践中，交通事故发生后，工伤认定通常依赖于交警部门对交通事故责任的划分，但在交警部门无法认定事故责任的情况下，社会保险行政部门应如何认定工伤呢？

一、交警部门出具的交通事故责任认定书的性质

交通事故责任认定书只是社会保险行政部门认定工伤的证据之一。因为《中华人民共和国道路交通安全法》第七十三条规定："公安机关交通管理部门应当根据交通事故现场勘验、检查、调查情况和有关的检验、鉴定结论，及时制作交通事故认定书，作为处理交通事故的证据。交通事故认定书应当载明交通事故的基本事实、成因和当事人的责任，并送达当事人。"全国人大法工委在《关于交通事故责任认定行为是否属于具体行政行为，可否纳入行政诉讼受案范围的意见》中指出："交通事故责任认定行为不属于具体行政行为。"交通事故责任认定书只是一种证据，这决定了社会保险行政部门有权分析、判断其所认定事实的真伪，其不能成为社会保险行政部门认定"非本人主要责任"与否的唯一依据。

二、社会保险行政部门具有认定"非本人主要责任"的职责

有观点认为，交警部门是交通事故认定的法定机构，社会保险行政部门没有职权直接认定事故责任。根据《最高人民法院关于审理工伤保险行政案件若干问题的规定》第一条第二款规定，有权机构出具的事故责任认定书、结论性意见等法律文书不存在或者内容不明确的，社会保险行政部门就前款事实作出认定的，人民法院应当结合其提供的相关证据依法进行审查。上述法条明确授权社会保险行政部门在交警部门无法认定事故责任的情况下，应当充分运用自由裁量权，结合当事人提供的证据对事故责任依法进行调查核实并作出判断，而非简单决定不予认定工伤。若在此情形下，将劳动者所受伤害一律不认定为工伤，实质上变相剥夺了劳动者获得救济的途径，与保护弱者的社会价值取向相悖。

三、交警部门无法认定事故责任下举证责任的分配

一般而言，谁主张相应事实，谁就应对该事实加以证明，如果没有足够的证据对其加以证明，相关机构在裁决中一般不会认定其主张，也就是通常所说的"谁主张、谁举证"。《中华人民共和国行政诉讼法》第三十四条规定："被告对作出的行政行为负有举证责任，应当提供作出该行政行为的证据和所依据的规范性文件。被告不提供或者无正当理由逾期提供证据，视为没有相应证据。"从行政诉讼法规定的举证责任分配来看，在行政诉讼中实行的是举证责任倒置即由被告承担举证责任，其目的是有效保护劳动者合法权益。但过度强调社会保险行政部门的举证责任将是对该条款的错误理解。现实生活中，由于事故发生原因、环境等多变复杂，部分

事故证据收集难度大，具体责任认定困难较大甚至无法认定，在交警部门及社会保险行政部门经调查核实后无法对交通事故责任进行划分的情况下，不能排除原告的举证责任。因为职工是交通事故的当事人，无法查证事故事实非社会保险行政部门的过错，其举证不能系因职工本人行为导致的，社会保险行政部门不具有任何的举证优势，对于事故责任的证明责任应由职工承担，相应的举证不能的不利后果亦应由其承担。

综上，工伤认定的具体标准与范围体现了我国在立法层面上的利益博弈与价值观念的演化，并且关系到对职工、用人单位与工伤保险单位之间的具体风险分配。具体到本案而言，在交警部门无法认定交通事故责任的情形下，社会保险行政部门应依职责对证据、事实进行调查核实，划分事故责任。若社会保险行政部门穷尽一切手段无法认定事故责任，基于举证优势，应由职工承担举证责任。

编写人：广西壮族自治区贵港市港北区人民法院　黄明丽

10

达到法定退休年龄的劳动者的工伤认定问题

——李某诉江门市蓬江区人力资源和社会保障局劳动和社会保障行政确认案

【案件基本信息】

1. 裁判书字号

广东省江门市中级人民法院（2018）粤07行终210号行政判决书

2. 案由：劳动和社会保障行政确认纠纷

3. 当事人

原告（被上诉人）：李某

被告（被上诉人）：江门市蓬江区人力资源和社会保障局（以下简称蓬江区人社局）

第三人（上诉人）：江门市蓬江区勤勉绿化服务部（以下简称勤勉服务部）

【基本案情】

李某出生于 1965 年 7 月 14 日。2017 年 6 月 8 日，李某向蓬江区人社局提出工伤认定申请，称其是勤勉服务部的员工，于 2016 年 8 月 21 日 13 时 45 分左右在上班途中发生交通事故导致受伤。蓬江区人社局依法受理李某的工伤认定申请，并向勤勉服务部发出书面举证通知，告知其举证的相关权利义务。勤勉服务部随后向蓬江区人社局提交相关材料，认为李某的涉案伤害不属于工伤。因勤勉服务部就其与李某的劳动争议纠纷提起民事诉讼，蓬江区人社局中止李某工伤认定一案的审理，待法院作出民事判决后，恢复对该案的审理。2017 年 12 月 6 日，蓬江区人社局作出《工伤认定决定书》，认为（2017）粤 0703 民初 4938 号民事判决书已确认勤勉服务部与李某在 2015 年 8 月 30 日至 2017 年 7 月 7 日存在劳务关系，因此李某的情形不符合《中华人民共和国劳动合同法》第二条第一款和《工伤保险条例》第二条第二款的规定，决定对李某于 2016 年 8 月 21 日所受伤害不予认定也不视同为工伤。李某不服上述决定书，遂提起本案行政诉讼。

【案件焦点】

蓬江区人社局作出的不予认定也不视同为工伤的决定是否合法。

【法院裁判要旨】

广东省江门市江海区人民法院经审理认为：《工伤保险条例》并未将超过法定退休年龄再工作的劳动者排除在该条例调整的范围之外，且《中华人民共和国劳动法》亦未对达到法定退休年龄的人员从事劳动作禁止性规定。超过法定退休年龄但未享受城镇职工基本养老保险待遇或领取退休金的职工，因工伤亡的，应适用《工伤保险条例》的规定进行工伤认定。具体到本案中，李某出生于 1965 年 7 月 14 日，发生涉案事故受伤时年满 51 周岁，虽已超过法定退休年龄，但现有证据不足以证明其已享受养老保险待遇或领取退休金，且蓬江区人社局亦未对李某有无享受养老保险待遇或领取退休金的相关情况进行调查核实。在此情况下，蓬江区人社局以生效民事判决已认定李某超过法定退休年龄，与勤勉服务部之间存在劳务关系，不符合《中华人民共和国劳动合同法》第二条第一款及《工伤保险条例》第二条第二款规定为由，作出涉案《工伤认定决定书》，对李某的受伤不予认定为工伤，属适用法律、法规错误，应当予以撤销并由其重新作出认定。一审法院遂判决：

一、撤销蓬江区人社局作出的《工伤认定决定书》；

二、蓬江区人社局应于法定期限内对李某提出的工伤认定申请重新作出处理。

勤勉服务部上诉称，涉案《工伤认定决定书》适用法律正确，程序合法。李某入职时已达法定退休年龄，现有生效判决证明勤勉服务部与李某之间为劳务关系，双方不适用劳动法的调整，也不适用《工伤保险条例》的调整，不应认定李某的受伤为工伤。李某的工伤认定不适用《人力资源社会保障部关于执行〈工伤保险条例〉若干问题的意见（二）》第二条第一款、《最高人民法院关于超过法定退休年龄的进城务工农民在工作时间内因工伤亡的，能否认定工伤的答复》的规定，一审判决适用法律错误。被上诉人蓬江区人社局辩称，蓬江区人社局作出不予认定也不视同为工伤决定主体适格，适用法律依据正确，程序合法。被上诉人李某辩称，勤勉服务部没有新的证据，上诉理由不成立，请求二审法院驳回勤勉服务部的上诉请求。

广东省江门市中级人民法院经审理认为：广东省江门市蓬江区人民法院生效的（2017）粤0703民初4938号民事判决书，确认勤勉服务部与李某在2015年8月30日至2017年7月7日存在劳务关系，可见，勤勉服务部是用人单位。李某出生于1965年7月14日，发生涉案事故受伤时年满51周岁，已超过法定退休年龄，但现有证据不足以证明其已享受养老保险待遇或者领取退休金，蓬江区人社局以李某的申请不符合《中华人民共和国劳动合同法》第二条第一款和《工伤保险条例》第二条第二款规定为由，对李某的受伤不予认定为工伤，适用法律、法规有误。一审判决撤销蓬江区人社局作出的涉案《工伤认定决定书》及由该局对李某提出的工伤认定申请重新作出处理，并无不当。二审法院遂判决：

驳回上诉，维持原判。

【法官后语】

《国务院关于工人退休、退职的暂行办法》规定普通工种男职工退休年龄为60周岁，女职工为50周岁，女干部为55周岁，但随着我国人口老龄化日趋发展，加之全国人口平均寿命的延长，超过退休年龄仍在工作的现象普遍存在，而相关法律规定还不够具体明确，司法实践中也存在理解分歧。如何保障已超过法定退休年龄的劳动者的合法权益，值得深思。

第一，达到法定退休年龄的劳动者与用人单位之间是劳务关系还是劳动关系，在实践中颇有争议，要具体情况具体分析。首先，如果是正式离退休人员再受聘的，与用人单位之间形成的关系是劳务关系。其次，如果用人单位继续聘用已达到退休年龄人员，就要区分该人员是否享有退休待遇。《中华人民共和国劳动合同法》第四十四条第二项规定，劳动者开始依法享受基本养老保险待遇的，劳动合同终止，也就是说劳动者达到退休年龄并不必然导致劳动合同终止，不能简单地以达到退休年龄作为认定用人单位与劳动者是劳动关系还是劳务关系的条件。《最高人民法院关于审理劳动争议案件适用法律若干问题的解释（三）》第七条规定用人单位与其招用的已经依法享受养老保险待遇或领取退休金的人员发生用工争议，按劳务关系处理，那么，已达到法定退休年龄，未开始依法享受基本养老保险待遇的人员，与用人单位的用人关系仍为劳动关系，属于劳动法调整范围。

第二，对于达到法定退休年龄的劳动者发生伤亡能否认定工伤尚未有明确的法律规定，实践中颇有争议。第一种观点认为，由于劳动者与用人单位之间形成了劳务关系，不应认定为工伤，应通过民事法律关系等渠道解决伤害赔偿问题；第二种观点认为，应区别达到退休年龄的劳动者是否享受退休待遇，对未享受退休待遇的劳动者，应认定为工伤，由用人单位承担工伤保险责任。笔者同意第二种观点。由《最高人民法院关于超过法定退休年龄进城务工农民在工作时间内因工伤亡的，能否认定工伤的答复》《人力资源社会保障部关于执行〈工伤保险条例〉若干问题的意见（二）》第二条第一款等规定的立法精神可知，我国法律、法规并不排斥离退休或者超过法定退休年龄继续工作的劳动者享受工伤保险待遇。具体到本案中，李某的劳动受勤勉服务部安排、指挥，劳动报酬由勤勉服务部支付，亦未享受退休待遇，李某受伤时虽已达到退休年龄，但其涉案伤害只要符合《工伤保险条例》规定的认定工伤条件就应认定为工伤，蓬江区人社局以民事判决已确认李某与勤勉服务部存在劳务关系为由，不予认定李某的涉案伤害为工伤，属于适用法律、法规错误，应依法予以撤销，并由蓬江区人社局对李某提出的工伤认定申请重新作出处理。

编写人：广东省江门市江海区人民法院　姚佳纯

11

非因本人过错超过法定期限申请工伤认定应予受理

——李某诉北京市密云区人力资源和社会保障局等工伤认定申请不予受理通知书案

【案件基本信息】

1. 裁判书字号

北京市第三中级人民法院（2018）京03行再1号行政判决书

2. 案由：不服工伤认定申请不予受理通知书纠纷

3. 当事人

原告（被上诉人）：李某

被告（上诉人）：北京市密云区人力资源和社会保障局（以下简称密云区人社局）

被告：北京市人力资源和社会保障局

第三人（被上诉人）：北京环亚运商物流技术开发有限公司（以下简称环亚公司）

【基本案情】

2006年7月10日，李某到环亚公司工作。2006年7月15日17时30分许，李某参加环亚公司组织的坝上草原旅游期间，乘坐的吉普车驶离地面、翻入路下，致其受伤。环亚公司营业执照的登记地为密云区，实际经营地及李某的工作地为大兴区。

李某曾于2007年6月26日到大兴区人社局申请工伤认定，大兴区人社局未在十五日内作出是否受理决定，未能将有权管辖的密云区人社局书面告知申请人李某。李某2007年6月底申请工伤认定时，被告方知需先到劳动仲裁部门确认劳动关系。2009年9月15日，李某向大兴区仲裁委申请仲裁，提出确认环亚公司与其存在劳动关系等三项诉求，同年11月19日大兴区仲裁委作出（2009）第3672号裁决书，支持了李某与环亚公司存在劳动关系等诉求。双方均不服仲裁裁决，提起诉讼。2010年3月9日，北京市大兴区人民法院作出了（2010）大民初字1124号一审判决，2010年6月12日，北京市第一中级人民法院作出了一中民终字第9029号二审判决，均确认李某与环亚公司存在劳动关系。劳动关系经确定后，因环亚公司注册地在密云，2010年8月31日大兴区人社局告知李某去密云区人社局申请工伤认定，同年9月8日李某向密云区人社局提出工伤认定申请。2011年9月2日，密云区人社局作出了《工伤认定申请不予受理通知书》（以下简称被诉通知），认定李某发生交通事故受伤日期为2006年7月15日，其于2010年9月8日申请工伤认定超过了工伤认定申请时限多年。根据《北京市实施〈工伤保险条例〉办法》（以下简称《北京工伤办法》）第二十一条第一款第一项之规定，决定不予受理。后经复议维持。李某不服，2012年1月11日向法院起诉：要求密云区人社局受理其工伤认定申请，并认定所受伤害为工伤。

李某主张大兴区人社局对其申请工伤时效延误负有责任，2014年3月4日向北京市大兴区人民法院提起行政诉讼，要求确认大兴区人社局行政行为违法。北京市大兴区人民法院裁定驳回李某的起诉，并经二审维持。

【案件焦点】

1. 大兴区人社局是否收到李某的工伤认定申请；2. 李某在密云区人社局申请工伤认定时，超过一年的法定时限，是否存在合法的免责理由。

【法院裁判要旨】

北京市第三中级人民法院经审理认为：环亚公司营业执照的登记地为密云区，实际经营地为大兴区，李某在环亚公司的工作地点为大兴区。李某于2006年7月15日受伤，2007年6月22日向用人单位所在地大兴区人社局申请工伤认定，符合《工伤保险条例》第十七条第二款的规定，即在事故伤害发生之日起一年内提出了工伤认定申请。现有证据能够证明李某在工伤认定期限内就已向大兴区人社局提出过工伤认定申请，而缺乏证据证明李某向大兴区人社局提出工伤认定时就被告知去密云区人社局申请工伤认定。大兴区人社局未在十五日内作出是否受理决定，未能将有权管辖的密云区人社局书面告知申请人李某。加之李某与环亚公司没有书面劳动合同，为确定其与环亚公司存在劳动关系，用近二年的时间进行仲裁诉讼，致使密云区人社局受理李某工伤认定申请时，已超出了一年的时限。但是，李某逾期申请具有正当事由，且其本人并不存在主观过错。考虑到用人单位的实际经营地与注册地不一致的情况，不能归责于李某的原因实属存在，并导致其维护合法权益的时间被延误。而且李某需要在确定与用人单位之间存在劳动关系的前提下才能向劳动保障行政部门申请工伤认定，故李某为了解决劳动争议的时间不应计算在工伤认定申请时限内。

信赖保护原则是行政法治的基本原则，作为国家行政机关应当依法保护行政相对人因正当的信赖而期望得到的合法或者合理的利益。本案中，李某基于对大兴区人社局的信赖，按照大兴区人社局告知的程序，经过仲裁、诉讼以及最终向密云区人社局申请工伤认定，均是在积极主动地寻求利益保护。密云区人社局在接到李某的申请后，理应依法受理，并积极作为，不应当以大兴区人社局的不作为作为自己不作为的借口。因此，从《工伤保险条例》切实保护劳动者合法权益的立法目的考量，北京市第三中级人民法院判决：

一、撤销被告北京市密云区人力资源和社会保障局作出的京密人社工不受字〔2011〕第0152123号《工伤认定不予受理通知书》；

二、撤销被告北京市人力资源和社会保障局作出的京人社复决字〔2011〕56号行政复议决定书。

【法官后语】

关于工伤认定申请时效的性质，存在两种观点。一种观点认为工伤认定申请时效是除斥期间，是不可变的，不可以中止、中断或延长，工伤认定申请时效设定的目的在于督促劳动者尽快行使权利，便于及时解决工伤认定争议。另一种观点认为工伤认定申请时效是一种申请期间，类似于诉讼时效期间，是可变期间，可以中止、中断或延长。对此，我们认为工伤认定时效是可变期间，工伤认定申请是一种请求权，而非形成权。2005年原国务院法制办公室《对〈关于对《工伤保险条例》第十七条、第六十四条关于工伤认定申请时限问题的请示〉的复函》中，亦按照时效制度的理论，把工伤认定申请时限确定为可变期间，规定工伤认定申请时限应扣除因不可抗力耽误的时间。该复函虽没有直接表明还具有其他类似中止中断的情形，但结合该复函的精神，从保护工伤职工利益、关怀弱势群体的立法原则以及民生司法和人文关怀的司法理念出发，可以适用中止、中断、延长等规定，应当从宽理解把握。职工申请工伤认定超过一年申请时限的，应对逾期申请是否有正当理由进行审查，如有证据证明属于不能归责于职工本人的正当事由，职工本人不存在主观过错，其申请应当受理。

本案中，其一，李某的工作单位环亚公司的营业执照登记住所地与实际经营地不一致，李某对此不知情，不存在主观过错，错误向大兴区人社局申请导致超过工伤认定申请期限，不属于李某自身原因。

其二，李某曾于2007年6月向大兴区人社局申请工伤认定，造成时效中断。根据大兴区人社局加盖公章出具的证明以及曹燕和杨亚男的证人证言，可以认定李某曾于2007年6月向大兴区人社局口头申请工伤认定。李某因主张权利造成申请时效的中断，申请事项应在中断事由消除后重新起算。

其三，李某申请确认劳动关系的时间不计入时效。根据《北京市高级人民法院关于审理工伤认定行政案件若干问题的意见》第五条、《北京市工伤办法》第十八条第二款的规定，工伤认定行政程序中，与用人单位存在劳动关系（包括事实劳动关系）的证明材料系提出工伤认定申请时的必备基本材料，因此双方当事人对是否存在劳动关系发生争议而申请仲裁、提起诉讼的，该时间不计入工伤认定的期间。

其四，李某于2010年8月31日才被告知应向密云区人社局申请工伤认定，不存在主观过错。信赖保护原则是行政法治的基本原则，行政机关应当依法保护行政相对人因正当的信赖而期望得到的合法或者合理的利益。李某基于对大兴区人社局的信赖，按照大兴区人社局告知的程序，经过仲裁、诉讼以及最终向密云区人社局申请工伤认定，均是在积极主动地寻求利益保护。李某于2010年8月31日第二次向大兴区人社局申请工伤认定时才被告知需要去密云区人社局申请，李某对此不存在主观过错。因此，李某超出法定时效申请工伤认定系存在不能归责于职工本人的正当事由，不属于申请人自身的原因，被耽误的时间不应计算在申请期间内。

编写人：北京市第三中级人民法院　饶亚东　宋垚

12

申请人亲自办理抵押登记又以抵押合同非本人所签为由要求撤销抵押登记的，不予支持

——王某诉南通市国土资源局房屋行政登记案

【案件基本信息】

1. 裁判书字号

江苏省南通市中级人民法院（2018）苏06行终571号行政判决书

2. 案由：房屋行政登记纠纷

3. 当事人

原告（上诉人）：王某

被告（被上诉人）：南通市国土资源局（以下简称南通国土局）

第三人（被上诉人）：中国建设银行股份有限公司海门支行（以下简称建行海门支行）、中国华融资产管理股份有限公司江苏省分公司（以下简称华融公司）

【基本案情】

2013年5月17日，王某与建行海门支行共同向原房屋登记机构南通市住房保障和房产管理局（以下简称南通房管局）下属的南通市房屋产权监理登记中心（以下简称房屋登记中心）就南通市崇川区某小区7幢0504室房屋申请最高额抵押登记，并提交《抵押登记申请书》《最高额抵押合同》《人民币流动资金贷款合同》《房屋所有权证》《情况说明》和居民身份证复印件、结婚证等材料。同日，房屋登记中心出具《房屋权属登记收件收据》，告知王某已受理其抵押登记申请。王某在《房屋权属登记收件收据》下方“登记申请人”处签名。王某及其丈夫许基伟在办理窗口由房屋登记中心工作人员予以摄像。同年5月21日，南通房管局作出南通房他证字第130007426号《房屋他项权证》，并于5月22日向建行海门支行

颁发。2018年1月19日，王某向法院提起行政诉讼，请求撤销上述《房屋他项权证》。

2017年3月22日，长融金诺（北京）投资有限公司（以下简称长融公司）以王某等人为被告向海门市人民法院提起债权转让合同纠纷民事诉讼。在该案审理过程中，王某提出《最高额抵押合同》中的签名非其本人所签，经司法鉴定，《最高额抵押合同》中“王某”的签名字迹非王某书写。同年12月15日，海门市人民法院作出（2017）苏0684民初2032号民事判决，认定《最高额抵押合同》非王某本人与建行海门支行订立，事后也未得到王某的追认，该合同的效力不及于王某，但王某向建行海门支行提供抵押担保的意思表示真实明确，长融公司有权以南通房他证字第130007426号《房屋他项权证》记载的王某名下的房屋折价或者以拍卖、变卖所得价款在125万元限额内优先受偿等。后该案所涉债权转让给本案第三人华融公司。另查明，南通市设立南通市不动产登记局，为南通国土局内设机构，负责南通市区发文的不动产登记工作，南通房管局不再承担房屋登记职责。

【案件焦点】

南通国土局作出的案涉房屋抵押登记行为是否合法。

【法院裁判要旨】

江苏省南通市港闸区人民法院经审理认为：南通国土局提供了《抵押登记申请书》《最高额抵押合同》《人民币流动资金贷款合同》等材料，符合法律规定的申请人应当提交的申请登记材料的形式要求。王某在抵押登记申请之日到过南通国土局办理抵押登记的办公现场，南通国土局对王某的头像予以拍摄采集。王某也提供了由其本人签字的关于案涉房产归其个人所有的《情况说明》，王某的居民身份证、结婚证、婚姻状况声明书、案涉房产的国有土地使用权证等，并在《房屋登记询问记录》上予以填写并签字。以上事实足以表明王某办理案涉抵押登记的意思表示。尽管《最高额抵押合同》中“王某”的签字不是王某本人所签，但王某亲自到房屋登记办理现场，将该合同作为申请材料提交，应当视为其对该合同的真实性予以认可。综上，南通国土局作出被诉抵押登记行为符合法律规定。

江苏省南通市港闸区人民法院依照《中华人民共和国行政诉讼法》第六十九条之规定，作出如下判决：

驳回王某的诉讼请求。

王某不服，提起上诉。江苏省南通市中级人民法院经审理认为：《最高人民法院关于审理房屋登记案件若干问题的规定》第十二条规定，申请人提供虚假材料办理房屋登记，给原告造成损害，房屋登记机构未尽合理审慎职责的，应当根据其过错程度及其在损害发生中所起作用承担相应的赔偿责任。登记机关对于申请人办理房屋登记提交的材料，应尽到力所能及的审查义务。本案中，首先，南通国土局据以作出最高额抵押权登记的材料包括抵押登记申请书、王某的身份证、结婚证、房屋所有权证、最高额抵押合同等，符合申请办理最高额抵押权登记的形式要件。其次，在办理最高额抵押权登记的当天，王某亲自前往办理现场，其提交最高额抵押合同在先，南通国土局履行办理流程在后，且南通国土局对王某进行了人像采集，足以认定王某具有办理最高额抵押权登记的意思表示。最后，王某作为一个完全民事行为能力人，理应知道提交相关申请材料以及进行人像采集的法律后果，王某既未向南通国土局明确主张终止办理登记，也未取回自己的申请材料，明显与常理不符。

综上，江苏省南通市中级人民法院依照《中华人民共和国行政诉讼法》第八十九条第一款第一项之规定，作出如下判决：

驳回上诉，维持原判。

【法官后语】

“无恒产者无恒心”，不动产历来关涉公民之重大权益。如何科学建立一套符合我国实际的登记审查机制，一直是社会各界热议的焦点，也是我国不动产登记制度立法的重要内容之一。根据《不动产登记暂行条例》《不动产登记暂行条例实施细则》关于办理不动产登记的规定可见，办理不动产抵押登记至少应当符合以下要求：(1) 应当由当事人双方共同申请。(2) 申请人应当填写登记申请书并提供符合法律规定形式要件的申请材料，且申请人对申请材料的真实性负责。(3) 不动产登记机构按照法律规定的内容进行查验。实践中，确实存在因申请人恶意提供虚假登记材料，欺骗不动产登记机构而取得不动产登记的情形。在此情况下，如果申请人是冒用他人身份提交虚假材料的，法院应当根据是否存在善意第三人而对登记行为撤销或者确认违法。如果申请人本人提交了虚假材料且参与了登记流程，则应当承担由此引发的不利后果，登记机关一般不承担责任，理由如下所述。

第一，登记机关尽到了审慎审查的义务。《最高人民法院关于审理房屋登记案件若干问题的规定》第十二条规定了房屋登记机构负有“合理审慎职责”。房屋登记机构在审查登记行为时，主要对申请材料是否完整和齐备、是否符合法定形式进行审查，对于相关材料的实质真实性、合法有效性，房屋登记机构只能在职责范围内尽审慎的审查义务。对于登记机构是否尽到了力所能及的审查义务，可以采取以下标准予以判断：（1）对于只要履行正常审核程序完全可以判断其真伪的材料，如房产证及登记机构有原始档案的信息材料，登记机构应保证其查验结果的真实性，一旦出现错误登记，登记机构存在过错；（2）对于不属于登记机构职责负责范围内的材料，如当事人之间的合同，只要登记机构尽到合理注意义务，即使没有发现其虚伪，也不应认定过错的存在。本案中，最高额抵押合同由王某本人亲自提交，南通国土局无法判断其签名非本人所签，不属于未尽审慎审查的义务。

第二，申请人参与了行政程序。当事人参与原则是行政程序的重要原则之一。一方面，如果行政程序缺乏相对人的参与，必然导致最终的行政处分存在瑕疵甚至违法；另一方面，如果相对人参与了行政程序，意味着其清楚行政程序的起因、经过和结果，嗣后却否认参与行为的效力，则不应得到支持。本案中，王某亲自提交材料并全程参与抵押登记的流程，其对抵押登记的经过、结果已有了充分的认知，应当视为办理抵押登记是其真实意思表示。王某的主张如果得到支持，则意味着任何申请办理房屋登记的申请人，均可以亲自到房屋登记机关提交一份非本人签名的相关合同，事后再以合同非本人签字为由否认登记行为的合法性，不仅导致交易关系长期处于不稳定状态，还浪费了有限的行政与司法资源，更会诱发申请人办理不动产登记中的道德风险。

第三，申请人对登记行为具有撤回权。《不动产登记暂行条例实施细则》第十三条规定，申请登记的事项记载于不动产登记簿前，全体申请人提出撤回登记申请的，登记机构应当将登记申请书以及相关材料退还申请人。由于申请登记是建立在申请人自愿基础上的，因此申请人自然有权撤回申请，一旦登记完成，就说明申请已经达到目的，登记程序也因此终结。撤回申请制度充分保障了申请人的选择权，对于撤回申请，申请人无需阐明理由，但应当足以向登记机关表明其否定已经提出的申请。本案中，王某曾主张尽管其到达现场被拍照，但经了解抵押登记担保的债务与其初衷相悖而终止，但王某既未向南通国土局明确主张终止办理登记，也未取回自己的申请材料，不符合撤回申请的规定，也明显与常理不符。

编写人：江苏省南通市中级人民法院　张祺炜

13

违法转包认定工伤中“不具备用工主体资格”的理解与适用

——如皋市永盛苗木园艺场诉如皋市人力资源和社会保障局劳动、社会保障行政确认案

【案件基本信息】

1. 裁判书字号

江苏省南通市中级人民法院（2018）苏06行终40号行政判决书

2. 案由：劳动、社会保障行政确认纠纷

3. 当事人

原告（被上诉人）：如皋市永盛苗木园艺场（以下简称永盛场）

被告：如皋市人力资源和社会保障局（以下简称如皋人社局）

第三人（上诉人）：薛某

【基本案情】

如皋市盛达园林绿化工程有限公司（乙方，以下简称盛达公司）与无锡市第二市政工程有限公司（甲方，以下简称第二市政公司）签订绿化工程施工分包合同，约定将锡通科技产业园梧桐路道路绿化工程中的种植与造型石部分分包给盛达公司，乙方委派的担任驻地履行本合同的工地代表为范某，合同落款处乙方有范某签字，范某向盛达公司支付管理费约5万元。2015年7月13日，范某安排薛甲等人

进行工程养护，在作业过程中，薛甲被他人驾驶的车辆碰撞死亡。交警部门认定薛甲对该事故不承担责任。另外，范某个人经营有永盛场，系个体工商户，经营范围为苗木种植、销售。

2016年3月30日，薛甲之子薛某以永盛场为用人单位向如皋人社局申请工伤认定。5月5日，如皋人社局向范某调查，范某称锡通产业园工程是由江西园林工程公司总承包，后转包给第二市政公司，其本人再借用盛达公司的名义（资质）与第二市政公司签订合同承包案涉工程。2016年11月11日，如皋人社局作出皋人社工认字〔2016〕A078号认定工伤决定书，认为范某接到绿化工程后，仅借盛达公司的营业执照与第二市政公司签订合同，其实质上是永盛场经营者范某接到工程实际组织人员施工，范某作为具备用工主体资格的经营者，其招用的薛甲因工作原因受到的伤害应由永盛场承担工伤保险责任。永盛场不服，提起行政诉讼。

【案件焦点】

如皋人社局作出的认定工伤决定以永盛场为承担工伤保险责任的主体是否具有事实和法律依据。

【法院裁判要旨】

江苏省海安市人民法院经审理认为：案涉工程名义施工主体为盛达公司，实际施工主体为范某个人，范某并未以永盛场的名义对外开展活动，薛甲等人去扶正树木，是接受范某指派。道路绿化、造型石建设、道路养护等并非永盛场的业务范围。范某与盛达公司之间属于典型的挂靠中的“三无”情形。如皋人社局将永盛场作为工伤保险责任承担单位进行认定，证据不足。遂依照《中华人民共和国行政诉讼法》第七十条第一项、第二项之规定，作出如下判决：

撤销如皋人社局作出的认定工伤决定。

薛某不服，提起上诉。江苏省南通市中级人民法院经审理认为：《最高人民法院关于审理工伤保险行政案件若干问题的规定》第三条第一款第四项规定，用工单位违反法律、法规规定将承包业务转包给不具备用工主体资格的组织或者自然人，该组织或者自然人聘用的职工从事承包业务时因工伤亡的，用工单位为承担工伤保险责任的单位。《工伤保险条例》第二条第一款规定了依法应当参加工伤保险、为职工缴纳工伤保险费的主体的范围。第六十六条规定了“无营业执照或者未经依法登记、备案的单位以及被依法吊销营业执照或者撤销登记、备案的单位的职工受到事故伤害或者患职业病”的赔偿问题。结合《工伤保险条例》关于用人单位正反两个方面的表述来看，具备用工主体资格均要求必须具备营业执照或经依法登记、备案，但并未要求必须具备相应的行业资质。司法解释采用的是“用工主体资格”，而非“施工资质”或者“从事承包业务的资格”等表述，也表明这一措辞主要的目的是对于工伤事故发生后，需要由具有用工主体资格的单位承担责任，避免因违法承包人为自然人导致农民工的权益受损。因此，在实际施工人符合劳动法意义上的用人单位的情况下，应当认定其为具备用工主体资格的单位，无需要求其同时具备相应的施工资质方可承担工伤保险责任。

本案中，范某借用盛达公司的名义与第二市政公司签订合同，范某是案涉工程的实际施工主体，薛甲系范某雇请，受范某指派从事工作，并由范某支付劳动报酬。作为个体工商户而言，以营业执照上登记的字号招用劳动者，与经营者直接招用劳动者，结果并无区别。永盛场的经营范围为苗木种植、销售，与案涉绿化工程的业务并非完全毫不相关，薛甲从 2013 年起即跟随范某从事工作。因此，即使范某招用薛甲时未与薛甲签订劳动合同，也未以永盛场的名义进行招聘，但并不影响永盛场作为本案工伤保险责任的主体。综上，如皋人社局以永盛场为案涉工伤责任主体认定事实清楚，适用法律正确，程序合法。

综上，江苏省南通市中级人民法院依照《中华人民共和国行政诉讼法》第六十九条，第八十九条第一款第二项、第三款之规定，作出如下判决：

一、撤销江苏省海安市人民法院（2017）苏 0621 行初 157 号行政判决；

二、驳回永盛场的诉讼请求。

【法官后语】

工伤认定案件是行政诉讼的热点和难点之一，作为工伤赔偿救济的必经程序，工伤认定扮演着重要角色。实践中，建筑企业违法转包是“公开的秘密”，导致直接从事生产劳动的工人发生工伤事故后，往往因劳动关系、承担工伤保险责任的主体不明确等情况，拉长了维权周期、加大了维权难度。最高人民法院及人社部相关解释和复函均涉及对“不具备用工主体资格”的判断，准确认定“不具备用工主体资格”的概念和范围，尤其是厘清用工主体资格与从事承包业务的资质之间的相互关系，对正确认定工伤保险责任主体，保障受伤职工及时有效获得救济有着重要意义。

首先，从文义解释的角度来看。《工伤保险条例》第二条第一款规定了依法应当参加工伤保险、为职工缴纳工伤保险费的主体的范围。第六十六条规定了“无营业执照或者未经依法登记、备案的单位以及被依法吊销营业执照或者撤销登记、备案的单位的职工受到事故伤害或者患职业病”的赔偿问题。《关于确立劳动关系有关事项的通知》第一条第一项规定劳动关系成立的条件为用人单位和劳动者符合法律、法规规定的主体资格。结合上述规范性文件关于用人单位正反两个方面的规定以及劳动关系成立的条件可见，具备用工主体资格均要求必须具备营业执照或经依法登记、备案，但并未要求必须具备相应的行业资质。由此，不具备从事承包业务的资质不会导致用人单位丧失用工主体资格。

其次，从体系解释的角度来看。建筑法仅规定没有相应资质条件的单位不得进行建筑工程，但没有规定不得招用劳动者，与劳动者建立劳动关系。用工主体资格受劳动法调整，主要用于规范用工过程中当事人的主体资格问题；施工资质受建筑法调整，属于行业准入限制内容，目的在于引导建筑市场的专业性、规范性，两者之间不属于同一个法律关系。对于违法转包行为，《中华人民共和国建筑法》第六十五条对发包单位和承包单位规定了责令改正、罚款、降低资质等级、吊销资质证书等一系列处罚措施，没有必要通过工伤保险制度进行调整。

最后，从目的解释的角度来看。劳动者权益保护优先原则是工伤制度设计的基本原则之一，当不具备用工主体资格的概念因其抽象性和模糊性而有多种解释结论时，是否更有利于劳动者权利的保护，则应当作为重要的考量因素。实践中，建筑行业发包方将承包业务层层转包后，工程往往分解由若干实际施工人组织施工，而实际施工人通常是自然人，即俗称的“包工头”，其承担责任的能力相对较低，导致劳动者维权风险增高。司法解释及人社部文件采用“用工主体资格”，而非“施工资质”或者“从事承包业务的资格”等表述，表明其主要目的是对于工伤事故发生后，需要由具有用工主体资格的单位承担责任，避免因违法承包人为自然人或者其他违法用工主体导致劳动者的权益受损。因此，只要能够找到具备用工主体资格的单位承担相应的工伤保险责任，即可有效保护劳动者的合法权益。

社会实践的复杂多样，要求现行法律保有足够的弹性，以适应社会变化的要求。法律条文存在的弹性，即为法律的解释提供了空间。从文义解释、体系解释、目的解释三个角度来看，在违法转包过程中，用人单位是否“具备用工主体资格”，应作狭义的解释，即仅指依法成立、能够招用劳动者并与之建立劳动关系的资格，而是否具有从事承包业务的资质，不是工伤认定过程中需要考虑的问题。

编写人：江苏省南通市中级人民法院　张祺炜

14

养老保险待遇资格确认期间不影响劳动者享有养老保险待遇的权利

——田某诉北京市西城区人力资源和社会保障局劳动社会保障行政给付案

【案件基本信息】

1. 裁判书字号

北京市第二中级人民法院（2018）京02行终191号行政判决书

2. 案由：劳动社会保障行政给付纠纷

3. 当事人

原告（上诉人）：田某

被告（被上诉人）：北京市西城区人力资源和社会保障局（以下简称西城区人社局）

【基本案情】

田某于2015年11月达到法定退休年龄。2015年8月，西城区职业介绍服务中心作为申报单位，向西城区人社局提交办理田某退休的申请材料。2015年8月31日、12月15日、12月30日，西城区人社局作出三份《北京市基本养老保险退休待遇资格核准告知书》，称“视同缴费年限申报材料与档案材料不符”“提供85年以后的上班原始材料”“档案中单位部分用章与工商信息不一致，请补正相关原始材料”。2016年12月9日，北京市政路桥股份有限公司出具证明，称“田某同志毕业生转正定级表为后期补办，当时企业名称已由北京市建华市政建筑工程公司第五工区变更为北京市华大市政建筑工程公司”“另：北京市政路桥股份有限公司为原北京市市政工程局变更而来”。

2017年1月16日，西城区人社局向该公司作出《关于田某参加工作情况的协查函》，称“……该职工档案经我局审核，其档案中工作期间原始材料缺失严重，1985年7月由北京市建华市政建筑工程公司招工，招工后工作期间，档案中未见其他相关原始材料，补充材料前后矛盾，不能确定其工作年限的完整性与连续性……请贵单位查找相关原始材料，确定其真实工作情况”。2017年4月7日，北京市政路桥股份有限公司向西城区人社局作出复函，称“田某原所在工作单位北京市建华市政建筑工程公司的上级单位是北京市第五市政工程公司（已于2010年12月13日注销），隶属于北京市政建设集团有限责任公司。我单位系北京市政建设集团有限责任公司上级单位，已委托该集团对田某参加工作情况进行了核查，相关核查情况附后”。

2017年5月19日，西城区人社局作出《北京市基本养老保险待遇核准表》（以下简称《核准表》），载明：“田某，女，1965年11月出生，参保年月1992年10月，参加工作时间1985年2月，退休时间2015年11月，应缴费年度24，视同缴费年月为7.08，实际缴费年月12.04，全部缴费年月20.00，计发金额1609.00，起始支付年月2016年12月……”

【案件焦点】

西城区人社局对田某养老保险待遇起始支付时间的认定，应该以田某达到法定退休年龄的次月起算，还是以西城区人社局核准待遇的次月起算。

【法院裁判要旨】

北京市西城区人民法院经审理认为：《北京市基本养老保险规定》第二十二条第一款规定，被保险人符合下列条件的，自劳动保障行政部门核准后的次月起，按月领取基本养老金。根据北京市劳动和社会保障局《关于进一步加强基础管理，规范退休核准工作有关问题的通知》的规定，退休核准工作要以职工原始档案记载为准，并根据其他佐证材料作出认定。本案中，田某的档案材料《（田某高中）毕业生转正定级表》与《集体企事业招工审批表》的记载日期相同，但盖章单位不一致，故西城区人社局要求提供相关原始材料并无不当。2016 年 12 月，田某单位出具情况说明后，西城区人社局将该日期认定为基本养老金支付起始年月，不违反相关规定，法院予以确认。依照《中华人民共和国行政诉讼法》第六十九条的规定，判决：

驳回原告田某的诉讼请求。

田某不服，提起上诉。北京市第二中级人民法院经审理认为：根据《中华人民共和国劳动法》第七十三条第一款、《中华人民共和国社会保险法》第十六条第一款的规定，劳动者在退休情形下，依法享受社会保险待遇，且参加基本养老保险的劳动者，符合“达到法定退休年龄”“累计缴费满十五年”的条件，在法律法规没有其他特别规定的情况下，即应享有按月领取基本养老金的法定权利。本案中，西城区人社局在已查实田某于 2015 年 11 月达到法定退休年龄、累计缴费满十五年，且没有证据证明田某有不应领取基本养老金其他情形的情况下，核准 2016 年 12 月始支付养老金，不符合上述法律规定，该情形属适用法律错误。一审法院判决认定事实基本清楚，但适用法律有误。依照《中华人民共和国行政诉讼法》第七十条第二项、第八十九条第一款第二项的规定，判决：

一、撤销北京市西城区人民法院（2017）京 0102 行初 790 号行政判决书；

二、撤销西城区人社局所作《北京市基本养老保险待遇核准表》；

三、责令西城区人社局于本判决生效后三十日内重新作出行政行为。

【法官后语】

本案的分歧焦点是对于养老保险待遇起始支付时间如何认定的理解。笔者以为，在法律法规没有其他特别规定的情况下，参加基本养老保险的劳动者达到法定退休年龄，且满足累计缴费满十五年的，劳动保障行政部门应当以劳动者达到法定退休年龄的次月为养老保险待遇起始支付时间。但另一种观点认为，应当以劳动保障行政部门核准后的次月为起始支付时间。产生上述分歧的原因在于对《北京市基本养老保险规定》第二十二条第一款的理解不同。对此，笔者有以下几点分析。

1. 从法的文义和体系角度解释

《中华人民共和国劳动法》第七十三条第一款规定："劳动者在下列情形下，依法享受社会保险待遇：（一）退休……"《中华人民共和国社会保险法》第十六条第一款规定："参加基本养老保险的个人，达到法定退休年龄时累计缴费满十五年的，按月领取基本养老金。"据此，参加基本养老保险的劳动者领取基本养老金，主要取决于"达到法定退休年龄"和"累计缴费满十五年"这两个实质条件。在满足这两个实质条件的情形下，参加基本养老保险的劳动者养老保险待遇的起始支付时间应当从达到法定退休年龄的次月起算。《北京市基本养老保险规定》第二十二条第一款中"自劳动保障行政部门核准后的次月起，按月领取基本养老金……"的规定，系遵循《中华人民共和国社会保险法》第十六条对本市具体实施养老保险核准工作的细化规定，将其放在整部法律体系中进行解释，"劳动保障行政部门核准"是作为办理退休的程序性环节，对劳动者是否满足上述两个实质条件进行审查，本身并不是对"按月领取基本养老金"实质条件的改变。当中的"领取"应作操作性层面的理解。养老金领取时间可以自劳动保障行政部门核准后的次月起，但劳动保障行政部门应当对劳动者自有权享受养老保险待遇之日起至实际领取前的应享受金额进行补发。

2. 从立法宗旨和目的角度考虑

根据劳动法、社会保险法的规定，国家建立基本养老保险制度系为了保障公民在年老的情况下依法从国家和社会获得物质帮助的权利；维护公民享受社会保险待遇的合法权益，使公民共享发展成果。据此，基本养老金是劳动者在退休的情形下，依法享有的基本权利保障，是法定财产权，不能随意限制和缩减。劳动社会保障行政部门不能机械理解《北京市基本养老保险规定》第二十二条第一款的规定，对其中规定的"劳动保障行政部门核准"和"领取"均不能解读为对劳动者享受法定财产权的限制条件。

3. 从社会公平的价值观角度理解

社会保险制度是一种再分配政策，社会公平应当反映在其制度设计和治理形态的价值取向中。社会保险权利的实现，更多地要求国家积极干预权利的实现条件，而非对实现条件设置附加的负担性规定。公民享有的依法享受养老保险待遇的权利，不因劳动社会保障行政部门行政效率的高低而增益或减损。特别是在行政给付类案件中，为了平衡相对弱势一方的公民与劳动社会保障行政部门的关系，人民法院在法律解释和适用方面应当更加慎重，既要维护法律规定的严肃性，又要注意办案的社会效果。因此，劳动保障行政部门养老保险待遇资格确认的期间不能影响劳动者享有养老保险待遇的权利。

笔者在案外了解到，在本市基本养老保险待遇核准工作中，核准时间晚于劳动者法定退休年龄时间的情况时有发生。劳动社会保障行政部门在办理养老待遇资格确认时，多按照实际核准的次月起计算养老保险待遇，劳动者往往无法获得达到退休年龄后至核准之前时段的基本养老金。通过本案的审理，明确了对《中华人民共和国劳动法》《中华人民共和国社会保险法》《北京市基本养老保险规定》的理解与适用，为纠正部分劳动社会保障行政部门错误执法惯例，进一步规范养老保险管理工作，统一司法裁判尺度，保障广大退休劳动者的合法权益具有重要意义。

编写人：北京市第二中级人民法院　严勇　李珊

15

行政案件程序审查是实体审查的必要前提

——张某诉厦门市湖里区市场监督管理局等股东变更登记行为案

【案件基本信息】

1. 裁判书字号

福建省厦门市中级人民法院（2018）闽02行终180号行政裁定书

2. 案由：股东变更登记行为纠纷

3. 当事人

原告（上诉人）：张某

被告（被上诉人）：厦门市湖里区市场监督管理局（以下简称湖里市监局）

第三人：厦门市蓝泰纸制品有限公司（以下简称蓝泰公司）、许某

【基本案情】

2012年7月15日，第三人蓝泰公司向被告湖里市监局申请变更该公司的法定代表人蔡某为林某，变更该公司的股东蔡某、许某为林某、张某，并提交相关材料。被告湖里市监局于2012年7月27日作出（厦湖）登记内变字〔2012〕第202201207243O108号《准予变更登记通知书》，第三人蓝泰公司法定代表人林某于2012年8月2日领取上述《准予变更登记通知书》。

原告认为，第三人蓝泰公司或第三人许某提供的变更登记其为股东的公民身份证复印件、个人签名资料、股权转让协议书等材料均是虚假的，被告没有依法履行审查的法定职责，行为违法。故请求：撤销被告湖里市监局于2012年7月27日为第三人蓝泰公司办理原告张某股东（投资人）的变更登记。

【案件焦点】

1. 原告是否属于《最高人民法院关于审理公司登记行政案件若干问题的座谈会纪要》规定的例外情形，即原告是否系此前已明知股东变更情况却未提出异议，并在此基础上从事过相关管理和经营活动；2. 本案原告的起诉是否超过起诉期限。

【法院裁判要旨】

福建省厦门市集美区人民法院经审理认为：在日期为2014年3月19日的股东会决议书中，“股东：张某”处“张某”的签名虽非原告张某本人所签，但其在该处加盖手印，可视为其认可该股东会决议书中的内容，亦认可其蓝泰公司的股东身份，故原告陈述其不知悉许某与其的股东变更情况，不知悉自己的股东身份情况，未参与蓝泰公司相关管理经营与事实不符，法院不予采信。且结合该股东会决议书所载明的内容：原法人为林某的蓝泰公司搬迁到长泰县，现有厂房、厂房用地、厂内设备属林某、张某、娄某三人共同所有，法人变更为娄某，股东和股份不变，足以证实原告张某至迟于2014年3月19日即已知其为蓝泰公司股东之事实，并参与蓝泰公司的相关管理经营活动。原告张某于2017年6月6日提起本行政诉讼，且其未提供证据证明其有耽误起诉期限的正当事由，故其已超过起诉期限。退一步而言，即便如原告张某主张的其于2017年6月2日才知道案涉变更登记行为，但其确有参与蓝泰公司的管理经营，依据《最高人民法院关于审理公司登记行政案件若干问题的座谈会纪要》第一条第二款“公司法定代表人、股东等以申请材料不是其本人签字或者盖章为由，请求确认登记行为违法或者撤销登记行为的，人民法院原则上应按照第一款规定处理，但能够证明原告此前已明知该情况却未提出异议，并在此基础上从事过相关管理和经营活动的，人民法院对原告的诉讼请求一般不予支持”之规定，原告张某诉请撤销被告湖里市监局作出的案涉变更登记行为能否成立，亦值得商榷。综上，依照《最高人民法院关于适用〈中华人民共和国行政诉讼法〉的解释》第六十九条第一款第二项之规定，裁定如下：

驳回原告张某的起诉。

宣判后，原告上诉。福建省厦门市中级人民法院经审理认为：根据本案查明的事实，张某于 2013 年 11 月 11 日与蓝泰公司的法定代表人林某签订有《交接凭据》，该《交接凭据》上的内容均系对企业重要凭证的交接，只有作为该企业的主要管理人员方有可能与之接触、持有，且系由蓝泰公司的法定代表人林某作为移交人、张某作为接收人。由此，可以推定蓝泰公司的主要管理人员即林某与张某二人；2014 年 3 月 19 日，林某、张某、娄某三人签订的《股东会决议书》，进一步证实了林某、张某共同对蓝泰公司进行处置的事实。因此，张某现主张其不是蓝泰公司的股东，对蓝泰公司的情况不了解、不清楚的理由，明显不能够成立，遂裁定如下：

驳回上诉，维持原裁定。

【法官后语】

商事登记改革后，市场监督管理工作领域集中出现诉请撤销工商设立、变更登记行为的案件。本案是较为典型的申请工商登记材料签字非本人所签，但当事人此前已明知工商变更情况而未提出异议，并从事相关管理和经营活动的案件。其所具有的典型意义在于，在实质判断当事人是否明知并从事相关公司管理经营活动的同时，还应注意当事人知晓工商变更情况的时间节点。

本案审理过程中，通过司法鉴定已明确第三人蓝泰公司申请工商变更登记所提交的股东会决议、股权转让协议、张某身份证复印件、任职合法性声明当中的股东及监事处“张某”的签名字迹并非原告张某本人所书写。但 2013 年 11 月 11 日，原告张某从案外人林某处交接获得包括蓝泰公司企业法人营业执照正副本、税务登记证、公章、财务章等在内的材料。2014 年 3 月 19 日，原告张某与林某、娄某签订股东会决议书，约定搬厂、法人变更等事宜。因此，可推断蓝泰公司的主要管理人员为原告张某和林某，原告张某确有从事蓝泰公司相关管理和经营活动。

本案合议庭在合议过程中，有两种裁判意见：一种意见认为，参照《最高人民法院关于审理公司登记行政案件若干问题的座谈会纪要》的规定，公司法定代表人、股东等以申请材料不是其本人签字或者盖章为由，请求确认登记行为违法或者撤销登记行为的，若能够证明原告此前已明知该情况却未提出异议，并在此基础上从事过相关管理和经营活动的，人民法院对原告的诉讼请求一般不予支持，在案证据足以证明原告张某以蓝泰公司股东身份从事管理经营活动，故应当驳回原告张某的诉讼请求。另一种意见认为，行政案件在进入案件实体处理前，法院应先依职权审查案件是否超过起诉期限。据以认定原告从事蓝泰公司管理经营活动的证据表明，后张某于2013年、2014年即知晓其蓝泰公司股东身份，其于2017年6月6日提起本案诉讼，且未提供证据证明其有耽误起诉期限的正当事由，故其已超过起诉期限。

法院采纳后一种意见，原因如下：行政案件程序审查和实体审查并行，且以程序审查作为实体审查的必要前提。起诉期限是行政案件程序审查中极其重要的一环，无正当理由超过起诉期限则该行政行为不具有可诉性。虽然本案中，原告张某主张其在2017年前并不知晓其为蓝泰公司股东，但在案件进入实体审查过程中，有相关证据表明原告至迟于2014年3月19日知晓股东变更登记事宜，其至2017年6月6日才提起本案诉讼，且未提供证据证明其有耽误起诉期限的正当事由，因此在案件进入实体审查后发现起诉期限的问题，应裁定驳回，以此体现行政诉讼中设置起诉期限的法律期待，维持行政行为的稳定性。

编写人：福建省厦门市集美区人民法院　李夏菲

三、行政许可

16

工商行政许可案件中的主体认定及“行民交叉”的处理

——邹某诉北京市工商行政管理局某区工商分局工商行政许可案

【案件基本信息】

1. 裁判书字号

北京市第一中级人民法院（2018）京01行终550号行政裁定书

2. 案由：工商行政许可纠纷

3. 当事人

原告（上诉人）：邹某

被告（被上诉人）：北京市工商行政管理局某区工商分局（以下简称某区工商分局）

【基本案情】

原告邹某诉称，原告系某科技发展有限公司的股东。原告于2018年8月7日在网上查询才得知某科技发展有限公司被注销一事。原告随即与该公司的实际控制人维权交涉，但对方均置之不理。此后，原告将某科技发展有限公司的大股东使用过期的清税证明、伪造其他股东签名骗取注销登记的情况投诉到某区工商分局的相关科室，但某区工商分局的相关科室均以“公司被注销后法律实体消失”为由拒绝受理。此后原告将上述问题反映给北京市工商行政管理局（以下简称市工商局）。市工商局指定本市另外一区工商分局（即被告）受理。

原告认为，申请注销登记的申请材料中包含的股东会决议等材料中原告的签名均系伪造，某区工商分局在审核注销登记过程中管理混乱、审核不严，存在过错，给国家税收征管带来损失，甚至涉嫌犯罪。因此，原告诉至法院。诉讼请求为：1. 撤销被告某区工商分局于2017年7月21日对某科技发展有限公司作出的注销登记行为；2. 被告承担本案诉讼费用；3. 判令被告承担本案的鉴定费用、复印费、打印费、邮费；4. 确认某科技发展有限公司的清算负责人和申请人存在伪造股东签名，故意隐瞒真实情况且提供虚假材料导致行政机关登记错误的行为违法。

【案件焦点】

1. 公司注销登记类工商行政许可案件中的原告主体资格；2. 案件基础争议的类型。

【法院裁判要旨】

北京市石景山区人民法院经审理认为：《中华人民共和国行政诉讼法》第四十九条第一项规定，提起行政诉讼的原告是符合本法第二十五条规定的公民、法人或者其他组织。该法第二十五条第一款规定，行政行为的相对人以及其他与行政行为有利害关系的公民、法人或者其他组织，有权提起行政诉讼。本案中，被告某区工商分局对某科技发展有限公司作出的注销登记行为的行政相对人系某科技发展有限公司，并非邹某。此外，邹某在本案被诉的注销登记行为作出前系某科技发展有限公司的股东而非该公司的法定代表人，其与本案被诉的注销登记行为并无行政法律上的利害关系。因此，邹某不具有提起本案行政诉讼的原告主体资格。对于邹某提起的本案行政诉讼，不予支持。一审法院遂作出裁定：

驳回原告邹某的诉讼请求。

邹某不服，提起上诉。北京市第一中级人民法院经审理认为：邹某在《最高人民法院关于适用〈中华人民共和国行政诉讼法〉的解释》施行之后提起本案诉讼，本案应当适用现行行政诉讼法及其司法解释进行审理。《中华人民共和国行政诉讼法》第二十五条第一款规定："行政行为的相对人以及其他与行政行为有利害关系的公民、法人或者其他组织，有权提起诉讼。"《最高人民法院关于适用〈中华人民共和国行政诉讼法〉的解释》第十六条第三款规定："非国有企业被行政机关注销、撤销、合并、强令兼并、出售、分立或者改变企业隶属关系的，该企业或者其他法定代表人可以提起诉讼。”本案中，某科技发展有限公司是由荣信电力公司和自然人共同投资成立的其他有限责任公司，邹某作为某科技发展有限公司的股东，针对某区工商分局依据申请作出的核准公司注销登记行为，向一审法院提起行政诉讼，不符合上述司法解释的规定。邹某与被诉注销登记行为不具有行政法律上的利害关系，不具备提起本案诉讼的原告主体资格，一审法院裁定驳回邹某的起诉正确，应予维持。二审法院遂作出裁定：

驳回上诉，维持一审裁定。

【法官后语】

一、本案中主体资格的认定

本案焦点之一在于原告邹某与本案被诉行政行为是否具有利害关系。任何一项行政行为都会对多方主体产生或多或少的影响，那么产生多大的影响才算是有利害关系呢？这个问题涉及多方面的利益权衡，一方面要考虑到当事人利益的保护，另一方面也要考虑到行政行为的稳定与权威。从相关法条来看，《中华人民共和国行政诉讼法》第四十九条第一项规定，提起行政诉讼的原告是符合本法第二十五条规定的公民、法人或者其他组织。该法第二十五条第一款规定，行政行为的相对人以及其他与行政行为有利害关系的公民、法人或者其他组织，有权提起行政诉讼。本案中，被告某区工商分局对某科技发展有限公司作出的注销登记行为的行政相对人系某科技发展有限公司，并非邹某。此外，邹某在本案被诉的注销登记行为作出前系某科技发展有限公司的股东而非该公司的法定代表人，其与本案被诉的注销登记行为并无行政法律上的利害关系。因此，邹某不具有提起本案行政诉讼的原告主体资格。

首先，法律上的利害关系是对特定人所产生的特别的利害关系。一个公司的注销登记行为发生后，会对一系列的法人和自然人产生影响，如该公司本身、法定代表人、股东、债权债务人等。这些人同公司法人人格消灭的利害关系并不是完全相同的。法定代表人是指依法代表法人行使民事权利，履行民事义务的主要负责人。法定代表人制度的建立解决了法人的意志如何通过自然人实施的问题。法定代表人与法人是同步的，如果法人不复存在，法定代表人也将失去其存在的意义，因此法定代表人就成为公司工商登记行为的利害关系人。至于其他相关人员有无法律上的利害关系，则决定了他们对这一具体行政行为有无诉权，也决定了行政机关在作出该具体行政行为时有无对这些关系的审查义务。很显然，行政机关不可能对一个公司的所有股东和债权债务人做一个全面的审查，再去决定是否注销这个公司，这样的审查流程在现有条件下是无法完成的，因此法律上的利害关系也不能完全等同于现实中的利害关系，要运用法律逻辑找到利害关系的边缘，才能准确判断该类案件中原告是否具有相应的主体资格。

其次，法律上的利害关系必须是现实可得的，而不是一种期待利益。一个已经完成清算的公司，它的注销并不会给股东带来现实的损失。股东之所以觉得其利益受到了侵害，是因为他对这个公司有所期待，而期待中的利益并不能产生法律上的利害关系。本案中，原告邹某就是一个认为自己权益受到行政机关注销登记行为侵害的公司股东，但是这一行政行为并没有给邹某的利益带来现实的直接影响，真正有可能侵害邹某个人权益的是在这一行政行为之前的民事行为。这就引起了本案的另一争议焦点，即在“行民交叉”案件中，应如何处理行政争议和民事争议的关系。

二、本案审理过程中的“行民交叉”问题

当在案件审理过程中发现原告不具备主体资格时，如何引导其解决问题是一个值得探讨的问题，这其中主要包含对“行民交叉”问题的讨论。工商登记是工商行政管理部门代表国家对企业和个体商户的筹建、开业、变更、歇业等生产经营活动进行的一种具有法律效力的登记。对于企业来说，无论是注册登记、变更登记、注销登记，都是企业商业活动不可或缺的部分，在登记事项中难以分别对待。笔者调查发现，关于工商登记的“行民交叉”案件中涉及的行政行为多为颁发营业执照等设立登记行为，包括股东、公司性质、住所地等事项的变更登记行为等。工商登记类的“行民交叉”案件研究的首要问题就是当事人应该如何选择诉讼程序，从而更有效率地解决问题。本案中的原告邹某由于先选择了行政诉讼，结果以不具备主体资格为由被一审法院裁定驳回起诉。如果原告选择通过民事诉讼来确认合同效力，事情的解决效果或许会比现在好很多。因为在当事人追究具体行政行为合法性的背后，还有一连串诸如伪造股东签名等效力待定的民事行为，而该民事行为效力的有无将对该具体性行政行为产生极大的影响。很多以民事争议为前提的“行民交叉”案件皆是如此，由于选择了不同的诉讼程序而得到了截然不同的结果。在行政案件中经常会出现“行民交叉”的问题，何种情形下应采取民事先决模式是一个需要审慎考量的问题。在“行民交叉”类案件中，通常对行政案件的判定需要依赖案件中民事行为的效力，民事案件的裁量又需先解决案件中具体行政行为的合法性问题。因此，在该类案件中应否采取民事先决模式，就要先判定该案中的基础性争议是民事争议还是行政争议。如何判断基础性争议不能只看诉讼中当事人之间的争议，而应当在了解案情的基础上进行专业的逻辑性分析，进而确定。

在注销登记类案件中，原告的诉讼请求通常是要求恢复公司的法人人格，而不是直接主张要求恢复自己的股东或者法定代表人的身份。原告虽然对申请人依照《公司登记管理条例》第四十三条规定的申请材料中包括股东会决议、清算材料等相关文件内的签名真伪提出质疑，但其实质仍然是对相关股东会决议、清算行为等民事行为的合法性提出质疑。该行政许可行为直接消灭了该公司的法人人格，而非该股东会决议等民事行为直接消灭该公司的法人人格。原告取得或者丧失股东或法定代表人的身份是基于前述民事行为而取得或丧失的，而非基于变更登记所取得或者丧失。所以上述民事行为不仅是公司变更登记的合法性基础，同时也是原告直接取得或者丧失股东身份或者法定代表人身份的依据。通过上述分析可见，在本类案件中民事争议才是案件的基础性争议，若有原告主体资格的当事人提出应先解决民事争议，人民法院应当准予。由于司法的被动性，在当事人提起诉讼予以立案之前，法官不应当介入双方的争议。但进入立案阶段后，只要给予法官适当的庭前释明权，向双方当事人尤其是原告告知双方主要争议，就有可能帮助其选择正确的诉讼程序。

正如“行民交叉”案件的成因纷繁复杂，行政诉讼中的“行民交叉”问题的解决也将是一个系统化发展的过程，需要法官在实践中不断探索，以更加完善的解决方式最大限度地保障公民诉权和审判效力。

三、本案处理结果评析

《中华人民共和国行政诉讼法》第二十五条第一款规定：“行政行为的相对人以及其他与行政行为有利害关系的公民、法人或者其他组织，有权提起行政诉讼。”《最高人民法院关于适用〈中华人民共和国行政诉讼法〉的解释》第十六条第三款规定：“非国有企业被行政机关注销、撤销、合并、强令兼并、出售、分立或者改变企业隶属关系的，该企业或其法定代表人可以提起诉讼。”

本案中，某科技发展有限公司是由荣信电力公司和自然人共同投资成立的其他有限责任公司，邹某作为某科技发展有限公司的股东，对某区工商分局依据申请作出的核准公司注销登记行为，根据上述规定，邹某与该被诉行为不具有行政法律上的利害关系。另外，被告某区工商分局对某科技发展有限公司作出的注销登记行为的行政相对人系某科技发展有限公司，并非邹某。且邹某在本案被诉的注销登记行为作出前系某科技发展有限公司的股东而非该公司的法定代表人，其与本案被诉的注销登记行为并无行政法律上的利害关系。综上所述，邹某不具有提起本案行政诉讼的原告主体资格。

编写人：北京市石景山区人民法院　王婧

17

行政许可中利害关系人的认定

——陈某诉玉环市住房和城乡建设规划局行政许可案

【案件基本信息】

1. 裁判书字号

浙江省台州市中级人民法院（2018）行终字第 232 号行政裁定书

2. 案由：行政许可纠纷

3. 当事人

原告（上诉人）：陈某

被告（被上诉人）：玉环市住房和城乡建设规划局

【基本案情】

涉案房屋位于玉环市玉城街道长乐路 35 号石井村中老年活动中心综合楼三单元某室。被告玉环市住房和城乡建设规划局于 2002 年 7 月 17 日向第三人玉环县长江房地产实业有限公司核发了售许字（2002）第 13 号《商品房预售证》，载明第三人开发建设的石井村中老年活动中心综合楼为商品房屋，具备公开预售条件。原告陈某的前夫王某在婚姻关系存续期间，于 2002 年 7 月 22 日与第三人玉环县长江房地产实业有限公司签订了《商品房买卖合同》，购买了涉案房屋。2007 年 8 月 13 日，原告与王某离婚，取得涉案房屋所有权，并办理了房屋所有权登记手续，但一直无法办理涉案土地使用证。现原告认为被告违法核发了涉案的《商品房预售证》，侵犯了其权益，故提起诉讼。

【案件焦点】

原告是否有诉讼资格、是否和被诉行政行为有利害关系。

【法院裁判要旨】

浙江省玉环市人民法院经审理认为：根据《中华人民共和国行政诉讼法》第二十五条第一款“行政行为的相对人以及其他与行政行为有利害关系的公民、法人或者其他组织，有权提起诉讼”之规定，原告必须是与行政行为具有法律上的利害关系，而该法律上的利害关系一般是以行政行为时所依据的行政实体法和所适用的行政实体法律规范体系，是否要求行政机关考虑、尊重和保护公民、法人或者其他组织所诉请保护的权利或法律上的利益。行政行为是否合法，主要依据行政行为作出时的事实和法律状态，一般不受事后因素的影响。因而公民、法人或者其他组织主张的权益，应当是行政机关在作出行政行为时需要考虑的权益，对事后形成的权益或者已经消失的权益，公民、法人或者其他组织无权提起行政诉讼。本案原告是在被告核发《商品房预售证》后才签订房屋买卖合同的，且根据 2001 年修改实施的《城市商品房预售管理办法》第七条“开发企业申请办理《商品房预售许可证》应当提交下列证件（复印件）及资料：（一）本办法第五条第（一）项至第（三）项规定的证明材料；（二）开发企业的《营业执照》和资质等级证书；（三）工程施工合同；（四）商品房预售方案。预售方案应当说明商品房的位置、装修标准、竣工交付日期、预售总面积、交付使用后的物业管理等内容，并应当附商品房预售总平面图、分层平面图”之规定，未设定潜在商品房购买者行政法上的权利和义务，并未要求被告考虑原告的权利和义务。综上，原告与被诉的《商品房预售证》不具有法律上的利害关系，不具有本案的诉讼主体资格。综上，裁定：

驳回陈某的起诉。

宣判后，陈某提起上诉。浙江省台州市中级人民法院同意一审法院裁判意见。

【法官后语】

一、行政法上利害关系人的认定

《中华人民共和国行政诉讼法》第二十五条第一款规定：行政行为的相对人以及其他与行政行为有利害关系的公民、法人或者其他组织，有权提起诉讼。2018年2月6日出台的《最高人民法院关于适用〈中华人民共和国行政诉讼法〉的解释》第十二条规定，有下列情形之一的，属于行政诉讼法第二十五条第一款规定的“与行政行为有利害关系”：（一）被诉的行政行为涉及其相邻权或者公平竞争权的；（二）在行政复议等行政程序中被追加为第三人的；（三）要求行政机关依法追究加害人法律责任的；（四）撤销或者变更行政行为涉及其合法权益的；（五）为维护自身合法权益向行政机关投诉，具有处理投诉职责的行政机关作出或者未作出处理的；（六）其他与行政行为有利害关系的情形。第十三条规定，债权人以行政机关对债务人所作的行政行为损害债权实现为由提起行政诉讼的，人民法院应当告知其就民事争议提起民事诉讼，但行政机关作出行政行为时依法应予保护或者应予考虑的除外。从上述条文中可以看出，行政案件的受理范围必须是行政法上的利害关系。

二、直接利害关系人和间接利害关系人

从上述的法律条文中可以看出利害关系人从学理上可以分为直接和间接利害关系人，直接和间接的区分标准是法律关系和因果标准。直接利害关系人是直接的行政相对人，是行政主体行政行为的直接对象，其权益受到行政行为的直接影响，如行政许可、行政给付的申请人，行政征收的被征收人，行政处罚的被处罚人等，他们是行政行为的直接利害人，在行政行为上有着主动作为性，认定简单。而与之相对应的间接利害关系人则是实际案件中认定的疑难点，他们往往具有被动性和隐性，是行政主体行政行为的间接对象，其权益受到行政行为的间接影响，如治安处罚关系中受到被处罚人行为侵害的人、行政许可关系中权益可能受到许可行为不利影响的与申请人有利害关系的人（公平竞争人或相邻权人）、行政给付关系中依靠给付对象抚养或扶养的直系亲属等。

三、因果关系是区分标准

因果关系分为事实上的因果关系和法律上的因果关系。事实上的因果关系是指只要结果的发生与行为之间存在有逻辑关系的事实，就为有因果关系。法律上的因果关系则是在法律规定的范围内法律关系指向的侵犯法律关系的构成要素，就是直接因果关系，主张违法行为在必然引起损害结果时，则为有因果关系。但在现实案例中必然原因不仅仅是必然，往往是必然性、偶然性交织在一起。这为案件审判带来了一定的难度。在行政法上采用的都是直接因果关系。也就是说，行政行为会给当事人带来直接的、必然的权利影响。

四、利害关系的实质影响

判断利害关系的另一标准是行政行为有无对当事人的合法权益产生实质性的影响。行政法的目的是对公权力的约束，对相对人合法权益的保护。行政行为的不对等性导致了行政相对人处于弱势地位。同时行政行为是管理社会的有效手段，行政行为可以分为主动性和被动性，主动的行政行为是政府依职权而主动采取的，被动的行政行为是依行政相对人向政府申请而实施。法律上的因果关系是判断行政行为是否对当事人权益产生实质影响的标准，但是依旧需要结合权益的可保护性、行政行为的可诉性，以及行为和权益受损之间的法律意义等关联性来进行综合判断。总之，实质影响必须是直接因果关系导致的达到法律意义上的不利影响或者不法侵害的程度，才能确认为存在实质影响。行政行为产生的实质影响必须具有可预估性，即必然的预估性而非偶然或者可能的预估性。

五、行政行为的时间性

行政行为的作出具有时间性，行政主体在作出该行政行为时所依据的行政实体法和所适用的行政实体法律规定是否正确，是否充分考虑和尊重、保护公民或者其他组织所诉请的权利或者法律上的利益，该行政行为作出时的事实和法律状态一般不受事后因素的影响。公民受到实际影响则是在作出的时间节点上能预估到的必然发生的影响，而不是偶然的影响，对于事后可能形成的权益或者已经消失的权益，不属于利害关系的实质影响之列。

编写人：浙江省玉环市人民法院　戴晨曦

18

自纠行政行为亦应遵循正当程序

——中国石化销售有限公司江苏盐城石油分公司诉射阳县国土资源局撤销行政许可案

【案件基本信息】

1. 裁判书字号

江苏省盐城市中级人民法院（2018）苏09行终129号行政裁定书

2. 案由：行政许可纠纷

3. 当事人

原告：中国石化销售有限公司江苏盐城石油分公司（以下简称中石化盐城分公司）

被告（被上诉人）：射阳县国土资源局（以下简称射阳县国土局）

第三人（上诉人）：盐城标邮汽车服务有限公司

【基本案情】

2013年，原告中石化盐城分公司射阳解放路加油站经有关部门审核同意实施油气回收改造工程，在改造过程中，原告将加油站原罩棚拆除。2013年9月28日，原告未经城乡规划主管部门批准，擅自重建罩棚。2014年1月17日，射阳住建局对原告作出射建罚字〔2013〕第473号《行政处罚决定书》，认定其重建违反了《中华人民共和国城乡规划法》第四十条的规定，对其作出限十五日内自行改正，并按工程造价6%的标准处罚款8560元的行政处罚。2016年11月12日，原告向射阳住建局提出书面请示，请求对其罩棚实施改建，并于2016年12月29日提交《射阳县建筑工程规划许可证申请书》。2017年6月2日，射阳住建局向原告发放了射建临证字第0007240号《射阳县城市临时建设许可证》，对罩棚维修改建的规格及范围作了明确规定，原告迅即筹备维修改建。2017年6月9日，射阳住建局对原告作出射住建撤字〔2017〕第1号《撤销行政许可决定书》，在决定书中，射阳住建局以原告申请加油站罩棚维修改建时隐瞒真实情况为由，根据《中华人民共和国行政许可法》第七十条第四项的规定，决定撤销行政许可的同时一并撤销射建临证字第0007240号临时规划许可证，并要求原告交回该证。原告不服，遂向法院提起行政诉讼。

2017年8月18日，射阳县根据《中共中央、国务院关于进一步加强城市规划建设管理工作的若干意见》精神，作出射编委（2017）57号“关于调整县规划局机构设置的通知”，将射阳住建局的规划及规划监管等相关职能整体划转到射阳县国土局。

【案件焦点】

射住建撤字〔2017〕第1号《撤销行政许可决定书》的行政程序是否合法。

【法院裁判要旨】

江苏省建湖县人民法院经审理认为：根据《中华人民共和国行政诉讼法》第二十六条第六款的规定，行政机关被撤销或者职权变更的，继续行使其职权的行政机关是被告，本案原告以射阳住建局为被告提起行政诉讼后，射阳住建局规划及规划监管等职能整体划转到射阳县国土局，故原告将被告变更为射阳县国土局符合法律规定，射阳县国土局为本案适格被告。

射阳住建局依原告的申请于2017年6月2日向其发放了射建临证字第0007240号《射阳县城市临时建设许可证》，仅仅相隔七日后，于2017年6月9日，又向其作出了射住建撤字〔2017〕第1号《撤销行政许可决定书》，对此，《中华人民共和国行政许可法》虽然没有规定撤销行政许可的具体程序，但该法第一章总则中第五条、第七条规定了设定和实施行政许可所应遵守的原则、程序和利害关系人享有的法定程序权利。没有设定行政机关撤销行政许可所要遵循的具体程序性义务，并不意味着其就可以不要程序，程序合法的底线在于正当程序原则，行政机关在此情况下应当遵循这一法律原则。根据这一法律原则的要求，行政机关作出影响当事人权益的行政行为时，应当履行事先告知、说明根据和理由、听取相对人的陈述和申辩、事后为相对人提供相应的救济途径等正当法律程序。本案射阳住建局在对原告作出〔2017〕第1号《撤销行政许可决定书》时，对原告已积极着手筹备建设的罩棚维修改建工程造成了非常不利的影响，其作出该行政行为时应当遵循公开、公平、公正的原则，应当听取行政相对人即本案原告就其在申请改建加油站罩棚维修改建时是否隐瞒真实情况进行陈述和申辩，即应受正当程序的控制。射阳住建局仅根据第三人法定代表人姜习标的举报，结合调查的情况作出该行政行为，在向原告颁发临时规划许可证七日后即予以撤销，并未听取原告的陈述和申辩，故本案被诉行政行为即射住建撤字〔2017〕第1号《撤销行政许可决定书》违背公开、公平、公正的正当程序原则，不具有合法性，依法应予撤销。综上，江苏省建湖县人民法院根据《中华人民共和国行政诉讼法》第七十条第三项的规定，判决如下：

撤销射阳县住房和城乡建设局于2017年6月9日作出的射住建撤字〔2017〕第1号《撤销行政许可决定书》。

一审判决后，原审第三人盐城标邮汽车服务有限公司不服，向江苏省盐城市中级人民法院提起上诉，在案件审理过程中，原审第三人盐城标邮汽车服务有限公司主动撤回上诉。据此，江苏省盐城市中级人民法院依照《中华人民共和国行政诉讼法》第六十二条之规定，江苏省盐城市中级人民法院裁定：

准予盐城标邮汽车服务有限公司撤回上诉。

【法官后语】

在我国，正当程序原则的基本含义是指行政机关作出影响行政相对人权益的行政行为，必须遵循正当的程序，包括事先告知行政相对人，向行政相对人说明作出行政行为的根据、理由，听取行政相对人的陈述、申辩，事后告知行政相对人相应的救济途径等。行政行为一经作出即具有公定力，公定力是一种对世力，表现为行政主体及其他组织或个人对行政行为都要给予必要的尊重。行政机关自行撤销已具有公定力的行政行为，如对行政相对人产生不利影响，该自行撤销行为应当受到严格限制。

行政行为可以分为授益性行政行为和负担性行政行为。授益性行政行为是指给予行政相对人某种权益的行政行为，如提供社会补助金、实施许可、减免税金等。负担性行政行为是指剥夺、限制行政相对人权益的行政行为，如税收、行政处罚、行政强制等。从法理来看，授益性行政行为可以相对淡化行政相对人的程序参与权，而负担性行政行为应当强化行政相对人的程序参与权。本案中，射阳住建局为中石化盐城分公司发放行政许可证属于授益性行政行为，后自行撤销该行政许可本质上是消灭中石化盐城分公司权利的一种行政行为，会导致中石化盐城分公司丧失临时规划许可，已经对中石化盐城分公司的权益产生不利影响，属于负担性行政行为，故应当强化中石化盐城分公司的程序参与权。

《中华人民共和国行政许可法》第八条第一款明确规定："公民、法人或者其他组织依法取得的行政许可受法律保护，行政机关不得擅自改变已经生效的行政许可。"虽然《中华人民共和国行政许可法》没有规定自行撤销行政许可的具体程序，但正当程序是行政法的基本原则，也是看得见的正义，行政机关自行撤销行政许可也应遵循正当程序原则，否则构成程序违法。本案中，射阳住建局在对中石化盐城分公司作出〔2017〕第1号《撤销行政许可决定书》时，未履行告知义务，也未听取行政相对人即中石化盐城分公司的陈述和申辩，严重损害了中石化盐城分公司的程序参与权，违反正当程序原则，依法应予撤销。

如果中石化盐城分公司向射阳县住建局申请时，提交的确实是虚假材料，射阳县住建局自纠行政许可行为的实体结果是正确的，那么这种实体结果正确、程序违法的行政案件，人民法院应当如何裁判?《中华人民共和国行政诉讼法》的立法目的很明确：保护公民、法人和其他组织的合法权益，监督行政机关依法行使行政职权。人民法院在行政诉讼中的司法审查是全面审查，既包括实体，也包括程序。自纠行政行为实体正确但程序违法，如该程序对行政相对人的权利义务不产生实际影响，可以判决确认自纠行政行为违法；如该程序对行政相对人的权利义务产生实际影响，则应判决撤销自纠行政行为，保护行政相对人的合法权益。至于行政效率问题，正确的做法是在保证公正的前提下，兼顾效率。

编写人：江苏省盐城市中级人民法院　李星星

19

注销最高准驾车型驾驶资格的法律适用

——肖某诉白山市公安局交通警察支队道路行政许可案

【案件基本信息】

1. 裁判书字号

吉林省白山市中级人民法院（2018）吉06行终3号行政判决书

2. 案由：道路行政许可纠纷

3. 当事人

原告（被上诉人）：肖某

被告（上诉人）：白山市公安局交通警察支队（以下简称白山交警支队）

【基本案情】

2017年2月5日18时38分，肖某在通南高速公路驾驶大型卧铺客车超载，被吉林省公安厅交警总队高速公路支队通化大队（以下简称交警通化大队）查扣。根据《中华人民共和国道路交通安全法》第九十二条第一款、《吉林省实施〈中华人民共和国道路交通安全法〉办法》第八十八条第一款第二项的规定，交警通化大队作出公交决字（2017）第2209102200125900号公安交通管理行政处罚决定，给予肖某罚款1000元的处罚，并根据《机动车驾驶证申领和使用规定》对肖某驾驶证记12分。肖某对该处罚决定未申请行政复议及提起行政诉讼，该处罚决定已经发生法律效力。2017年8月30日，白山交警支队作出920170第220600201711348号注销最高准驾车型决定。主要内容为：肖某的机动车驾驶证准驾车型为A1A2，因在一个记分周期内有记满12分记录，根据《机动车驾驶证申领和使用规定》第七十八条第一款第二项的规定，决定注销该机动车驾驶证最高准驾车型驾驶资格。注销后的准驾车型为A2A3。肖某不服，提起行政诉讼，请求撤销白山交警支队作出的注销最高准驾车型决定。

【案件焦点】

1. 白山交警支队注销肖某 A1A2 最高准驾车型的行为是否合法；2. 持有大中型客货车驾驶证的驾驶人在一个记分周期内有记满 12 分记录的，能否适用《机动车驾驶证申领和使用规定》第七十八条第一款第二项的规定予以降型处理。

【法院裁判要旨】

吉林省白山市浑江区人民法院经审理认为：白山交警支队将肖某的最高准驾车型由 A1A2 降为 A2A3 的行为属于注销行政许可的行政行为。在肖某机动车驾驶证未被撤销、撤回或者吊销的情况下，白山交警支队作出的注销最高准驾车型决定，将肖某驾驶证由 A1A2 降为 A2A3，证据不充分。《中华人民共和国行政许可法》第七十条所规定的注销情形，只授权给法律、法规，未授权给部门规章。白山交警支队适用公安部《机动车驾驶证申领和使用规定》的规定，作出本案被诉行政行为，适用法律错误。一审法院遂判决：

撤销白山交警支队（2017）第 2206002017113484 号注销最高准驾车型决定。

白山交警支队不服，提起上诉称，其注销肖某最高准驾车型符合道路交通安全法的规定。被上诉人肖某答辩称，原审判决适用法律正确，请求予以维持。

吉林省白山市中级人民法院经审理认为：根据《中华人民共和国行政许可法》第十六条第三款、《中华人民共和国道路交通安全法》第十九条的规定，《机动车驾驶证申领和使用规定》是法律授权公安部制定的，机动车驾驶行政许可实施过程中的具体规定。公安机关交通管理部门应当按照该规定对机动车驾驶证的申领和使用进行管理。

《机动车驾驶证申领和使用规定》第七十八条是关于大中型客货车驾驶人存在严重交通违法行为时，应承担驾驶证被注销降级的法律后果，是对大中型客货车驾驶证的申领和使用作出的特别规定。本案中，肖某驾驶证 A1A2 的最高准驾车型为大客车，在肖某的驾驶证在一个记分周期内已记满 12 分的情况下，白山交警支队根据《机动车驾驶证申领和使用规定》第七十八条第一款第二项的规定，对肖某 A1A2 驾驶证作出注销最高准驾车型驾驶资格决定，证据确实、充分，适用法律正确，程序合法。原审判决认定事实清楚，但适用法律错误，判决结果错误。二审法院遂判决：

一、撤销白山市浑江区人民法院（2017）吉 0602 行初 32 号行政判决；

二、驳回肖某的诉讼请求。

【法官后语】

本案的焦点和难点问题是注销最高准驾车型驾驶资格类案件的法律适用问题。

公安部《机动车驾驶证申领和使用规定》第七十八条关于注销最高准驾车型驾驶资格的规定是否超越了《中华人民共和国行政许可法》第七十条关于行政许可注销的情形。对此，存在两种观点：一种观点认为，行政许可法关于注销的情形，没有授权给部门规章，公安交警部门适用《机动车驾驶证申领和使用规定》注销最高准驾车型驾驶资格属于适用法律错误。另一种观点认为，根据《中华人民共和国行政许可法》第十六条第三款规定，公安部有权对机动车驾驶证的申领和使用制定部门规章。注销最高准驾车型驾驶资格类案件，应当适用公安部《机动车驾驶证申领和使用规定》。在交通违法事实清楚，交通违法处罚决定依法有效的情况下，交警部门依据《机动车驾驶证申领和使用规定》第七十八条第一款规定，作出注销最高准驾车型驾驶资格决定，应予维持。

笔者同意第二种观点，理由如下。

第一，审理案件，不仅要符合法律规定，还要体现法律所秉持的价值取向。《机动车驾驶证申领和使用规定》的立法本意在于维护公共安全，保障出行安全。取得大中型客货车驾驶证的驾驶人，大部分都在驾驶营运车辆，承担的社会责任重大。当前，我国大中型客货车驾驶人的整体素质不高，安全驾驶意识和能力不强，严重交通违法行为突出，交通事故频发。为此，《机动车驾驶证申领和使用规定》对大中型客货车驾驶证规定了更严格的申请限制条件。大中型客货车驾驶证注销降级制度，在一定程度上加大了大中型客货车司机的违法成本，是严重交通违法行为应承担的法律后果，这一规定符合《机动车驾驶证申领和使用规定》的立法目，这也是国际上的通行做法。

第二，公安部《机动车驾驶证申领和使用规定》系行政许可法与道路交通安全法授权制定的有效文件。《中华人民共和国行政许可法》第十六条第三款规定："规章可以在上位法设定的行政许可事项范围内，对实施该行政许可作出具体规定。"《中华人民共和国道路交通安全法》第十九条第一款规定："驾驶机动车，应当依法取得机动车驾驶证。"第二款规定："申请机动车驾驶证，应当符合国务院公安部门规定的驾驶许可条件；经考试合格后，由公安机关交通管理部门发给相应类别的机动车驾驶证。"根据上述规定，行政许可法与道路交通安全法均授权国务院公安部门对机动车驾驶证的申领和使用作出具体规定。《机动车驾驶证申领和使用规定》第七十八条是对大中型客货车驾驶员交通严重违法行为应承担的法律后果的规定，是关于机动车驾驶证行政许可实施过程中的具体规定。因此，本案应当适用《机动车驾驶证申领和使用规定》第七十八条的规定。本案中，肖某于2017年2月5日驾驶公路客运车辆载客超过额定乘员，超过20%未超过50%，交警通化大队对其作出罚款1000元的公安交通管理行政处罚决定，记12分，该行政处罚决定符合法律规定，已经发生法律效力。因此，白山交警支队对肖某A1A2驾驶证作出注销最高准驾车型驾驶资格决定，事实清楚，适用法律正确，程序合法。

编写人：吉林省白山市中级人民法院　李雪梅

20

行政许可期限续展与许可听证的合法性要件

——上海市黄浦区典艺馄饨店诉上海市黄浦区市场监督管理局、上海市食品药品监督管理局行政许可案

【案件基本信息】

1. 裁判书字号

上海市黄浦区人民法院（2017）沪0101行初240号行政判决书

2. 案由：行政许可纠纷

3. 当事人

原告：上海市黄浦区典艺馄饨店（以下简称典艺馄饨店，经营人为胡某）

被告：上海市黄浦区市场监督管理局（以下简称黄浦市场局）、上海市食品药品监督管理局（以下简称市食药监局）

【基本案情】

典艺馄饨店位于本市威海路90号。2013年11月14日业主胡某作为个体工商户，以典艺馄饨店为名取得餐饮服务许可证，有效期限为2013年11月14日至

2016年11月13日。2016年10月20日，原告向被告黄浦市场局申请延续食品经营许可。

被告黄浦市场局于同日受理，当日进行了许可证延续现场核查，经核实确认原告经营许可条件与原发证条件经比对，无本质变化。其间，因威海路92弄居民申请听证，被告黄浦市场局于2016年10月31日向原告和居民发出行政许可听证通知书，并于同年11月10日举行听证，居民代表许某等人及原告经营者胡某参加了听证。居民代表许某等人述称，原告自2013年年底经营馄饨以来影响其正常生活，开窗有油烟、煤气味，原告厨余垃圾往下水道排放，造成下水道多次堵塞，原告用电超负荷，房屋系砖木结构，存在安全隐患。居民们自2014年年初开始多次向居委街道等部门反映，认为原告影响居民正常生活，要求原告改变业态。

听证后，被告黄浦市场局认为许可事实情况发生重大变化，于2016年11月11日作出被诉《驳回决定》，文书中未指明具体适用的法律条款。原告不服，于2017年1月5日向被告市食药监局提出行政复议申请。被告市食药监局受理后于同月11日向黄浦市场局发出行政复议答复通知书。黄浦市场局于同月20日予以答复，答复书中明确其依照《中华人民共和国行政许可法》第四十七条第一款、第八条第二款，《食品经营许可管理办法》第十八条的规定，作出被诉《驳回决定》。

被告市食药监局于同年3月3日发出行政复议延长审理期限通知书，后于同年3月31日作出被诉行政复议决定，维持被告黄浦市场局的《驳回决定》。

原告诉请法院判决：撤销被告黄浦市场局于2016年11月11日所作黄食换许驳字（2016）第12578号食品经营许可证换证申请驳回决定及被告市食药监局于2017年3月31日所作沪食药监复决字（2017）第4号行政复议决定。

【案件焦点】

被告黄浦市场局驳回换证申请是否合法。

【法院裁判要旨】

上海市黄浦区人民法院经审理认为：本案系争许可事项属于许可期限的延续，不是对原许可的重新审核，也不涉及对许可内容的改变。《中华人民共和国行政许可法》第八条所规定的“客观情况发生重大变化”是指行政许可所基于的要件情况发生重大变化。本案相邻关系不属于被告黄浦市场局在核发食品经营许可时有权认定的许可要件，申请时原告经营条件也未发生本质变化，故不存在适用《中华人民共和国行政许可法》第八条的事实基础。被告黄浦市场局适用《中华人民共和国行政许可法》第八条第二款作出被诉行政行为，属于认定事实不清，适用法律错误。

《中华人民共和国行政许可法》第四十八条第一款第四项规定，举行听证时，审查该行政许可申请的工作人员应当提供审查意见的证据、理由，申请人、利害关系人可以提出证据，并进行申辩和质证。本案被告黄浦市场局组织了听证，但在听证过程中并未告知拟作决定、相关证据和依据。另在《驳回决定》中未指明所适用《中华人民共和国行政许可法》《食品经营许可管理办法》的具体条款，虽然被告黄浦市场局在行政复议程序中进行了补强，但亦属于行政程序上的瑕疵。

考虑到实际经营业态、食品经营条件已发生本质性变化，不再具备原许可继续延续的客观条件，责令重新作出行政行为已无必要，故适用确认违法判决。行政复议决定亦违法，一并予以确认。

上海市黄浦区人民法院依照《中华人民共和国行政诉讼法》第七十四条第二款第三项、第七十九条之规定，判决如下：

确认黄浦市场局于2016年11月11日作出的黄食换许驳字（2016）第12578号食品经营许可证换证申请驳回决定及市食药监局于2017年3月31日作出的沪食药监复决字（2017）第4号行政复议决定违法。

【法官后语】

行政诉讼法的修改增加了确认违法判决，主要针对被诉行政行为违法但不宜或者不能适用撤销、履行职责等判决的情形，不仅丰富了判决形式，还增强了法律的科学性和可执行性。本案结合实际情况，考虑其他法益，根据法律规定，对确认违法判决形式予以适用，客观上未撤销，但宣告了被告行政行为的违法。

另，本案中被告黄浦市场局在作出被诉驳回决定时未告知原告所依据的法律规定，而是在复议程序中才进行了补充，复议机关予以认定，认为被复议机关适用法律正确，继而作出维持决定。这涉及复议对原行政行为补强的边界问题。本案复议程序中，被复议机关出示了相关依据，行政相对人陈述了意见，但在原行政行为程序中缺失法律依据的告知，显然意味着原行政行为程序瑕疵。即使原行为作出机关在复议程序中出示的法律依据正确，复议机关也不宜认定原行为完全合法，复议机关确认原行为违法更为适宜。

复议决定对原告行为的补强应当是有界限的。从案件事实和程序上看，复议决定和原行政行为在事实的认定和法律适用方面，应该是“多和少”的关系而不是“有和无”的关系，复议机关不能完全替代原行政行为作出机关进行调查和认定。从复议决定和原行为的层级关系来看，复议决定对原行为进行治愈是复议功能之一而不是全部，复议程序对于下级行政机关而言还具有监督的功能，因此指出原行政行为的错误所在并辅之以正确的复议决定方式，显然是复议功能的应有之义。

编写人：上海市静安区人民法院　葛翔　白静雯　邹杨

四、行政征收

21

在行政征收中对未登记房屋未依法调查、认定、处理应确认违法

——张某诉北京市东城区人民政府房屋行政征收案

【案件基本信息】

1. 裁判书字号

北京市高级人民法院（2018）京行终1855号行政判决书

2. 案由：房屋行政征收纠纷

3. 当事人

原告（上诉人）：张某

被告（被上诉人）：北京市东城区人民政府（以下简称东城区政府）

【基本案情】

东城区政府于2017年7月21日作出东政发〔2017〕28号《关于望坛棚户区改造项目范围内房屋征收的决定》（以下简称被诉征收决定），主要内容为：望坛棚户区改造项目（以下简称涉案项目）于2017年4月11日8时至2017年7月19日24时进行预签房屋征收补偿协议工作。截至2017年7月19日24时，预签征收补偿协议比例为96.27%，达到了规定的75%的预签征收补偿协议生效条件。根据《国有土地上房屋征收与补偿条例》（以下简称征补条例）、《北京市国有土地上房屋征收与补偿实施意见》、《北京市旧城区改建房屋征收实施意见》的有关规定，

东城区政府决定对征收范围内的房屋及其附属物实施征收，国有土地使用权同时收回。东城区政府负责涉案项目房屋征收与补偿工作；东城区政府房屋征收办公室（以下简称东城征收办）为该项目的房屋征收部门，组织实施征收与补偿工作；北京市东城区房屋征收事务中心（以下简称东城区房屋征收事务中心）为该项目的实施单位，承担房屋征收与补偿的具体工作；北京城建兴瑞置业开发有限公司为该项目的建设单位。北京东华天业房地产评估有限公司等18家评估机构为涉案项目的评估机构，负责被征收房屋的评估工作。该项目正式签约期限为2017年7月23日9时起至2017年8月11日24时止。在预签协议期限内签订的征收补偿协议已生效，已在预签协议期限内签订征收补偿协议的被征收人，应当自本决定发布之日起15日内将被征收房屋及相关未登记建筑腾空并完成交房手续；未签订征收补偿协议的被征收人应当在正式签约期限内签订征收补偿协议，并在签订征收补偿协议后15日内将被征收房屋及相关未登记建筑腾空并完成交房手续。张某不服，诉至北京市第四中级人民法院（以下简称一审法院），请求撤销被诉征收决定。

经查，张某居住的房屋位于北京市东城区××路15号8－9号（以下简称涉案房屋）位于本次征收范围内。该房属承租直管公房，公房租赁合同载明承租方为张甲，住宅为1间半，使用面积是23.2平方米。张某自述张甲系其父亲，张甲于2014年去世后，其一家继续居住使用涉案房屋，1984年前后，其家分别在该房处自建加盖超出上述租赁合同记载面积的房屋。

【案件焦点】

被诉征收决定是否存在严重损害原告合法权益的程序违法情形。

【法院裁判要旨】

北京市第四中级人民法院经审理认为：东城区政府作出的被诉征收决定证据确凿、适用法律规定正确、程序合法。原告请求撤销被诉征收决定的诉讼请求没有事实根据和法律依据等，据此依法判决：

驳回张某的诉讼请求。

张某不服一审判决，提起上诉。北京市高级人民法院经审理认为：涉案项目符合征补条例有关公共利益的征收条件，东城区政府作出被诉征收决定前履行了改建意见征询、评估机构选择、房屋征收补偿方案的制订及意见征求与反馈、预签约及社会稳定风险评估等程序，并设立征收补偿资金专用账号，确保资金足额到位、专款专用等。

关于被诉征收决定是否存在严重损害上诉人合法权益的情形。本案中，上诉人居住的房屋，既有承租直管公房租赁合同上记载部分的建筑，也有因自建加盖行为产生的未登记的建筑。对此，东城区政府应根据征补条例第十五条等规定，对该处房屋的权属、区位等情况组织调查登记，并将调查结果在房屋征收范围内向上诉人公布，对其中未经登记的部分建筑也应该进行调查、认定和处理，并保障上诉人的异议权。但在被诉征收决定作出前，东城区政府并没有对上诉人所居住的全部房屋的权属、区位等进行调查、登记及在征收范围内公布调查结果，亦未对上诉人居住的未经登记的房屋作出认定和处理。根据涉案项目征收补偿方案，该项目的补偿方式为货币补偿或房屋产权调换。同时，征收补偿方案还就“协议生效后住宅房屋相关奖励”进行了约定，由于东城区政府未履行上述程序，上诉人的未登记房屋实际无法进入评估程序，也无法通过预签订征收补偿协议获得签约速度奖等奖励。同时，若上诉人最终选择产权调换，或者选择货币补偿、申请购买奖励房源，上诉人对相应房源的选择范围也必将受到影响，无法与同等条件已签署征收补偿协议的被征收人获得同等保护。故东城区政府未对上诉人履行上述程序，对其合法权益造成重大影响。综上，东城区政府未履行上述程序，显已构成程序违法，应予纠正。

另，东城区政府因违反法定程序，其行政行为属依法撤销情形，鉴于涉案项目属于对危房集中、基础设施落后地段进行旧城区改建，涉及公共利益等，故本案作出确认违法判决，不撤销被诉征收决定。考虑到东城区政府上述程序违法行为影响上诉人的征收补偿权益，同时责令东城区政府采取补救措施，及时启动对上诉人所居住房屋，包括公房租赁合同未记载部分房屋的调查、认定、处理及结果公布程序，并保障上诉人的异议权、选择权等。由于东城区政府针对大部分被征收人房屋已履行法定调查认定及公布程序，因此将本确认违法判决的效力范围限定于上诉人和东城区政府之间，对其他被征收人不具有既判力。

综上，北京市高级人民法院依法判决：

一、撤销一审法院行政判决；

二、确认东城区政府作出的被诉征收决定未履行对张某居住的未登记房屋的调查、认定、处理及结果公布程序违法；

三、责令东城区政府于本判决生效之日起七个工作日内启动对征收范围内张某居住的未登记房屋的调查、认定、处理及结果公布程序；

四、驳回张某的其他上诉请求。

【法官后语】

本案关于被诉征收决定是否存在损害上诉人合法权益的程序违法情形，二审与一审有不同观点。本案中，上诉人所居住的房屋，既有公房租赁合同上记载部分的建筑，也有因自行加建行为产生的非合同记载部分的建筑。但根据在案证据，东城区政府未对上诉人的未经登记房屋作出认定和处理，由于未履行该程序，上诉人的合法权益受到重大影响，显已构成该部分程序违法，应予纠正。故二审法院依法改判确认该部分程序违法。

房屋征收决定是征收补偿决定的前置程序，对被征收人的补偿安置奖励等合法权益产生重大影响，在审查房屋征收决定是否合法时，应进行全面审查，尤其作出征收决定前的法定程序。本案被诉征收决定作出前，对上诉人被征收的房屋没有依法进行全面调查、登记和认定、处理，二审法院考虑到涉案项目的征收符合公共利益条件等，为维护大多数已预签约被征收人的合法权益，最大限度减少法院判决对推进涉案项目征收程序的影响，仅判决确认被诉征收决定未履行相关法定程序违法，维持被诉征收决定的法律效力，将判决效力范围限定于案件上诉人与政府之间，责令政府采取补救措施，并保障上诉人的异议权等相关权利。

类似本案情况，在政府征收过程中时有出现，特别是对于无产权证照的未登记建筑部分。我国对此没有专门的统一规定，只有少数地方有规定，如山东省的《济南市国有土地上房屋征收范围内未登记建筑认定和处理办法》和浙江省的《杭州市区国有土地上房屋范围内未登记建筑认定办法》等，这就给征收补偿工作带来影响。实践中，针对此类房屋，政府征收时需加以调查甄别，对于房屋建设时间较早，在1990年《中华人民共和国城市规划法》实施前，尤其在1984年前建造用于居住的房屋，即使无产权也应等同于合法建筑，按合法建筑标准进行补偿。这既能维护被征收人的合法权益，也避免因程序义务的缺失对征收有序推进造成影响，同时减少不必要的诉讼。对此，笔者提出以下建议：第一，地方政府对被征收范围内的未登记建筑应当制定专门的认定和处理办法，使政府的征收拆迁工作有具体依据。第二，严格按照征补条例并参照当地具体规定征收，对征收范围内的房屋制订统一的调查认定处理方案。第三，对征收项目前期法律问题充分论证，有效识别法律风险。

编写人：北京市高级人民法院 马宏玉

22

在易地建设费征收标准发生变化时，行政机关应当如何适用征收标准进行征收

——慈利中南房地产开发有限公司诉慈利县人民防空办公室、慈利县人民政府行政征收案

【案件基本信息】

1. 裁判书字号

湖南省张家界市中级人民法院（2019）湘08行终15号行政判决书

2. 案由：行政征收纠纷

3. 当事人

原告（上诉人）：慈利中南房地产开发有限公司（以下简称中南公司）

被告（上诉人）：慈利县人民防空办公室（以下简称县人防办）

被告：慈利县人民政府（以下简称县政府）

【基本案情】

2013年8月5日，原告中南公司向被告县人防办提交书面报告，因中南名门房产项目开发的地块地势低洼，经常出现河水倒灌现象，不能修建防空地下室，故申请易地建设人防工程并缴纳易地建设费。2013年9月9日，被告县人防办审批同意易地建设，审批表上载明了多层建筑面积1423.38平方米，高层首层面积6108.53平方米。被告县人防办按照张价费（2007）18号文件核定中南名门项目防空地下

室易地建设费为828.4946万元。原告中南公司于2013年8月29日缴纳150万元，2013年9月3日缴纳50万元。原告于2013年9月9日出具欠条，欠条载明欠被告人防办易地建设费628.4946万元，承诺于2014年5月底前缴纳300万元，2015年5月1日前缴清余款。2013年12月，慈利县规划管理局依据被告县人防办对原告中南公司易地建设申请的审批等给原告颁发了慈规字第201312047号《建设工程规划许可证》。2016年6月24日，被告县人防办作出慈防建费通字〔2016〕5号《防空地下室易地建设费征收通知书》，通知原告缴纳欠下的易地建设费628.4946万元，但该通知书以邮寄方式送达，邮寄未见妥投的回执，且原告提出并未收到该通知书。2016年9月12日，原告中南公司缴纳易地建设费50万元。2017年6月12日，原告向被告县人防办提交书面报告，请求按照新标准征收易地建设费，同年6月29日，被告县人防办作出书面回复，原告中南公司的易地建设费已经核费确定，不存在重新核费的问题，并要求原告积极履行缴费义务。2018年7月26日，被告县人防办作出慈防建费决字〔2018〕1号《限期缴纳决定书》：限原告在接到决定书之日起15内缴纳防空地下室易地建设费578.4946万元，逾期未缴纳的，自欠缴之日起，按日加收千分之一的滞纳金。该决定于2018年7月30日送达原告。原告不服，于2018年8月28日向被告县政府申请复议，被告县政府于2018年10月23日作出慈政复决字〔2018〕16号《行政复议决定书》，维持县人防办作出的慈防建费决字〔2018〕1号《限期缴纳决定书》，该复议决定于2018年10月26日送达原告。原告不服，遂向法院起诉，要求撤销两被告作出的决定。

【案件焦点】

在易地建设费征收标准发生变化时，县人防办应当如何适用征收标准进行征收。

【法院裁判要旨】

湖南省慈利县人民法院经审理认为，本案主要涉及以下两个问题：

一、被告县人防办作出的限期缴纳决定适用的征收标准是否正确

被告县人防办作出的限期缴纳决定书确认易地建设费为828.4946万元，欠缴的费用是578.4946万元，是按照2013年审批同意易地建设时的标准（即张价费〔2007〕18号文件）进行征收，而原告主张被告在批准易地建设后未作出行政征收

决定，其间征收标准已经多次下调，应当按照新标准进行征收。

《最高人民法院关于印发〈关于审理行政案件适用法律规范问题的座谈会纪要〉的通知》在第三条关于新旧法律规范的适用规则中规定：“根据行政审判中的普遍认识和做法，行政相对人的行为发生在新法施行以前，具体行政行为作出在新法施行以后，人民法院审查具体行政行为的合法性时，实体问题适用旧法规定，程序问题适用新法规定，但下列情形除外：（一）法律、法规或规章另有规定的；（二）适用新法对保护行政相对人的合法权益更为有利的；（三）按照具体行政行为的性质应当适用新法的实体规定的。”按照现行的征收标准计算原告报建项目的易地建设费，原告需要缴纳的易地建设费确实有所下调，表面上看是有利于原告，但该条款的例外情形是要有利于保护行政相对人的合法权益。依据《湖南省人民防空工程建设与维护管理规定》第十七条的规定，新建民用建筑项目，因地形、地质条件限制不能修建防空地下室的，按照分级管理权限经人防主管部门批准，在办理建设工程规划许可证之前，依法缴纳防空地下室易地建设费。原告在 2013 年 12 月就已经办理了《建设工程规划许可证》，原告的缴费义务应当于 2013 年 12 月前履行完毕，但原告一直未履行法定缴纳义务，原告不履行法定义务期间下调的费用不能视为其作为行政相对人的合法权益。《湖南省人民防空办公室关于转发湘发改价费〔2016〕405 号文件切实做好易地建设费降标工作的通知》中也明确“已办理人防易地建设审批手续并依法核费的新建民用建筑项目，按照已核费金额征收易地建设费”，该规范性文件明确调整的对象应是尚未报建审批的新建项目，如因被告未及时履行追缴职责而适用新标准，会出现违法成本小于守法成本的情形，违反立法目的，不利于维护国防安全和人民群众的根本利益及树立遵纪守法、诚实守信的价值取向，故原告提出的应当适用新标准的主张，不予采纳。综上，征收标准问题属于实体问题，依据实体问题适用旧法的规定，被告县人防办依据当时办理建设工程规划许可证时的计费标准及《湖南省人民防空工程建设与维护管理规定》第十五条的规定等进行征收的行政行为合法。

二、被告县人防办作出的限期缴纳决定程序是否合法

《湖南省行政程序规定》第七十三条第一款规定：“行政机关在作出行政执法决定之前，应当告知当事人、利害关系人享有陈述意见、申辩的权利，并听取其陈述和申辩。”被告县人防办在作出限期缴纳决定前未对原告进行告知，剥夺了

原告享有陈述和申辩的权利，违背了程序正当原则，其作出限期缴纳决定的程序违法，依法应予撤销。被告县政府作为复议机关，复议中未审查出被告县人防办作出的限期缴纳决定的程序违法而作出了维持原决定的复议决定，明显不当，应予一并撤销。

湖南省慈利县人民法院依据《中华人民共和国行政诉讼法》第七十条第三项、第六项的规定，判决如下：

一、撤销被告县人防办于2018年7月26日作出的慈防建费决字〔2018〕1号《限期缴纳防空地下室易地建设费决定书》以及被告县政府于2018年10月23日作出的慈政复决字〔2018〕16号《行政复议决定书》；

二、责令被告县人防办在六十日内重新作出处理决定。

本案宣判后，中南公司及县人防办提起上诉。湖南省张家界市中级人民法院经审理认为：原判认定事实清楚，适用法律正确，程序合法。两上诉人各自提出的上诉理由均不成立，依法应予以驳回。依照《中华人民共和国行政诉讼法》第八十九条第一款第一项的规定，判决如下：

驳回上诉，维持原判。

【法官后语】

本案主要的争议焦点是在易地建设费征收标准改变的情况下，行政机关应当如何适用标准的问题。

首先，行政机关消极不作为是导致本案产生的原因。依据相关的法律规定，建设单位应当在办理建设工程规划许可证之前依法缴纳防空地下室易地建设费。而本案中，原告仅缴纳了部分费用，未缴纳部分出具了欠条，原告未履行法定缴纳义务就得到了相关部门的审批办理了建设工程规划许可证。被告默许原告出具欠条的行为不符合行政程序规定，且被告在长达几年的时间内都未作出征收决定，是消极的行政不作为。被告不积极履职期间，原告因为易地建设费标准发生改变要求被告重新计费，双方由此产生了争议，也导致了本案的产生。

其次，合法权益的认定应当符合立法精神。在易地建设费征收标准发生改变后，原告要求按照新标准缴纳费用，理由是"适用新法对保护行政相对人的合法权益更为有利的，应当适用新法"。笔者认为，法院在认定合法权益时，应该更侧重于考虑授益行政行为。本案中，行政征收行为属于损益行政行为，如因原、被告均未履行法定义务和职责从而适用新标准，则会造成违法成本小于守法成本的情形，违反立法目的，不利于维护国防安全和人民群众的根本利益及树立遵纪守法、诚实守信的价值取向，故原告不履行法定义务期间下调的费用不宜视为其作为行政相对人的合法权益。

最后，征收标准问题属于实体问题，依据实体问题适用旧法的规定，行政机关依据办理人防易地建设审批手续时的计费标准进行征收的行为符合法律规定。本案中，除了《最高人民法院关于印发〈关于审理行政案件适用法律规范问题的座谈会纪要〉的通知》中关于实体问题适用旧法的规定以外，湖南省的相关规范性文件也明确了“已办理人防易地建设审批手续并依法核费的新建民用建筑项目，按照已核费金额征收易地建设费”，该规范性文件也符合“实体问题适用旧法”的法律精神。故，在没有新的法律法规明确征收标准适用的时候，应当依据“实体问题适用旧法”这个原则来进行征收。

值得注意的是，法院对行政机关适用的征收标准予以了肯定，但因为行政机关未履行告知义务，未告知行政相对人陈述和申辩的权利，被告作出行政行为的程序违法，法院以此为由对行政征收行为予以撤销并责令限期重作。

编写人：湖南省慈利县人民法院　王婷

五、行政处罚

23

安全生产义务不因项目发包或转包而转让或免除

——如皋市德信货运有限公司诉如皋市安全生产监督管理局安全生产管理行政处罚案

【案件基本信息】

1. 裁判书字号

江苏省南通市中级人民法院（2018）苏06行终499号行政判决书

2. 案由：安全生产管理行政处罚纠纷

3. 当事人

原告（被上诉人）：如皋市德信货运有限公司（以下简称德信公司）

被告（上诉人）：如皋市安全生产监督管理局（以下简称如皋安监局）

【基本案情】

2017年9月6日，江苏九鼎新材料股份有限公司（以下简称九鼎公司）机舱罩后处理车间发生一起物体打击事故，因吊带断裂，机舱罩掉下来压在汪某身上，致汪某死亡。事故发生后，如皋安监局根据如皋市人民政府委托，牵头成立事故调查组及专家组，于同年11月4日形成九鼎公司“9·6”物体打击事故调查报告，对事故发生单位概况、发生经过及救援情况、事故损失、事故发生原因和性质、事故责任及处理建议等进行了说明。其中，对劳务发包情况认定为：2017年2月20日，九鼎公司与德信公司签订货运合同，德信公司又与驾驶员武某口头约定，由武某负责九鼎公司的运输劳务，事发当天武某自带一辆车，聘请驾驶员汪某。

2017年11月18日，如皋市人民政府作出皋政复〔2017〕104号批复，原则同意事故调查组报告对事故原因与事故责任的分析和认定。当月22日，如皋安监局对该事故立案处理。经送达行政处罚告知书、组织听证会后，如皋安监局于2018年1月10日作出作出皋安监罚〔2017〕268号行政处罚决定书（以下简称268号处罚决定），德信公司对外包人员安全教育不到位，外包人员安全意识淡薄，在吊装作业过程中，违规进入吊物的下方，对案涉事故发生负有责任，按照《中华人民共和国安全生产法》第一百零九条第一项规定，决定对德信公司罚款20万元。当日，如皋安监局还作出皋安监罚〔2017〕267号处罚决定书（以下简称267号处罚决定），决定对九鼎公司罚款23.9万元。

德信公司提起本案诉讼，认为被诉268号处罚决定对案涉车辆车主、武某与车主的关系、汪某为谁工作、汪某报酬由谁支付等事实均未查清，又未能说明“外包人员”定义及明确德信公司与“外包人员”之间的权利义务。实际上汪某不持有驾驶案涉车辆的驾驶证，故该处罚认定汪某系德信公司的外包人员，事实认定错误，请求撤销268号处罚决定。

【案件焦点】

1. 德信公司对外包人员汪某是否具有安全教育的义务；2. 如有，该义务是否履行到位。

【法院裁判要旨】

江苏省海安市人民法院经审理认为：德信公司向如皋安监局提供了2017年涉及武某的安全管理台账，如皋安监局对该台账予以认可并作为证据向法院提交，证明德信公司对武某已经履行了安全教育义务。案涉事故直接原因是吊运过程中九鼎公司吊带断裂，九鼎公司对案涉事故负有直接责任。德信公司将机舱罩运输项目进行转包的行为本身并没有过错，故案涉事故与德信公司对汪某的安全生产教育义务之间无必然因果关系。如皋安监局认定“德信公司对外包人员安全教育不到位”错误，法院依照《中华人民共和国行政诉讼法》第七十条第一项之规定，作出如下判决：

撤销如皋安监局作出的268号处罚决定。

如皋安监局不服，提起上诉。江苏省南通市中级人民法院经审理认为：首先，安全生产义务是生产经营单位必须遵守的法定义务，对从业人员进行安全教育和培训是生产经营单位的安全生产义务之一。如果生产经营单位对外发包其生产经营项目，要对承包单位的安全生产工作进行统一协调、管理和定期检查。也就是说，发包后仍要承担安全生产义务，包括安全生产教育和培训义务。如果承包单位或个人违反有关法律、行政法规关于安全生产的管理规定的行为，发包单位仍应承担相应的处罚；如果发生了生产安全事故，发包单位同样应承担相应责任。其次，在德信公司安全管理台账及德信公司法定代表人、股东陈述笔录中，均未涉及对包括汪某等外包人员的安全生产教育和培训情况。最后，对负有生产安全事故责任的单位和个人进行调查，是由相关部门组成的事故调查组及专家组实施的。经人民政府批复同意的事故调查报告具有专业性，是有关机关对负有责任的单位和个人进行行政处罚的直接依据。如果没有其他证据足以否定事故调查报告，行政机关在作出行政处罚和人民法院审查时，应当采用其对有关事故发生经过、原因以及事故性质和责任等的认定。故，上诉人如皋安监局认定德信公司对外包人员安全教育不到位，证据确凿，于法有据。

江苏省南通市中级人民法院依照《中华人民共和国行政诉讼法》第六十九条、第八十九条第一款第二项之规定，作出如下判决：

一、撤销江苏省海安县人民法院（2018）苏0621行初42号行政判决；

二、驳回德信公司的诉讼请求。

【法官后语】

安全生产实践中，因生产经营项目发包或转包后造成安全管理工作责任不明甚至脱节，进而引发的安全生产事故以及相关的诉讼数量一直居高不下。究其原因，主要是安全生产经营单位特别是单位负责人对安全生产义务的法定性和不可转让性认识不清。从现有相关案例裁判观点来看，不同法院对作为法律强制性规定的安全生产义务、违反安全生产义务的责任承担以及非法定事由安全生产义务及其责任的不可转移，均不统一。本案裁判明确了“安全生产义务不因生产经营项目发包或转包而转让或免除”这一基本原则，对生产经营单位抓好发包和转包中的安全生产工作以及行政机关执法、人民法院司法审查都有一定的示范和规则指引意义。

首先，安全生产工作事关人民群众的生命和财产安全，事关公共利益和经济社会持续健康发展。因此，作为生产经营活动主体的生产经营单位，同时也是安全生产工作的义务主体。《中华人民共和国安全生产法》第四条、第二十五条第一款等对此作出了规定，并明确生产经营单位应当对从业人员进行安全生产教育和培训，保证从业人员具备必要的安全生产知识，熟悉有关的安全生产规章制度和安全操作规程，掌握本岗位的安全操作技能，了解事故应急处理措施，知悉自身在安全生产方面的权利和义务。未经安全生产教育和培训合格的从业人员，不得上岗作业。

其次，安全生产义务作为一种行政法上的绝对义务，其强制性正是基于其法定性。亦即，在没有法律明确规定的情形下，生产经营单位不得通过协议或其他方式转让或免除其依法应当承担的安全生产义务，否则该相关约定因违反法律法规强制性规定而归于无效。《中华人民共和国安全生产法》第四十六条对此作出了明确规定，即生产经营项目、场所发包或者出租给其他单位的，生产经营单位应当与承包单位、承租单位签订专门的安全生产管理协议，或者在承包合同、租赁合同中约定各自的安全生产管理职责；生产单位对承包单位、承租单位的安全生产工作统一协调、管理，定期进行安全检查，发现安全问题的，应当及时督促整改。第一百条第二款对违反上述规定的进一步设置了处罚措施，其目的就是防止生产经营单位通过发包而减低自己的安全生产义务，对承包单位的安全生产问题不闻不问，从而导致安全漏洞或安全事故的出现。

最后，安全生产教育和培训是生产经营单位安全生产管理工作的一项重要内容，也是防止安全隐患和安全事故发生、确保生产安全的一项重要的基础性工作。为了督促生产经营单位依法进行安全生产教育和培训，《中华人民共和国安全生产法》第二十五条第四款规定，生产经营单位应当建立安全生产教育和培训档案，如实记录安全生产教育培训的时间、内容、参加人员以及考核结果等情况。

本案判决生效后，当地的安全生产监管部门把该案作为内部业务培训和企业安全生产教育的典型案例，取得了良好的法律效果和社会效果。

编写人：江苏省南通市中级人民法院　杨德华

24

超短时间虚假申报构成操纵证券市场行为

——阮某某诉中国证券监督管理委员会安徽监管局、中国证券监督管理委员会金融行政处罚案

【案件基本信息】

1. 裁判书字号

北京市第二中级人民法院（2018）京02行终1755号行政判决书

2. 案由：金融行政处罚纠纷

3. 当事人

原告（上诉人）：阮某某

被告（被上诉人）：中国证券监督管理委员会（以下简称证监会）、中国证券监督管理委员会安徽监管局（以下简称安徽证监局）

【基本案情】

2017年5月15日，安徽证监局以涉嫌操纵证券市场为由，向阮某某作出《行政处罚事先告知书》（处罚字〔2017〕3号）。阮某某于2017年5月24日签收了上述告知书，并于2017年5月26日提出了《申辩书》。结合阮某某的申辩意见及相关证据材料，安徽证监局对阮某某涉嫌操纵证券市场的违法事实进行了修改，减轻了拟对阮某某的行政处罚，并于2017年8月21日重新作出了《行政处罚事先告知书》（处罚字〔2017〕3号），告知了阮某某所认定的违法事实及理由、适用的法律、拟作出的处罚决定以及其所享有的陈述申辩及听证等权利。2017年8月23日，阮某某签收了安徽证监局重新作出的《行政处罚事先告知书》，后提出了书面的陈述和申辩意见并要求进行听证。2017年10月26日，安徽证监局针对阮某某案举行了听证会。阮某某的委托人参加了听证会，提交了相关材料并陈述了己方观点。2017年11月6日，安徽证监局作出被诉处罚决定。2017年11月15日，阮某某签

收被诉处罚决定并于2017年12月7日向证监会提起行政复议。因阮某某申请复议材料不齐全，2017年12月8日，证监会向其发出《补正行政复议申请通知书》。收到补正材料后，2018年2月8日，证监会作出被诉复议决定。阮某某不服，提起诉讼。

【案件焦点】

1. 两次作出行政处罚事先告知书，程序是否违法；2. 原告阮某某交易股票方式是否构成操纵证券市场。

【法院裁判要旨】

北京市西城区人民法院经审理认为：安徽证监局作出两次《行政处罚事先告知书》，并未侵害原告所享有的陈述、申辩、要求听证等程序权利，因减轻了对原告拟作出的处罚，故亦未对原告的实体权益产生损害。原告仅因安徽证监局作出了两次行政处罚事先告知而提出行政程序违法的主张，缺乏法律依据。

虚假申报操纵行为应当具备三个构成要件：1. 不以成交为目的；2. 频繁申报和撤销；3. 影响证券交易价格或者证券交易量。原告阮某某交易股票的方式具有以下特点：1. 在较短的时段内（数十分钟）频繁申报买入和撤销；2. 申报买入和撤销之间间隔时间极短；3. 涉案时段内，涉案的股票价格均有较大幅度的上涨；4. 当日均有反向卖出涉案股票的行为。原告阮某某交易股票的方式满足虚假申报操纵行为的构成要件，被告认定其属于《中华人民共和国证券法》第七十七条第一款第四项规定的“以其他手段操纵证券市场”并无不当。

综上所述，被诉处罚决定认定事实清楚，程序合法，并无不当之处。证监会作出的复议决定程序合法，结论正确。北京市西城区人民法院遂判决：

驳回原告阮某某的诉讼请求。

阮某某不服一审判决，提起上诉。北京市第二中级人民法院经审理认为：安徽证监局在作出第一次《行政处罚事先告知书》后，充分听取并结合阮某某的陈述申辩意见，对涉案行为操纵时段及最终处罚数额进行了调整，并将调整后拟处罚的内容和当事人享有的权利进行了第二次告知，最终作出了一个更有利于阮某某的处罚决定。安徽证监局在案件处理中作出了两次告知，充分保障了当事人的陈述、申辩权，没有因为当事人的申辩而加重处罚，程序上并无违法之处。因此，阮某某的上述主张没有法律依据，法院不予支持。

根据当事人提供的账户交易记录、询问笔录等合法有效的证据可知，阮某某在两个涉案时段内分别累计申报买入18笔“益民集团”股票和14笔“市北高新”股票，且均在极短时间内全部或部分撤单。同时，阮某某在当天均有反向卖出前期所买涉案股票的行为。结合阮某某申报量的市场占比、所处档位、引起的委比数值变化等多项指标以及该股涉案时段内的涨幅、阮某某获利等情况，可以认定阮某某的行为属于不以成交为目的频繁申报和撤销申报的行为，该行为误导了其他投资者，对涉案股票涉案时段内的交易价格、交易量和市场产生了较为明显的影响。据此，安徽证监局根据阮某某实施违法行为的事实、性质、情节以及社会危害程度，认定其构成证券法规定的操纵证券市场行为，并在上述法定处罚种类和幅度范围内，对其作出处以30万元罚款的处罚决定，认定事实清楚，适用法律正确，不存在显失公正的情形。安徽证监局对阮某某作出被诉处罚决定，履行了立案、调查、告知、听证等程序，程序符合法律规定，法院予以支持。证监会接到阮某某的复议申请后，作出被诉复议决定，复议程序符合法律规定。

综上，一审判决认定事实清楚，适用法律正确，程序合法。北京市第二中级人民法院遂判决：

驳回上诉，维持原判。

【法官后语】

如何准确认定操纵证券市场行为，一直是证券行政监管中的一大难题。本案中，被告安徽证监局认定原告阮某某在三十分钟内存在操纵证券市场的违法行为。认定如此短的时间内存在操纵证券市场行为，在执法实践中存在很大争议。

原告认为其使用的资金量小，没有能力操纵某个具体股票的走势。股票本身价值、国家政策、市场情绪等多种因素均有可能对短期内股票的价格和交易量产生重要影响。原告股票交易的一贯风格是“追逐热点股票，快速建仓，满仓操作”。鉴于原告涉案当日的资金量以及为达到成交目的频繁申买、快速撤单、追涨买入的操作方式，是为了尽可能控制成本、快速完成对看中股票的建仓甚至满仓，该交易方式并无不当。被告则认为，原告进行的是以影响个股短时走势而获利的虚假申报操纵行为。频繁申买和快速撤单，一方面可以提高资金效率、放大资金量，另一方面给市场造成了瞬时大单申买的假象，误导投资者进行盲目跟买。结合原告后续的方向卖出行为，可以认定其存在虚假申报操纵行为。

股票交易中，频繁申报和撤单行为较为常见。如何区分正常的交易行为与虚假申报操纵行为，是本案审理的关键所在。《中华人民共和国证券法》第七十七条对操纵证券市场行为并没有明确定义，而是采用列举加兜底条款的形式进行表述。这种立法模式，一方面有利于将证券市场中出现的新形式的违法行为纳入监管的范围内，维护证券市场稳定；另一方面也给执法带来了模糊性和不确定性。本案中，法官总结《中华人民共和国证券法》第七十七条列举的几种常见操纵证券市场行为的一般规律，即人为地以各种不正常手段制造证券行情，使得证券市场供需关系无法正常地发挥自动调节作用，最终影响证券交易价格或者证券交易量，扰乱证券市场秩序。结合本案的案情，提炼出判断虚假申报操纵证券市场行为的三个构成要件：（一）不以成交为目的；（二）频繁申报和撤销；（三）影响证券交易价格或者证券交易量。分别从主观目的、客观行为、行为后果三方面进行考察，本案原告阮某某存在频繁申报买入和撤销行为，且申报买入和撤销之间间隔时间极短，当日均有反向卖出涉案股票，依据其客观行为可以推定其具有不以成交为目的的主观动机。同时其交易的股票涉案时段内，价格均有较大幅度的上涨，影响证券交易价格。因此，原告的行为满足虚假申报操纵行为的三个构成要件。

本案的审理，归纳了认定操纵证券市场行为的一般规则，厘清了执法实践中的模糊地带，对证券投资者的投资行为具有一定指导作用。

编写人：北京市西城区人民法院　冒智桥

25

城乡规划处罚应适用处罚作出时而非违法建设建成时的法律规定

——靖江市海康食品有限公司诉靖江市规划局、靖江市人民政府行政处罚及行政复议案

【案件基本信息】

1. 裁判书字号

江苏省泰州市中级人民法院（2018）苏12行终264号行政判决书

2. 案由：行政处罚及行政复议纠纷

3. 当事人

原告（上诉人）：靖江市海康食品有限公司（以下简称海康公司）

被告（被上诉人）：靖江市规划局、靖江市人民政府

【基本案情】

原靖江市计划委员会于1994年7月15日对原靖江市食品公司新建瓜果蔬菜批发市场的申请作出批复，同意其新建瓜果蔬菜批发市场。1995年4月12日，原靖江市城乡建设局向原靖江市食品公司核发了95－015号《建设工程规划许可证》。原、被告一致确认：原告海康公司系原靖江市食品公司改制而来，原靖江市食品公司依照上述许可所建造的建筑均登记在原告海康公司名下，且位于海康公司厂区内。

原告海康公司厂区北部自东向西搭建了三间大小不等的披棚。2017年1月，原告对西侧披棚加建隔板。至处罚决定作出时，东侧披棚总建筑面积为18.18平方米，中间披棚总建筑面积为25.39平方米，西侧披棚建筑面积为168.36平方米，建筑面积共计211.93平方米。

2017年7月17日，被告靖江市规划局根据投诉举报，对涉案披棚予以立案调查。2017年7月18日，被告靖江市规划局就披棚违建问题开展调查、现场勘查。2017年9月6日，被告靖江市规划局向原告送达行政处罚事先告知书及听证告知书。2017年9月11日，原告海康公司提出书面陈述、申辩。2017年10月18日，被告靖江市规划局通知原告参加听证。2017年10月26日，被告靖江市规划局就原告披棚违建一案举行听证。2017年11月8日，被告靖江市规划局作出行政处罚决定，认定原告违建211.93平方米的事实，责令原告自行拆除211.93平方米的三间披棚。该决定于2017年11月10日送达原告。

原告不服行政处罚决定，于2018年1月3日申请行政复议。被告靖江市人民政府于2018年1月4日受理复议申请后，向被告靖江市规划局送达行政复议答复通知书。靖江市人民政府于2018年3月2日决定延期审查30日。2018年3月26日，被告靖江市人民政府作出行政复议决定，维持行政处罚决定。

审理中，原、被告一致确认涉案三间披棚南侧紧邻房屋已经变更为居民住宅，且有居民入住。

【案件焦点】

1. 涉案披棚是否为未经规划许可的违法建设；2. 对涉案披棚予以查处有无超出法定追究时效；3. 对涉案披棚采取责令拆除的处理是否合法。

【法院裁判要旨】

江苏省泰州医药高新技术产业开发区人民法院经审理认为：

关于焦点一，根据《中华人民共和国城乡规划法》第四十条第一款规定，原告确认涉案三间披棚未取得相应的规划许可，被告靖江市规划局经向职权部门查询检索，亦未发现相应的建设许可文件，故被告认定涉案三间披棚构成违法建设并无不当。

关于焦点二，《中华人民共和国行政处罚法》第二十九条规定：“违法行为在二年内未被发现的，不再给予行政处罚。法律另有规定的除外。前款规定的期限，从违法行为发生之日起计算；违法行为有连续或者继续状态的，从行为终了之日起计算。”《全国人大法工委办公室对关于违反规划许可、工程建设强制性标准建设、设计违法行为追诉时效有关问题的意见》规定：“违法建设行为因其带来的建设工程质量安全隐患和违反城乡规划的事实始终存在，应当认定其行为有继续状态，行政处罚时效应当自行为终了之日起计算，即在违法事实存续期间和纠正违法行为之日起二年内发现的，应当对违法行为进行处罚。”鉴于涉案三间披棚至处罚时仍然存在，故被告靖江市规划局予以处罚并未超出法定的追究时效。

关于焦点三，涉案披棚是否构成《中华人民共和国城乡规划法》第六十四条所规定的“无法改正措施消除影响”之情形。根据被告靖江市规划局提交的照片、现状平面图等证据，结合原、被告当庭确认的事实，涉案三间披棚南侧紧邻房屋已经变更为居民住宅。由此，披棚的存在对南侧住宅户的通风、采光、通行产生了不拆除披棚就难以恢复的影响，构成《江苏省城乡规划条例》第六十二条第二款所规定的“前款所称无法采取改正措施消除影响应当限期拆除的情形……（五）其他无法采取改正措施消除影响的”之情形。

江苏省泰州医药高新技术产业开发区人民法院依照《中华人民共和国行政诉讼法》第六十九条之规定，判决如下：

驳回原告海康公司的诉讼请求。

一审宣判后，海康公司不服，上诉至江苏省泰州市中级人民法院。二审法院同意一审法院的裁判意见。

【法官后语】

本案的审查对象为靖江市规划局作出的行政处罚决定，认定原告实施的违法建设有无超过法定的追诉时效、处罚决定适用法律是否正确。

一、《中华人民共和国行政处罚法》第二十九条规定，违法行为在二年内未被发现的，不再给予行政处罚。法律另有规定的除外。前款规定的期限，从违法行为发生之日起计算；违法行为有连续或者继续状态的，从行为终了之日起计算。《全国人大法工委办公室对关于违反规划许可、工程建设强制性标准建设、设计违法行为追诉时效有关问题的意见》规定，违法建设行为因其带来的建设工程质量安全隐患和违反城乡规划的事实始终存在，应当认定其行为有继续状态，行政处罚时效应当自行为终了之日起计算，即在违法事实存续期间和纠正违法行为之日起二年内发现的，应当对违法行为进行处罚。全国人大法工委对法律所作解释属有权解释，人民法院审理行政案件应予遵照执行。鉴于涉案三间披棚至处罚时仍然存在，相关违法状态并未消除，故依照上述法律解释，被告靖江市规划局予以处罚并未超出法定的追究时效。

二、涉案披棚建设于1995年，当时调整违法建设行政管理关系的法律为《中华人民共和国城市规划法》。而本案被告靖江市规划局实施处罚均系依照《中华人民共和国城乡规划法》之规定，故即使原、被告均未注意到处罚所依据的法律适用问题，基于全面审查的原则，法院仍需对本案应适用原《中华人民共和国城市规划法》还是《中华人民共和国城乡规划法》的问题进行审查。笔者认为：

1. 从立法解释来看，根据全国人大法工委法律解释的精神和本旨，存续状态的违法建设应当视为一种继续性行为。随着时间的推移，违法建设行为状态不断更新，处罚标的显然不应机械地判定为建造行为和当时的违法建设，而是被处罚时仍然存续的违法状态；2. 对于违反规划许可的建筑物或构筑物，规划部门在审查拟在周边实施建设的规划申请时无需予以考量。从规划实施的影响和相应处罚方式来看，随着依照后续规划许可实施建造的新的规划参照物的形成，既存的违法建设对规划体系所产生的不利影响也将发生变动，此时显然应以产生规划影响的违法现状作为入罚、量罚的评价因素更为妥帖。故对于城乡规划法和城市规划法的适用判断，应当适用作出处罚时或者行政行为违法终了时的法律，而不是非法建造行为实施时的法律。

实际上，就责令拆除违法建设这一具体处罚方式而言，原《中华人民共和国城市规划法》第四十条规定、《中华人民共和国城乡规划法》第六十四条规定就违法建设的处理方式所作规定并无本质差异，就责令拆除处理方式的适用均以“是否可以采取改正措施消除影响”为判断条件。故从涉案违法建设的性质、状态及违法程度分析，适用《中华人民共和国城乡规划法》或《中华人民共和国城市规划法》效果并无不同，对原告的权利亦无任何不利。

编写人：江苏省泰州医药高新技术产业开发区人民法院　李剑峰　肖云璐

26

对有责任的“治疗组”而非医院本身作出“停业整顿”的处罚应符合比例原则

——陆乙诉安徽省卫生和计划生育委员会、原中华人民共和国国家卫生和计划生育委员会行政处罚案

【案件基本信息】

1. 裁判书字号

北京市第二中级人民法院（2018）京02行终630号行政判决书

2. 案由：行政处罚纠纷

3. 当事人

原告（上诉人）：陆乙

被告（被上诉人）：安徽省卫生和计划生育委员会（以下简称安徽省卫计委）、原中华人民共和国国家卫生和计划生育委员会（以下简称原国家卫计委）

第三人：安徽省立医院

【基本案情】

2016年8月16日，安徽省立医院发生医疗质量安全事件，该院于2016年8月15日在对患者陆甲的抢救过程中，实施心包穿刺术、主动脉球囊反搏术和输血治疗前均未签署知情同意书，事后也未完善相关手续，病历记录不全，造成患者陆甲死亡。2016年11月3日，经合肥市医学会鉴定，该起事件为一级甲等医疗事故，医方承担主要责任。2017年2月21日，安徽省卫计委接到该起事件的举报，经初步审查认为符合受理条件，于当日决定予以立案。经过相关法定程序，安徽省卫计委于2017年4月28日作出皖卫医罚〔2017〕001号《行政处罚决定》（以下简称被诉001号处罚决定），主要内容为：“……被处罚人：安徽省立医院……你单位违

反了《医疗事故处理条例》第五条的规定。依据《医疗事故处理条例》第五十五条第一款‘医疗机构发生医疗事故的，由卫生行政部门根据医疗事故等级和情节，给予警告；情节严重的，责令限期停业整顿直至由原发证部门吊销执业许可证，对负有责任的医务人员依照刑法关于医疗事故罪的规定，依法追究刑事责任；尚不够刑事处罚的，依法给予行政处分或者纪律处分’的规定……现决定给予你单位冠心病介入诊疗科第3治疗组（即冯克福治疗组）停业整顿一个月的行政处罚……”陆乙（陆甲之子）不服，于2017年6月15日向原国家卫计委申请行政复议。原国家卫计委收到复议申请材料后，于2017年9月15日作出国卫复决〔2017〕56号《行政复议决定书》（以下简称被诉56号复议决定），维持安徽省卫计委作出的被诉001号处罚决定。

陆乙向法院起诉，称安徽省立医院造成患者陆甲死亡系医疗事故，经合肥市医学会进行医疗事故技术鉴定，该事故为一级甲等医疗事故，医方承担主要责任。根据《医疗事故处理条例》第六十条规定，安徽省立医院是造成该起医疗事故的医疗机构，被诉001号处罚决定仅处罚医院的诊疗小组，违反法律规定，应当予以撤销。故诉至法院，请求法院判决撤销被诉001号处罚决定和被诉56号复议决定，诉讼费用由安徽省卫计委、原国家卫计委承担。

【案件焦点】

1. 卫生行政机关只针对有责任的治疗组，而非针对责任医院作出停业整顿一个月的行政处罚是否合法；2. 医疗行政处罚中比例原则的适用标准。

【法院裁判要旨】

北京市西城区人民法院经审理认为：《医疗事故处理条例》第五十五条第一款规定，医疗机构发生医疗事故的，由卫生行政部门根据医疗事故等级和情节，给予警告；情节严重的，责令限期停业整顿直至由原发证部门吊销执业许可证，对负有责任的医务人员依照刑法关于医疗事故罪的规定，依法追究刑事责任；尚不够刑事处罚的，依法给予行政处分或者纪律处分。本案中，安徽省卫计委经调查并结合相关证据，认定该起事故为一级甲等医疗事故，医方应负主要责任，安徽省立医院作为院方负有管理责任，应追究其法律责任。其中，在对该院进行行政处罚的裁量上，综合考虑了安徽省立医院的诊疗覆盖范围、门急诊量以及承担的教学、培训任务、社会影响等合理因素，作出的行政处罚结果兼顾了患者权益和社会公共利益，符合比例原则，法院予以认可。据此，安徽省卫计委对安徽省立医院作出的决定给予该院心内科冠心病介入诊疗科第3治疗组停业整顿一个月的行政处罚决定，事实清楚，法律适用准确，法院予以支持。同时，安徽省卫计委和原国家卫计委在行政程序上并无不当，遂依法判决：

驳回陆乙请求撤销被诉001号处罚决定和被诉复议决定的诉讼请求。

陆乙上诉后，北京市第二中级人民法院经审理认为：因为第3治疗组并非《医疗机构管理条例》第二条规定的“医疗机构”范畴，所以安徽省卫计委的被诉001号处罚决定的处罚方式实际上对《医疗事故处理条例》第五十五条第一款规定的处罚对象作了扩大理解。尽管上诉人对安徽省卫计委以第3治疗组为处罚对象提出异议，但该种处罚方式敢于直面法律发展的滞后性对行政处罚裁量权造成的限制与挑战，体现了行政处罚的比例原则，符合《中华人民共和国行政处罚法》第四条的规定，法院予以肯定。安徽省卫计委综合考虑了安徽省立医院的诊疗覆盖范围、门急诊量以及承担的教学、培训任务、社会影响等合理因素，作出的行政处罚结果兼顾了患者权益和社会公共利益，符合比例原则、适当性原则，处罚幅度适当，适用法律正确，法院予以认可。此外，被上诉人在行政处罚和行政复议的程序上，并无不当。

北京市第二中级人民法院依照《中华人民共和国行政诉讼法》第八十九条第一款第一项之规定，判决如下：

驳回上诉，维持一审判决。

【法官后语】

《医疗事故处理条例》实施于2002年，相对于医疗机构的迅速发展具有一定的滞后性。本案中医疗事故责任主体安徽省立医院系一家拥有百年历史的公立三甲医疗，每年接待300多万人次门诊量，排名安徽省第一位。因此，对于已经发生致人死亡后果的严重医疗事故，如果依据《医疗事故处理条例》第五十五条第一款规定，对医疗机构作出责令限期停业整顿直至吊销执业许可证，将对数百万患者特别是对已经在院就医的患者的诊疗活动和健康恢复造成严重影响。因此，承办法官在本案中运用行政处罚的比例原则对处罚有责任的诊疗组的合法性与适当性进行了论述。

行政行为应当遵循比例原则。行政比例原则，是指行政主体实施行政行为应兼顾行政目标的实现和相对人权益的保护，如为实现行政目标可能对相对人权益造成某种不利影响时，应使这种不利影响限制在尽可能小的范围和限度内，保持二者处于适度的比例。《中华人民共和国行政处罚法》第四条规定，“设定和实施行政处罚必须以事实为依据，与违法行为的事实、性质、情节以及社会危害程度相当”，这是行政比例原则在行政处罚领域的具体体现。比例原则要求行政机关的行政行为必须能够实现行政目的，有多种可供选择的手段可以达到行政目的时，应该尽可能采取对相对人损害最小的手段，实施行政行为所能够达到的利益与行政相对人的合法权益的侵害之间应达到平衡。

1. 行政处罚行为应当符合行政立法的目的。《医疗事故处理条例》第一条规定，为了正确处理医疗事故，保护患者和医疗机构及其医务人员的合法权益、维护医疗秩序，保障医疗安全，促进医学科学的发展，制定本条例。由此可见，《医疗事故处理条例》的立法目的，不但在于保护患者的合法利益不受侵害，保护医疗机构及医护人员的合法权益、维持医疗秩序亦是该条例所要实现的社会价值之一。对于规模较大的综合性医院发生的医疗事故，情节严重，需要作出停业整顿或者吊销执业许可证处罚的，如果将医院作为行政处罚的相对人，势必对数百万患者的就医产生不利影响，亦严重影响非医疗事故责任医护人员的合法权益，不符合《医疗事故处理条例》的立法目的。

2. 行政处罚行为应当遵循适当性原则。有多种可供选择的手段可以达到行政目的时，行政机关应该尽可能采取对相对人损害最小的手段。本案中，造成医疗事故的手术由第3治疗组实施，安徽省卫计委对该小组作出停业整顿的处罚决定，既达到了处罚目的，又对安徽省立医院的医疗工作产生最小的影响，符合行政处罚的适当性原则。

3. 行政处罚的幅度应当与违法行为的社会危害程度相当。本案中，第3治疗组发生医疗事故，致使患者陆甲死亡，该违法行为的危害后果仅及于陆甲及其他可能在该治疗组就医的患者，不会对其他科室的患者治疗产生危害后果。因此，安徽省卫计委对第3治疗组作出停业整顿一个月的处罚，处罚的幅度与医疗事故的社会危害程度相当。

司法实践中，行政处罚的比例原则鲜有被直接应用于认定行政处罚合法性的依据。本案中，承办人运用比例原则论述了行政机关将《医疗事故处理条例》第五十五条第一款中“医疗机构”扩大解释为“诊疗机构”的合理性。对于医疗事故行政处罚的法律适用具有突破性的意义以及积极的案例指导意义。

编写人：北京市第二中级人民法院　王琪

27

非法结汇案件中交易真实性的判断标准

——中轨融资租赁有限公司诉国家外汇管理局天津市分局、国家外汇管理局行政处罚及行政复议案

【案件基本信息】

1. 裁判书字号

北京市第一中级人民法院（2018）京01行终652号行政判决书

2. 案由：行政处罚、行政复议纠纷

3. 当事人

原告（上诉人）：中轨融资租赁有限公司（以下简称中轨公司）

被告（被上诉人）：国家外汇管理局天津市分局（以下简称天津外汇管理分局）、国家外汇管理局

【基本案情】

2014年6月17日，中轨公司与珠海华盛德公司签订《医疗设备购货合同》，约定中轨公司向珠海华盛德公司购买19546万元人民币的医疗设备，中轨公司于签订合同之日起七个工作日内先预付19000万元，送货安装检测后三十个工作日内支付余款546万元，但并未约定交货时间。2014年6月24日，中轨公司以支付货款名义向农行凤凰支行申请办理3000万美元的资本金结汇，并提交验资报告、支付命令函、明细表及25份发票等材料。2014年6月26日，农行凤凰支行核准中轨公司的结汇申请，并将结汇所得18677.4万元人民币汇给珠海华盛德公司。2015年7月至2015年12月，天津外汇管理分局通过向珠海市国家税务局、深圳外汇管理分

局等单位发函协查、现场调查及询问调查等方式查明，中轨公司申请结汇时提交的25份发票系虚假发票；珠海华盛德公司在结汇当日即将全部结汇资金汇付给深圳市港隆盛投资有限公司（以下简称深圳港隆盛公司），而深圳港隆盛公司又将资金分别汇给福建省超盛化工工贸有限公司（以下简称福建超盛公司）及李某、徐某等个人，该笔资金最终汇入四个个人账户；珠海华盛德公司一直未实际履行《医疗设备购货合同》，亦未将资金退还给中轨公司；珠海华盛德公司注册地址无人办公，其经营范围不包括经营医疗设备；深圳港隆盛公司被列入“经营异常名录”；福建超盛公司与深圳港隆盛公司仅存在民间借贷关系。

2016年1月8日，天津外汇管理分局认为中轨公司涉嫌非法结汇，决定立案查处。经调查、听证、审议等程序，2017年5月24日，天津外汇管理分局作出被诉处罚决定，认定中轨公司假借合同名义行非法结汇之实，违反了《外汇管理条例》第二十三条、《外国投资者境内直接投资外汇管理规定》第九条的规定，构成非法结汇行为。根据《外汇管理条例》第四十一条第二款的规定，决定对中轨公司上述非法结汇行为处374万元的罚款。中轨公司不服，向国家外汇管理局申请行政复议，国家外汇管理局于2017年10月18日作出被诉复议决定，维持被诉处罚决定。中轨公司仍不服，提起本案诉讼，请求撤销被诉处罚决定和被诉复议决定。

【案件焦点】

非法结汇案件中交易真实性的判断标准。具体而言，即中轨公司的资本金结汇行为是否属于非法结汇。

【法院裁判要旨】

北京市海淀区人民法院经审理认为：根据《外汇管理条例》第二十三条、第四十一条第二款规定，外商投资企业资本金结汇所得人民币资金的使用应有真实交易基础，符合真实自用原则，否则即可构成非法结汇。本案中，判断中轨公司的资本金结汇行为是否属于非法结汇，关键即在于确定中轨公司资本金结汇所得人民币资金是否真的用于货款支付，亦即中轨公司与珠海华盛德公司之间签订的《医疗设备购货合同》是否为真实交易。结合本案证据及庭审查明的情况，天津外汇管理分局认定中轨公司与珠海华盛德公司之间系虚假合同，并无医疗设备购货真实交易，事实清楚，证据确凿。第一，《医疗设备购货合同》的内容、交易主体资质及实际履行等情况均不符合常理。该合同所涉标的额近两亿元人民币，但合同中并未规定产品的具体型号、品牌、交货时间、违约情况等重大内容，而合同相对方珠海华盛德公司的注册、实缴资本及经营范围等情况均显示其并无履约能力。且从2014年合同签订至今，并无证据证明珠海华盛德公司向中轨公司交付任何医疗设备。第二，在珠海华盛德公司一直未履行合同义务的情况下，中轨公司并无任何积极主张权利的行为。第三，中轨公司申请资本金结汇时提交的25份发票均为虚假发票。第四，中轨公司结汇所得人民币资金最终流入个人账户，并未用于购买医疗设备。第五，在天津外汇管理分局调查过程中，中轨公司始终无法说明合同的真实情况。

北京市海淀区人民法院依照《中华人民共和国行政诉讼法》第六十九条之规定，判决如下：

驳回中轨公司的全部诉讼请求。

中轨公司不服，提起上诉。北京市第一中级人民法院经审理认为：认定当事人存在违法行为应当满足客观和主观两个要件，即一方面存在违反行政法律规范的客观行为，另一方面主观上应当存在过错。虽然原则上应当由处罚机关证明存在违法行为，但主观要件往往只能通过客观事实予以反映，因此如果能够证明存在违法的客观行为，又没有相反证据能够排除当事人的主观过错，即应当推定当事人存在主观过错。

1. 本案中，中轨公司明显存在违反《外汇管理条例》第二十三条规定的违法行为。《外汇管理条例》第二十三条规定，资本项目外汇及结汇资金，应当按照有关主管部门及外汇管理机关批准的用途使用。所谓未按用途使用，包括两种情况：一是虽然交易真实，但实际用途与批准的用途不符；二是交易本身不真实，则所谓按批准的用途使用无从谈起。北京市第一中级人民法院认可一审法院关于交易真实性的认定，认为基于业已查明的事实可以认定中轨公司与珠海华盛德的交易实际上是虚假交易，而非单纯的交易对方不履行合同的问题。

2. 基于本案查明的事实可以认定上诉人存在实施违法行为的主观故意。中轨公司主张是珠海华盛德公司不履行合同，而非中轨公司存在违法故意，这一主张显然不能成立。第一，购货合同欠缺明确的合同标的和交货时间等内容，是中轨公司当然应当明知的。中轨公司称涉案交易是融资租赁，但其作为专业的融资租赁公司，既无法提供融资租赁合同，又无法说明承租方的情况等信息，中轨公司无法证明其存在真实的交易意图。第二，关于发票的真实性问题。仅就发票虚假一节，中轨公司是否存在恶意并不影响本案的认定。且税务机关的核验结论并没有确认发票本身的真实性，中轨公司迄今为止仍不能提供发票的原件，因此也不足以作为中轨公司抗辩的理由。第三，购货合同的标的额为1.95亿元，约定的预付款就达到1.9亿元，且无任何担保。在中轨公司向珠海华盛德公司支付预付款约1.87亿元以后，珠海华盛德公司一直没有履行合同。而中轨公司除在听证程序中提供了一份《购货合同终止协议》外，没有提供其他证据证明其为保障交易安全采取过任何实质性措施，上述情节均有悖一般商业交易活动的常理，足以佐证中轨公司在本案中存在主观故意。

主观故意的认定应当结合全案的事实予以综合分析，而非就某个具体事实进行孤立判断。中轨公司就资金流入个人账户一节是否存在直接的主观故意，不影响对其行为性质的认定。

综上，北京市第一中级人民法院依照《中华人民共和国行政诉讼法》第八十九条第一款第一项之规定，判决如下：

驳回上诉，维持一审判决。

【法官后语】

由于我国对外汇使用实行管制制度，因此在《外汇管理条例》中明确规定，经常项目外汇收支应当具有真实、合法的交易基础。资本项目外汇及结汇资金，则应当按照有关主管部门及外汇管理机关批准的用途使用。虽然《外汇管理条例》对于资本项目结汇没有像经常项目结汇那样表述为应当具有真实、合法的交易基础，但是，如果没有真实的交易基础，实际上所谓“按照批准的用途使用”自然也无从谈起。因此，在资本项目结汇上，逻辑上仍然应当以真实的交易作为基础。而本案的核心就在于，如何判断上诉人所称的交易是否真实。

交易真实性的判断往往存在较大的难度，因为在这种案件中，交易双方通常都会存在合谋，交易协议、资金的划转都是真实的，在这些表面真实的交易证据之下，如何认定交易实质上是虚假的，就尤其需要执法机关和司法机关对于市场交易方式要有基本的了解。既要能够发现掩藏于交易行为背后的真实意图，也要避免因为主观臆断而造成冤案。

（一）证明责任的分配原则

在这种案件中，证明责任的分配尤为重要。一般认为，行政处罚应当由行政机关承担证明责任，即由行政机关来证明交易是虚假的，但这种证明责任的分配方式其实并不符合证明责任分配的规律。在证明责任的分配原则中，一个非常重要的原则就是“生活范围原则”，即由了解和掌握案件事实的一方来承担证明责任。对于交易的真实性而言，虽然主张交易不真实的是行政机关，但交易本身是否真实发生，却是当事人最为了解的事实。因此，行政机关应当就交易真实性存在合理怀疑提出主张，再由当事人对这些疑点提供证据予以合理说明。在这种案件中对交易是否真实承担证明责任的，其实是被处罚的当事人。

就本案而言，原告所主张的交易确实存在诸多疑点，无论是行政处罚决定还是一、二审判决均予以了详细的列举。从证明责任的角度而言，并不是基于这些疑点就能够当然证明交易不真实，而是在存在这些疑点的情况下，如果被处罚人不能提供证据予以合理说明，则由被处罚人来承担不利的法律后果，这就是证明责任分配的核心要义所在。如果对这一证明责任分配把握不当，就极有可能导致案件的处理结果产生偏差，如认为行政机关只是提出了合理的怀疑，还没有充分证据证明交易是虚假的，从而认为处罚决定事实不清等。

（二）证据的综合判断原则

原告的诉讼技巧之一，就是将整个交易当中存在的诸多疑点切割为一个又一个孤立的疑点，从而让每一个疑点所反映出来的问题都显得不是太严重。但是，如果从综合判断的角度来分析，当一个交易同时存在许多有悖常理的疑点时，这个交易的真实性就值得高度怀疑。

本案中，从交易合同开始就存在疑点，包括合同缺少基本的合同条款，标的物、交易时间等均未予以约定，如此巨额的交易合同，欠缺这些基本的合同条款显然是有悖常理的。进一步，一个标的额近2亿元的合同，预付款就达到1.9亿元，这也不符合常理，而且当原告将预付款转给合同对方之后，一直没有要求对方履行交货义务，且直到行政机关立案，合同仍未实际履行。对于交易对方根本不具备履约能力等问题，原告也从来没有进行过必要的审查，对于一个能够签订如此巨额标的合同的公司来说，也是不符合常理的。预付款转给对方之后，对方出具的发票是虚假的，而原告自己甚至没有保留发票的原件，资金迅速转到了个人账户，所有这些疑点综合起来，足以让人对此次交易的真实性产生合理怀疑。而原告并未提供证据证明交易真实发生，也不能合理说明存在的诸多疑点。因此，综合全案证据，可以认定交易是不真实的，原告的真实目的在于逃避监管，非法结汇。

编写人：北京市第一中级人民法院　张婷婷

28

公安交通管理行政处罚决定的事实依据和相对人义务的合理范畴

——杨某诉北京市公安局公安交通管理局朝阳交通支队双桥大队行政处罚案

【案件基本信息】

1. 裁判书字号

北京市第三中级人民法院（2018）京03行终185号行政判决书

2. 案由：行政处罚纠纷

3. 当事人

原告（被上诉人）：杨某

被告（上诉人）：北京市公安局公安交通管理局朝阳交通支队双桥大队

【基本案情】

被告于2016年9月13日作出公交决字〔2016〕第110507－1817318420号《公安交通管理简易程序处罚决定书》，认定原告于2016年4月5日16时24分，在朝阳北路四季星河西路南口至黄杉木店路口段处，实施机动车违反停车规定的违法行为。根据《中华人民共和国道路交通安全法》第九十条、第九十三条第二款的规定，决定给予200元的罚款。

原告诉称，原告在被处罚地点已经停了七年车，北京市公安局公安交通管理局朝阳交通支队曾经作出过处罚，但之后又撤销了，之前停车均没有问题。现在停车线模糊，被告没有维护，没有告知民众不能停车，也没有竖立禁止停车的警示牌，直接就贴罚单进行处罚。原告认为被告无法拿出执法法律依据，故诉请法院撤销被告于2016年9月13日作出的公交决字〔2016〕第110507－1817318420号《公安交通管理简易程序处罚决定书》。

被告辩称：一、原告实施的违法停车行为有交通技术监控记录资料等证据证实，该队作出的行政处罚证据确凿。二、原告实施违反规定停放车辆，妨碍其他车辆通行的行为，违反了《中华人民共和国道路交通安全法》的规定。依据该法第九十条和第九十三条第二款的规定，对原告处200元罚款的处罚合法。三、原告在起诉状中提出的内容与事实不符。综上，被告认为对原告作出的行政处罚决定事实清楚，证据确凿，程序合法，适用法律正确，处罚内容适当，请求法院驳回原告的诉讼请求。

【案件焦点】

被告以原告违反停车规定停放车辆为由作出处罚的事实依据是否充分，是否超出了行政相对人义务的合理范畴。

【法院裁判要旨】

北京市朝阳区人民法院经审理认为：本案争议的焦点在于被告以原告违反停车规定停放车辆为由作出处罚的事实依据是否充分。依据《中华人民共和国道路交通安全法》第五十六条及《北京市实施〈中华人民共和国道路交通安全法〉办法》第四十九条的规定，机动车应当在规定地点停放。原告停放车辆的地点是否划有停车泊位线是本案的关键。原告提交的停车地点的照片，经现场勘验，能够确认在被告作出被诉行政处罚决定时，其认定原告实施涉案违章停车行为的地点的地面上有形式上与停车泊位线相同的白色实线。作为并非具备城市道路交通标志和标线设置专业知识的普通机动车驾驶者，并不具有从专业角度确认交通标志和标线设置效力的能力，只能从形式上判断其有效性、合法性。从原告提供的照片可以看出，涉案停车地点的地面上有白色实线，从颜色、形式上具备停车泊位线的基本特征，且此处也没有禁止停车的标志或标线，故原告在此停车并不具有违反停车规定的主观故意性。为维护有序的城市道路交通秩序，道路交通管理执法部门应对此类违法行为予以大力整治，但即使出于维护交通秩序的正当目的，行政机关在实施行政处罚时仍应有充分的事实依据。而交通标志和标线清晰、明确，使得交通秩序的参与者有明确规则可循是作出行政处罚的基础。但本案中，被告在地面上存在形式上具备停车泊位线特征的白色实线，且未设置禁停标志或者设置公告明示交通标线已废弃的情况下，未经核实即径行作出被诉行政处罚决定缺乏充分的事实依据，法院不予支持。综上，被诉处罚决定事实依据不足，应予撤销。

北京市朝阳区人民法院依照《中华人民共和国行政诉讼法》第七十条第一项之规定，判决：

撤销被告作出的《公安交通管理简易程序处罚决定书》。

二审法院同意一审法院裁判意见。

【法官后语】

随着城市化进程的加快，我国诸多城市在人口增长、车辆攀升、经济飞速发展的同时，也患上了停车泊位数量远远无法满足需求、违反规定“乱停车”现象频发的“城市病”。在这种情况下，为维护城市道路交通秩序，道路交通管理执法部门应对此类违法行为加大整治力度已经成为各方的共识。然而，如何在保障秩序、提升效率的同时，实现道路交通管理的法制化，将是下一个亟待解决的问题。本案的裁判，从一定程度上为此类难题的化解指明了方向。

第一，作出行政处罚决定如何确保有充分的事实依据。行政处罚决定的作出，必须具有充分的事实依据，这已经成为一个公理性的论断。然而，在行政处罚决定面临司法审查时，我们发现，事实基础问题仍然是困扰执法部门的一大难题。事实认定从属性上来说固然存在着某些认识上的模糊地带，但实际上，事实不清而导致被诉处罚决定最终被撤销的情形多与本案类似：本案交通管理处罚决定的事实基础应为交通标志、标线的清晰和明确，否则在交通秩序的参与者无法找到明确的交通规则予以遵循的情况下，也就谈不上其是否存在违反交通规则的故意和实施了违反交通规则的行为。本案中，在地面上实际存在着形式上具备停车泊位线特征的白色实线，现场也没有任何标志标明该标线已经予以废弃，在此种情况下认定本案原告存在实施违反停车规定的违法行为显然不具有充分的事实依据。需要指出的是，其实对于该问题的解决，笔者认为并不是一个一蹴而就的过程，而是一个有赖于道路交通管理执法部门不断加大对交通标志和标线有效性的管理力度的过程。

第二，实施行政处罚如何保证相对人义务范畴的合理性。从理论意义上讲，行政主体与行政相对人是平等的。但事实上，行政过程具有强制性和单方意志性，很明显，在行政行为关系中，行政相对人实际上处于一种不平等的地位。然而，由于法律传统、法律实践等因素，行政相对人这种不平等的地位又同时具有天然性。因此，如何合理规范行政相对人义务的范畴，从而实现相对人权利与义务的平衡，是执法部门和司法审查部门都必须予以审慎考察的因素。在本案中，原告作为并不具备城市道路交通标志和标线设置专业知识的普通机动车驾驶者，其义务的范畴应当限于从形式上判断交通标志和标线的有效性、合法性，而一旦要求其从专业角度确认交通标志和标线设置的效力，则超出了其义务的合理范畴。与上一个问题不同的是，对相对人义务的合理范畴进行判断，对执法人员法治化水平提出了更高的要求。

编写人：北京市朝阳区人民法院　朱军巍　孙雯

29

行政相对人对行政权力的正当合理信赖应予以保护

——深圳招商华侨城投资有限公司诉深圳市宝安区城市管理行政执法局行政处罚案

【案件基本信息】

1. 裁判书字号

广东省深圳市中级人民法院（2018）粤03行终854号行政判决书

2. 案由：行政处罚纠纷

3. 当事人

原告（被上诉人）：深圳招商华侨城投资有限公司

被告（上诉人）：深圳市宝安区城市管理行政执法局

【基本案情】

2003 年 11 月 28 日、2004 年 10 月 26 日，深圳市规划与国土资源局分别发出深规土告〔2003〕37 号、深国房告〔2004〕10 号《深圳市土地使用权拍卖公告》，公开拍卖五宗地块的建设用地使用权。深圳招商华侨城投资有限公司拍得上述地块，与深圳市规划与国土资源局签订了《深圳市土地使用权出让合同书》，约定土地使用权出让金、开发金、市政配套设施金合计人民币 22.68 亿元。后又分别取得上述地块的《权利证书》《建设用地规划许可证》《建设工程规划许可证》，其中《权利证书》记载土地用途为居住用地，土地性质均为商品房。

2005 年 5 月，深圳市宝安区绿化委员会办公室发现深圳招商华侨城投资有限公司正在动工的尖岗山居住区涉及占用林地，要求其停工并办理征占林地手续。深圳招商华侨城投资有限公司致函宝安区人民政府、深圳市国土资源和房产管理局宝安分局等相关部门协调处理此事。后宝安区人民政府常务会议重大问题纪要明确："在国土资金收支计划安排的预留专项经费中安排 156.46 万元，作为尖岗山居住区森林植被恢复费和使用林地可行性报告编制经费。"后深圳市宝安区绿化委员会办公室至 2014 年一直向宝安区土地中心催缴森林植被恢复费，但因种种原因，该林地的使用手续一直没有办理下来。

2015 年 3 月 11 日，国家林业局驻广州森林资源监督专员办事处对尖岗山房地产项目非法占用林地案进行挂牌督办，要求深圳市人民政府积极查处和整改。2016 年 6 月 23 日，深圳市宝安区城市管理行政执法局立案查处，勘察发现涉案被占用林地上已建成尖岗山居住区（曦城）别墅群、高层住宅等商品房共计两千多户，商品房业主均已办理产权登记。林地内原有植被不复存在，林业种植条件严重破坏，生态平衡功能丧失。2016 年 11 月 10 日，深圳市宝安区城市管理行政执法局作出〔2016〕深宝监城行罚决字第 2003 号《行政处罚决定书》，对深圳招商华侨城投资有限公司非法占用林地的行为处以"1. 责令限期三个月恢复原状；2. 对非法改变用途林地 245773 平方米处以每平方米 10 元的罚款，共处罚款 2457730 元"。

【案件焦点】

1. 擅自改变林地用途的主体问题；2. 深圳招商华侨城投资有限公司是否实施了改变林地用途的行为；3. 处罚决定内容在客观上是否具备可执行性。

【法院裁判要旨】

广东省深圳市盐田区人民法院经审理认为：涉案的五宗地块未经林业主管部门审核同意，在公开拍卖之前已被深圳市土地行政主管部门擅自改变了土地用途。深圳招商华侨城投资有限公司作为行政相对人，基于国土部门的公信力，严格按照建设用地使用权出让的相关法律、法规，通过拍卖的方式合法取得涉案五宗地块的土地使用权，且在此后办理的一切产权登记及城市规划许可等严格的审批手续中未遇到障碍。

深圳招商华侨城投资有限公司在知晓所建设项目涉嫌占用林地后没有置之不理、放任不管，而是及时与宝安区人民政府及国土部门协调处理，宝安区人民政府通过区政府常务会议重大问题纪要的形式提出了解决方案，明确了责任主体，深圳招商华侨城投资有限公司作为房地产开发企业，在支付了高额的建设用地地价后，取得了全部合法的行政许可审批，得到了政府部门的明确书面承诺，故出于商业经济效益的考虑继续建设施工，该行为符合商业公司的行为逻辑。

行政相对人基于行政机关的公信力对行政行为产生了合理信赖，并且基于该信赖衍生了相关利益，该信赖保护利益在法律上应当得到确认。涉案的五宗地块系公开拍卖取得，深圳招商华侨城投资有限公司信赖土地行政主管部门的公示公信力，此后在发现涉嫌占用林地时也信赖宝安区人民政府承诺妥善处理解决。土地行政主管部门擅自改变林地用途，由此造成了植被和生态功能的破坏，相关部门应当启动追责机制，而不能仅将一切责任归咎于行政相对人，这有悖于行政行为的公信力原则和对行政相对人的信赖保护原则。

涉案地块上的商品房业主均已取得产权证书，业主所有的物业经不动产登记部门确权，深圳市宝安区城市管理行政执法局无权也不可能擅自撤销业主的产权证书，更无权擅自拆除，处罚决定在客观上不具备可执行性。

广东省深圳市盐田区人民法院依照《中华人民共和国行政诉讼法》第七十条第一项、第六项规定，判决：

撤销深圳市宝安区城市管理行政执法局于2016年11月10日作出的〔2016〕深宝监城行罚决字第2003号《行政处罚决定书》。

二审法院同意一审法院的裁判意见。

【法官后语】

本案涉及的焦点为行政相对人基于行政机关的公信力对行政行为产生了合理信赖，并且基于该信赖衍生了相关利益，该信赖保护利益在行政法上是否应得到确认的问题。所谓信赖利益保护原则，是指当个人对行政机关作出的行政处分已产生信赖利益，并且这种信赖利益因其具有正当性而得到保护时，行政机关不得撤销这种信赖利益，而如果撤销就必须补偿其信赖利益损失。信赖利益保护原则最基本的要义就是政府实施行政行为必须遵守诚实信用原则。

自2004年7月1日起开始实施的《中华人民共和国行政许可法》以法律形式确立了信赖利益保护原则，这一原则在我国的确立有利于依法规范行政许可行为、防止行政权的滥用、保护行政相对人的正当信赖利益，对于行政机关树立诚信观念、建设诚信政府，具有重要意义。信赖利益保护原则源于民法中的诚实信用原则，它要求“保护人民对国家之信赖，即不容许国家之行为使人民值得保护之信赖利益丧失，或是使人民因此无法预估到负担之增加或丧失之利益”。也就是说，行政相对人对行政权正当合理的信赖应当给予保护，行政机关不得擅自撤销、变更已生效的行政行为，确需撤销或变更的，对无过错的相对人应给予合理的赔偿或补偿。信赖利益保护原则的基础是公众对自己国家及国家权力的信任，这种信任是公众安定性和其他工作、生活能有明确预期的基本前提。这种信任如果没有得到很好的保护，甚至受到损害，公众权利、公众利益乃至整个经济和社会发展都将处于不稳定、不连续的状态之中。

导致本案非法改变林地用途的根源在于国土部门的违法行政。国土部门违反《中华人民共和国土地管理法》及《中华人民共和国森林法实施条例》的相关规定，擅自改变土地用途，将林地改变为建设用地，并通过公开拍卖方式获取了巨额的经济利益。买受人按照建设用地的标准支付了土地使用权出让金，取得《房地产证》《建设工程规划许可证》《建设用地规划许可证》，其不可能怀疑也无从判断公开拍卖的土地性质存在问题。土地行政主管部门作为重要的政府职能部门，具有非同一般的公信力，每年会通过公开招标、拍卖或者挂牌出让方式出售大量建设用地的使用权，房地产开发企业必然基于相信行政权力的正当合理而产生信赖利益。如果这种信赖利益受到损害，将危害整个房地产开发行业的稳定性，严重破坏土地行政主管部门的公信力。

综观本案，信赖利益保护原则体现在多个方面。深圳招商华侨城投资有限公司通过公开拍卖方式取得建设用地使用权，而土地行政主管部门在拍卖之前擅自改变林地用途损害了深圳招商华侨城投资有限公司的信赖利益；在发现土地用途存在瑕疵时，宝安区人民政府提出的解决方案未能落实，再次损害了深圳招商华侨城投资有限公司的信赖利益；深圳市宝安区城市管理行政执法局作出的“限期恢复原状”处罚，不但让深圳招商华侨城投资有限公司在该地块项目上取得的所有行政许可均归于无效，还会损害所有取得产权登记的业主的物权利益。行政相对人基于行政机关的公信力对行政行为产生了合理信赖，并且基于该信赖衍生了相关利益，该信赖保护利益在法律上应当得到确认。适用信赖利益保护原则，对于防止行政权的滥用，保护行政相对人的正当信赖利益，具有重要意义。

编写人：广东省深圳市盐田区人民法院　张婷

30

行政处罚中高度盖然性证明标准的适用

——陕西汉中汉辉法医司法鉴定所诉陕西省司法厅行政处罚决定及中华人民共和国司法部行政复议决定案

【案件基本信息】

1. 裁判书字号

北京市第三中级人民法院（2018）京03行终941号行政判决书

2. 案由：行政处罚决定及行政复议决定纠纷

3. 当事人

原告（上诉人）：陕西汉中汉辉法医司法鉴定所

被告（被上诉人）：陕西省司法厅、中华人民共和国司法部（以下简称司法部）

【基本案情】

2016年12月，司法部接到投诉原告的实名举报后，将投诉材料转送至陕西省司法厅。经调查，陕西省司法厅作出陕司处字〔2017〕1号《行政处罚决定书》，对原告作出停止从事司法鉴定业务六个月的处罚。举报人不服该处罚决定，向司法部申请行政复议。司法部作出（2017）司复决82号《行政复议决定书》，撤销了上述处罚决定并责令陕西省司法厅重新作出处理。

后陕西省司法厅和汉中市司法局成立联合调查组对案件继续进行调查。2017年8月11日，调查组通过电话对举报人进行询问。询问中举报人表示原告法定代表人曾口头授意其更改酒精检测数据。2017年9月，陕西省司法厅进行了第一次听证。调查期间，陕西省司法厅向原告调取了其于2016年出具的多份毒物检验报告书、司法鉴定意见书及卷宗材料，并就其中33份向司法部司法鉴定科学技术研究所进行专业咨询。2017年11月6日，该所质量管理处出具回函，指出了存在多份报告图谱一致、图谱存在涂改、报告中酒精含量与所附图谱中乙醇浓度数据不符、报告中所附图谱分析日期早于受理日期等问题。2017年11月，陕西省司法厅召开第二次听证会。2017年11月28日，该厅作出《行政处罚告知书》并送达原告，告知原告拟作出行政处罚认定的事实、法律依据及处罚种类。2017年12月6日，陕西省司法厅作出被诉《处罚决定书》并邮寄送达原告。

原告不服，向司法部申请行政复议，要求撤销上述行政处罚并重新作出处罚决定。司法部收到申请后，经过通知被申请人提交书面答复及相关的证据、依据和其他有关资料、被申请人提交答复、延长复议办理期限等程序，2018年4月18日，司法部作出被诉《复议决定书》，维持了陕西省司法厅作出的《处罚决定书》，并向原告及陕西省司法厅送达。原告仍不服，认为二被告认定原告“套用他人图谱、篡改检验数据、提供虚假鉴定意见”，事实不清，证据不足，处罚决定、复议决定适用法律不当、程序违法，遂向北京市朝阳区人民法院提起行政诉讼。

【案件焦点】

被诉处罚决定认定的事实即认定原告存在“套用他人图谱、篡改检验数据，提供虚假鉴定意见”和“由他人代替鉴定人在鉴定意见书上签名”的行为是否正确，认定事实的证据是否充分、应适用何种证明标准。

【法院裁判要旨】

北京市朝阳区人民法院经审理认为：被诉行政行为认定的事实为本案原、被告争议的焦点。被诉处罚决定认定原告在鉴定工作中存在两种行为，即“套用他人图谱、篡改检验数据，提供虚假鉴定意见”和“由他人代替鉴定人在鉴定意见书上签名”。对于后者原被告双方均无异议。作出前者认定的核心证据为33份检验报告书和鉴定意见书。1. 从调取方式上看，对其调取方式和证据形式的合法性双方均予以认可。2. 从证据的内容上看，经分析得出的项目均具有唯一性和不可更改性。而通过比对可以发现33份报告书和意见书普遍存在色谱图分析形成的日期与报告书中所载检验时间不一致，甚至明显早于的情形；且存在数个报告书和意见书使用同一人色谱图检验数据的情形。3. 鉴于生物样本保留时间的限制，原告已不能提供血液备份样本，即行政调查程序中已经不具备重新检验的条件和可能性。在此情况下，应综合分析本案证据采取高度盖然性证明标准评判证据效力。从检验的操作流程分析，受理日期应不早于检验日期，图谱形成日期应与检验日期一致；从酒精定性定量检验的方法分析，除酒精含量为零的检验结果外，每份血液样本的酒精定性定量分析的数据结果具有唯一性，即使出现数据相同的巧合也应属于极小概率的情况。而本案存在分析时间与报告书中检验时间不符、分析时间早于受理时间、图谱数据与他人检验数据一致、多份报告图谱数据相同等普遍性问题。在此基础上，有举报人投诉原告授意更改酒精检验数据的事实，而原告对报告书中存在的问题并未给出合理解释。基于以上认识，二被告提交的证据具有证明检验报告书和鉴定意见书图谱被套用、数据被篡改、报告存在虚假情形的高度盖然性，对该事实可以确认。关于被诉行政处罚决定的职权、法律适用及履行程序，经审查后，均予以支持。

综上，北京市朝阳区人民法院依据《中华人民共和国行政诉讼法》第六十九条、第七十九条之规定，判决：

驳回原告陕西汉中汉辉法医司法鉴定所的全部诉讼请求。

二审法院同意一审法院裁判意见。

【法官后语】

证明标准是指“负担证明责任的人提供证据对案件事实加以证明所要达到的证明程度”①。证明标准一般是诉讼活动中的一个概念，而行政处罚，作为一项与诉

---

① 江伟主编：《证据法学》，法律出版社2004年版，第108页。

讼有着天然之联系的行政活动，同样需要通过证据材料来证明事实并作出判断和裁决，且行政处罚决定的合法性需要行政诉讼来判断，因此行政处罚的证明标准的适用同样非常关键。

根据《中华人民共和国行政处罚法》第三十条规定及《中华人民共和国行政诉讼法》第六十九条、第七十条第二项规定，并结合《中华人民共和国行政复议法》第二十八条第二项规定，可以发现，我国现有法律为行政处罚搭建了一个以“查明事实”为上限、以“不属于主要证据不足”为下限的证据证明空间。然而“不属于主要证据不足”作为一个否定性标准体系，从正面套用标准体系依然会存在认定上的差异，这条下限是不明确的，这个空间很宽，对于证据何时达到认定事实的要求还是没有作出明确规定。这种以绝对的客观性认识为支撑点、过于强调事实认定的确定性的证明标准，在实践中其实是与行政处罚的实际操作不完全契合的。因为在实践中，行政执法机关往往会面临类似本案的困境：如果要从绝对意义上达到检验报告书中的色谱图数据并非检验样本检验生成的数据这一证明目的，唯一的方法就是对血液备份样本进行重新检验。但是，生物样本保留时间是有限的，行政程序启动后，当时的血液备份样本已经不复存在。也就是说，重新进行检验从而达到绝对的客观真实的证明目的已经不具有现实可能性。如果坚持此种证明标准和逻辑，本案原告具有严重社会危害性的违法行为的事实将不被认定，而这显然是与行政处罚法律体系的立法目的相悖的。

本案的裁判方式为此类困境提供了有效的解决思路：适用高度盖然性证明标准评判证据效力。所谓“盖然性”，指的是一种可能性而非必然性，根据高度的可能性审查认定证据，确定案件事实，此即盖然性证明标准。其是根据事物发展的高度概率进行判断的一种认识方法，是人们在对事物的认识达不到逻辑必然性条件时不得不采用的一种认识手段。而高度的盖然性，是指对事实的证明只需达到“特定高度”的盖然性即可，在这种高度达到基于盖然性认定案件事实时，就能够获得待证事实极有可能是如此的心证。在本案中，分析时间与检验时间不符、图谱数据与他人检验数据一致、多份报告图谱数据相同的问题系客观存在，同时还存在有举报人投诉的事实，在原告也未对此种情况作出合理解释的情况下，可以认为，二被告所要证明事实的高度盖然性已经形成，对该事实可以予以确认。

“证明标准是证据制度的核心和灵魂。”“绝对公正”和“客观真实”固然是我们不懈追求的目标，但是在客观不能的情况下，“相对公正”的目标和“法律真实”的证明要求才是真正符合行政处罚与行政诉讼制度要义的路径。从此种意义上说，本案裁判具有一定的参考价值。

编写人：北京市朝阳区人民法院　朱军巍　孙雯

31

盐业体制改革中对于企业跨区域销售食盐模式应当作从宽认定

——南通安江物流有限公司诉南通市盐务管理局、南通市人民政府盐务行政处罚案

【案件基本信息】

1. 裁判书字号

江苏省南通市中级人民法院（2018）苏06行终609号行政判决书

2. 案由：盐务行政处罚纠纷

3. 当事人

原告（上诉人）：南通安江物流有限公司（以下简称安江物流公司）

被告（被上诉人）：南通市盐务管理局（以下简称市盐务局）、南通市人民政府（以下简称市政府）

第三人：中盐东兴盐化股份有限公司（以下简称中盐东兴公司）

【基本案情】

郭某、冯某、刘某、徐某、章某五人系中盐东兴公司职工。2017年1月3日，郭某等五人在南通市注册成立安江物流公司，该公司经营范围为道路普通货物运输、普通货物仓储等。2017年1月6日，安江物流公司与中盐东兴公司签订《仓储物流配送合同》，约定安江物流公司将中盐东兴公司食盐配送至南通市的终端各销

售网点，中盐东兴公司产品配送到终端商业网点前，货物所有权归中盐东兴公司。后中盐东兴公司向安江物流公司发送食盐62.4吨。同年3月16日，市盐务局执法人员发现郭某等人租用的仓库内存有数十吨中盐东兴公司生产的食用盐，市盐务局遂对其涉嫌无食盐批发许可证批发食盐的行为予以立案查处，并对食盐先后两次先行登记保存。市盐务局经调查并履行处罚程序后，认定安江物流公司表面上按照盐改政策设立了第三方物流企业进行食盐配送，但从物流公司的设立、运营成本分担、配送费用的结算、利益的分配等方面看都不符合国家盐改政策，安江物流公司属虚假公司，其与中盐东兴公司签订的配送协议虚假，其实质是以获取非法利益为目的开展无证批发食盐业务，根据《食盐专营办法》第十条、第二十一条及《关于加强改革过渡期间食盐专营管理有关工作的通知》（以下简称211号文）、《关于进一步落实盐业体制改革有关工作的通知》（以下简称604号文）的规定，责令安江物流公司改正，并对其作出没收食盐55.56吨，并处罚款人民币212160元的处罚。安江物流公司不服向市政府申请行政复议。2018年1月11日，市政府作出〔2017〕通行复第283号《行政复议决定书》，维持市盐务局作出的行政处罚决定。安江物流公司仍不服，向法院提起行政诉讼。

【案件焦点】

1. 被诉行政处罚决定认定安江物流公司未取得食盐批发许可证经营食盐批发业务事实是否清楚；2. 市盐务局实施的证据先行登记保存行为是否违反法定程序。

【法院裁判要旨】

江苏省南通市港闸区人民法院经审理认为：中盐东兴公司具有跨省自主经营食盐的资质，安江物流公司是合法成立的具有道路运营资格的物流企业。安江物流公司与中盐东兴公司签订的仓储物流配送合同系双方自愿协商订立，郭某等五人确系安江物流公司的股东，但同时系中盐东兴公司职工，由中盐东兴公司安排到南通地区具体从事食盐销售工作不存在违法情形，市盐务局认定安江物流公司无证销售食盐的事实不清，证据不足。根据《中华人民共和国行政诉讼法》第七十条第一项、第二项、第三项，第七十九条之规定，作出如下判决：

撤销市盐务局作出的行政处罚决定及市政府作出的行政复议决定。

市盐务局不服，提起上诉。江苏省南通市中级人民法院经审理认为：关于被诉行政处罚决定认定安江物流公司未取得食盐批发许可证经营食盐批发业务事实是否清楚的问题。211号文、604号文均明确，食盐批发企业可以通过自建物流系统或与第三方物流企业签订配送合同并委托其将食盐配送到食盐零售网点及食盐终端用户。本案中，首先，中盐东兴公司与安江物流公司依照盐业体制改革文件的要求建立了物流配送关系。中盐东兴公司有跨省自主销售食盐资格，安江物流公司系依法成立的物流企业，其受托将中盐东兴公司产品配送至南通市的终端各销售网点，符合604号文件的要求。其次，郭某等五人具有双重身份不违反法律规定。无论食盐生产企业采取何种方式销售食盐，势必涉及工作人员与终端用户的交流过程，郭某等五人作为中盐东兴公司在南通地区的营销人员，在南通从事食盐销售业务并无不当。最后，案涉销售食盐的行为系以中盐东兴公司的名义作出。《食盐配送单》、增值税普通发票等均可以证明食盐销售行为的主体是中盐东兴公司。虽然市盐务局为证明安江物流公司实施未取得食盐批发许可证经营食盐批发业务的行为，调查收集了大量证据，但是在安江物流公司及中盐东兴公司对销售行为作出了合理说明及提交了相应证据的情况下，市盐务局作出行政处罚所依据的证据，达不到排除合理怀疑的证明标准，因而属于事实不清，证据不足。

关于市盐务局实施的证据先行登记保存行为是否违反法定程序的问题。行政执法主体证据先行登记保存应当受到在七日内及时作出处理决定的限制，行政机关应尽快将登记保存的物品，制作成证据的形式，并在七日内根据调查取证的情况对被先行登记保存的证据以处理决定的方式作出处置。本案中，市盐务局既未在法律规定的七日内针对被先行登记保存的食盐作出处理决定，其对食盐连续进行先行登记保存，实际上也是一种变相的扣押行为，违反法定程序。

综上，江苏省南通市中级人民法院依照《中华人民共和国行政诉讼法》第八十九条第一款第一项之规定，作出如下判决：

驳回上诉，维持原判。

【法官后语】

2017年，国务院发布《盐业体制改革方案》，施行食盐生产企业进入流通和销售领域、产销企业开展跨区域经营等一系列改革措施，这是中国盐业史上里程碑式的改革。虽然盐业主管部门有权对盐改期间产生的各类违法经营现象进行辨别、惩处，以达到稳定市场、依法顺畅推进盐改的目的，但有的地方盐业主管部门出于“地方保护”主义，对跨区域经营的外地盐企施加阻力，通过查扣食盐等行政处罚方式破坏市场公平竞争。食盐是人类赖以生存的必需品，在对涉食盐案件的行政处罚行为进行司法审查的过程中，既要充分考虑到食盐作为食品的安全性要求，对行政机关适度的从严执法予以尊重，也要依法保护食盐定点生产企业经营自主权，优化盐业营商环境，及时制止地方盐业主管部门滥用行政权力，排除、限制竞争等垄断行为。

首先，行政处罚应当有充分的事实根据。事实的存在及其正确认定，是行政行为能够成立的基本要件，是行政行为合法性的前提和基础。行政机关在行政管理过程中，具有自由裁量权，司法机关在一定程度上应当予以尊重，但是，自由裁量不是无限制的，需要通过司法审查的强度、行政机关的举证责任、说明理由等义务来予以修正。行政诉讼由被告承担举证责任是基本原则。就证明标准而言，由于本案系行政处罚，且涉及被处罚人较大数额的财产，因此市盐务局对处罚决定的合法性，应当适用排除合理怀疑标准，即对案件事实的证明结论是唯一的，排除其他可能性。但市盐务局作出行政处罚所依据的证据，达不到排除合理怀疑的证明标准，因而属于事实不清，证据不足。

其次，公共政策可以作为认定食盐销售行为的依据。相较政策而言，法律具有原则性强、可操作性弱、稳定性强、及时性弱的特点，而政策具有明确的针对性，通常是为了解决某些特定问题而制定，在没有法律规范或法律规范缺乏具体可操作性指引的情况下，通过政策进行弥补，不违反依法行政的原则和精神。在盐业体制改革过渡期中，国务院、工信部、国家发改委先后制定了相关政策性文件，以确保盐业体制改革顺利实施。这些文件的主要精神在于坚持推进供给侧结构性改革，对不利于释放市场活力的规定予以革除，明确食盐定点批发企业在国家规定的范围内销售食盐，任何单位或者个人不得阻止或者限制。盐业主管部门在执法中应当顺应国家释放市场活力、鼓励企业自主经营、产销一体的盐改趋势，防止执法“一刀切”，对企业的销售模式作从宽掌握，以促进行业健康可持续发展。

最后，裁判结果应当体现法律效果和社会效果的统一。食盐的本质属性是食品，同时其又是一种商品。因此，在审理涉及食盐的案件时，食品安全、商品流通等也是不可忽视的要素。对于盐业主管部门在诉讼过程中提出的“放松对跨区域销售食盐行为的监管，将导致食盐价格无序、盐品质量下降甚至出现假冒伪劣商品”

的问题，法院通过调研，了解到目前我国食盐市场的总体情况是供过于求，食盐如同味精、酱油等其他调味品一样，市场放开并不会导致其价格的上升，反而给予了消费者更多的选择。同时，对食盐流通环节与食盐质量的监管，二者并不冲突，新修改的《食盐专营办法》在允许产销企业开展跨区域经营的同时，不仅没有放松和削弱对食盐质量的监管，反而加强和完善了食盐安全监管体制。

编写人：江苏省南通市中级人民法院　张祺炜　金保阳

32

以营利为目的并非认定非法出版物的必备要件

——北京三旗企业管理有限公司诉北京市文化市场行政执法总队、北京市人民政府行政处罚案

【案件基本信息】

1. 裁判书字号

北京市第二中级人民法院（2018）京02行终1241号行政判决书

2. 案由：行政处罚纠纷

3. 当事人

原告（上诉人）：北京三旗企业管理有限公司（以下简称三旗公司）

被告（被上诉人）：北京市文化市场行政执法总队（以下简称市文化执法总队）、北京市人民政府（以下简称市政府）

【基本案情】

2017年6月8日，市文化执法总队执法人员根据群众举报，对三旗公司经营场所进行检查，发现了多册同种刊物，该刊物名称为三面红旗特刊，出版日期为2017年4月，书号为ISBN 978－7－5059－7676－4，刊物内容分为三旗介绍、2017年年会、碳氢核肥、三旗文化、专家论坛等。三旗公司现场无法提供该刊物合法的出版手续，涉嫌未经批准从事出版物出版的行为。当日，执法人员扣押了现场发现的

《三面红旗特刊》280册。2017年6月21日，北京市新闻出版局出版物鉴定中心作出京新出鉴字〔2017〕B32号《出版物审查鉴定书》，鉴定结论为《三面红旗特刊》为非法出版物。2017年7月24日，三旗公司代理人接受市文化执法总队的调查询问，并提供了河北增值税普通发票发票联、销售明细、销售情况截屏等材料。在调查过程中，三旗公司代理人陈述该公司没有出版资质，于2017年4月8日至2017年4月16日印制《三面红旗特刊》共3000册，印刷费75000元。其中，2249册作为会务资料发放给参会人员；471册在网上以红旗券的形式销售（红旗券不是现金，是网上商城赠送给会员的消费积分）；280册被扣押，出版《三面红旗特刊》没有获利。当日，市文化执法总队作出（京）文政字〔2017〕第11070号《责令改正通知书》，责令三旗公司立即改正上述违法行为，并作出（京）文罚告字〔2017〕第11070号《行政处罚事先告知书》，告知三旗公司拟作出行政处罚的事实、理由、依据、处罚内容，并告知该公司有陈述、申辩和要求举行听证的权利。2017年8月4日，市文化执法总队举行听证。听证过程中，三旗公司代理人陈述，虽然公司使用他人书号制作了涉案刊物，违反了相关法律规定，但公司对涉案刊物的使用并非《出版管理条例》中所定义的出版，而是仅用于宣传和内部交流，没有对外销售，希望从轻处罚。市文化执法总队听取了三旗公司的陈述、申辩，但认为三旗公司的意见不影响对案件违法事实的认定。2017年8月7日，市文化执法总队作出（京）文执罚〔2017〕第11070号《行政处罚决定书》，内容如前所述。三旗公司不服该处罚决定，向市政府申请行政复议。2017年11月24日，市政府作出京政复字〔2017〕1007号《行政复议决定书》，对上述行政处罚决定予以维持。三旗公司不服，向法院提起行政诉讼，请求撤销市文化执法总队作出的（京）文执罚〔2017〕第11070号《行政处罚决定书》以及市政府作出的京政复字〔2017〕1007号《行政复议决定书》。

【案件焦点】

三旗公司未出售涉案刊物，仅是以免费或积分兑换的形式发放，是否构成《出版管理条例》第六十一条规定的擅自从事出版物的出版、印刷行为。

【法院裁判要旨】

北京市丰台区人民法院经审理认为：根据《出版管理条例》第六条第二款之规定，县级以上地方各级人民政府负责出版管理的部门负责本行政区域内出版活动的监督管理工作。县级以上地方各级人民政府其他有关部门在各自的职责范围内，负责有关的出版活动的监督管理工作。据此，市文化执法总队具有对非法出版行为的行政处罚权。

出版是指将作品通过任何方式公之于众的一种行为，拥有大量复制或同等规模的传播力的公开发表都统称之为出版。出版或称发表，其界定的关键在于公之于众，而不拘泥于形式。本案中，三旗公司将涉案刊物作为会务资料发放、在网上以红旗券的形式销售，都是将涉案刊物公之于众，其行为应定义为出版。大多数国家都对出版活动实施监管，出版须有相应资质或经行政部门审批。根据《出版管理条例》的相关规定，国家对报纸、期刊、图书、音像制品和电子出版物的出版实行严格的管理制度。从事出版业务，应由国家行政机关审批设立的出版单位，在领取出版许可证，并领取事业单位法人证书或营业执照后，方可出版。《出版管理条例》第六十一条规定，未经批准，擅自设立出版物的出版、印刷或者复制、进口、发行单位，或者擅自从事出版物的出版、印刷或者复制、进口、发行业务，假冒出版单位名称或者伪造、假冒报纸、期刊名称出版出版物的，由出版行政主管部门、工商行政管理部门依照法定职权予以取缔；依照刑法关于非法经营罪的规定，依法追究刑事责任；尚不够刑事处罚的，没收出版物、违法所得和从事违法活动的专用工具、设备，违法经营额1万元以上的，并处违法经营额5倍以上10倍以下的罚款，违法经营额不足1万元的，可以处5万元以下的罚款。根据该条规定，当事人未经批准，擅自从事出版物的出版、印刷，即构成违法。以营利为目的，并非涉案行为违法的必备要件。本案中，三旗公司虽未出售涉案刊物，仅是以免费或积分兑换的形式发放，但其不具有相应资质，未经国家行政机关批准，使用他人刊号，将涉案刊物公开传播，仍然构成《出版管理条例》第六十一条规定的违法行为。市文化执法总队根据北京市新闻出版局出版物鉴定中心的鉴定结论认定涉案刊物为非法出版物，依据中华人民共和国新闻出版总署的批复确定违法经营额，综合考虑三旗公司的违法情节，参照《北京市文化市场综合执法行政处罚裁量基准》所确定的裁量幅度范围内的最低额度确定罚款数额，认定事实清楚，适用法律法规正确，处罚幅度适当。市文化执法总队亦履行了立案、告知权利义务、调查取证、听证、作出决定、送达等法定程序。市政府接到三旗公司的复议申请后，履行了调查、送达等程序，作出维持被诉行政处罚决定的复议决定，程序合法。三旗公司提出被诉行政行为违法的理由不能成立，对其诉讼请求，法院不予支持。

综上，北京市丰台区人民法院根据《中华人民共和国行政诉讼法》第六十九条之规定，判决如下：

驳回三旗公司的诉讼请求。

三旗公司持原审起诉意见提起上诉。北京市第二中级人民法院经审理同意一审法院裁判意见。

【法官后语】

本案中，三旗公司制作刊物《三面红旗特刊》后，并没有以货币标价的方式进行出售，而是作为会务资料发放给参会人员，同时在网上以红旗券的形式换购，整个过程三旗公司没有获利。故本案争议焦点主要是：三旗公司未出售涉案刊物，仅是以免费或积分兑换的形式发放，是否构成《出版管理条例》第六十一条规定的擅自从事出版物的出版、印刷行为。

首先，出版是指将作品通过任何方式公之于众的一种行为。根据上述定义可知，界定出版的关键在于公之于众，而不拘泥于形式。本案中，虽然三旗公司主张其只是将自行制作的刊物作为会务资料发放、在网上以红旗券的形式换购，但是这种发放和换购的形式仍是将刊物公之于众，向不特定对象进行推广和传播。因此，三旗公司制作刊物，并以免费或积分兑换的形式发放属于出版行为。

其次，根据《内部资料性出版物管理办法》的有关规定，内部资料性出版物，是指在本行业、本系统、本单位内部，用于指导工作、交流信息的非卖性单本成册或连续性折页、散页印刷品，不包括机关公文性的简报等信息资料。因此，内部资料性出版物的认定需具备三个要件：一是发行的范围，即在本行业、本系统、本单位内部；二是发行的目的，即用于指导工作、交流信息；三是发行的限制，即非卖性。本案中，三旗公司主张其制作的刊物仅用于宣传和内部交流，即使属于出版物，也应属于内部资料性出版物，对其处罚应按照《内部资料性出版物管理办法》的相关规定。但是在案证据表明，部分涉案刊物是在网上以红旗券的形式换购，其发行范围并非本行业、本系统、本单位内部，而是面向社会公众，不符合内部资料性出版物的构成要件。

最后，是否以营利为目的并非认定涉案行为违法的必备要件。根据《出版管理条例》第六十一条的规定，当事人只要未经批准，擅自从事出版物的出版、印刷，即构成违法，无需具备以营利为目的。本案中，三旗公司虽未出售涉案刊物，仅是以免费或积分兑换的形式发放，但其不具有相应资质，未经国家行政机关批准，使用他人刊号，将涉案刊物公开传播，仍然构成《出版管理条例》第六十一条规定的违法行为。

实践中，部分企业或组织对出版的认识存在偏差，认为只要自身不以营利为目的，自行制作宣传册等刊物，通过线上或线下方式向他人发放，都是合法的。但是根据《出版管理条例》的相关规定，国家对各类出版物的出版实行严格的管理制度。从事出版业务，应由国家行政机关审批设立的出版单位，在领取出版许可证，并领取事业单位法人证书或营业执照后，方可出版。未经批准，擅自从事出版物的出版、印刷，即构成违法。因此，是否以营利为目的，并不影响非法出版物的认定。

编写人：北京市丰台区人民法院　冯黎明

33

政府采购投标人对产品供应商提交资料未尽实质审查义务的责任认定

——重庆天朝数码科技有限公司诉重庆市财政局行政处罚及重庆市人民政府行政复议案

【案件基本信息】

1. 裁判书字号

重庆市第一中级人民法院（2018）渝01行终490号行政判决书

2. 案由：行政处罚、行政复议纠纷

3. 当事人

原告（上诉人）：重庆天朝数码科技有限公司（以下简称天朝数码公司）

被告（被上诉人）：重庆市财政局、重庆市人民政府

【基本案情】

2016 年 11 月，天朝数码公司以华德安执法记录仪参加政府采购项目，提交了该投标产品的《检验报告》，成为中标候选人，该投标产品系华德安科技有限公司生产。采购单位经与公安部官方检验报告比对，发现天朝数码公司提供的检验报告存在 13 处改动，遂要求天朝数码公司作出相关说明。后天朝数码公司放弃中标候选人资格，该政府采购项目因此废标。市财政局认为天朝数码公司存在提供虚假材料谋取中标的违法行为，对其作出罚款 3 万元与 1 年内禁止参加政府采购的行政处罚。天朝数码公司对市财政局的行政处罚决定不服，向市政府申请行政复议，市政府复议维持了市财政局作出的行政处罚决定。天朝数码公司主张其并非投标产品的生产商，对虚假检验报告不知情，该报告来源于代理商，且已放弃中标候选人资格，未造成危害后果，遂申请行政复议，但行政处罚决定被维持。天朝数码公司诉至法院，请求撤销行政处罚决定及行政复议决定。

【案件焦点】

投标人天朝数码公司并非投标产品的生产商，因对生产商提交的虚假材料未尽到实质审查义务，造成政府采购项目废标的，投标人应否承担行政处罚责任。

【法院裁判要旨】

重庆市渝北区人民法院经审理认为：天朝数码公司并非投标产品的生产商，其投标的产品来源于其他市场主体，但作为政府采购的供应商，其应全面了解投标产品并审慎审查产品所涉材料的真实性。天朝数码公司在提交投标文件时未尽合理查验义务，在采购人提出核实要求时仍未审慎核查，在质疑人提出质疑时仍回复产品满足招标要求，直至因无法提供《检验报告》原件，放弃成为第一中标候选人的资格。其对投标产品本身的性能和相关技术参数并不熟悉，亦未在投标前认真审慎地审查投标产品所涉文件的真实性，导致虚假《检验报告》进入招投标环节，从而造成本案采购项目被废标，相应后果应由政府采购供应商的天朝数码公司承担。

重庆市渝北区人民法院依照《中华人民共和国行政诉讼法》第六十九条、第七十九条之规定，判决如下：

驳回原告天朝数码公司的诉讼请求。

天朝数码公司不服一审判决，提起上诉。重庆市第一中级人民法院经审理认为：天朝数码公司在参与政府采购招投标活动过程中，提交含有人为造假内容的投标文件，客观事实上已符合提供虚假材料的违法情形。天朝数码公司在市采购中心要求其对市安监局核实投标产品技术参数进行回应时，仅出具了一份承诺书，承诺所投产品技术参数符合招标要求，但未出示任何证据证明其对有关参数进行了核实审查。且针对政府采购质疑，天朝数码公司亦仅是答复其提供的产品符合招标要求，未举证或作出合理说明以证明其对相关技术参数文件进行核查，表明天朝数码公司在提交招标文件过程中疏于审核，对于客观上提供虚假材料存在明显的过失。天朝数码公司作为涉案政府采购项目投标人是参与采购的投标主体，应对投标活动中存在的违法行为承担主体责任。市财政局作出的行政处罚决定，事实清楚、程序合法。一审判决认定事实清楚，适用法律正确，审判程序合法，依照《中华人民共和国行政诉讼法》第八十九条第一款第一项之规定，判决如下：

驳回上诉，维持原判。

【法官后语】

本案明确了政府采购中投标人对提交的投标材料的合理审查义务，以及因其未履行相应义务应承担的责任，对于规范政府采购中的投标行为，引导投标人树立诚信理念具有正面导向意义。

一、政府采购中投标人应遵守诚信原则

诚信原则是政府采购活动中应遵循的基本原则，该原则要求政府采购的当事人本着诚实守信的态度，依法履行各自权利和义务，讲信誉、守承诺，不得有欺诈、隐瞒、串通、滥用权力等不当行为，不得规避法律、法规或损害第三人合法利益，以确保采购行为指向的国家利益与社会公共利益得以实现。诚信原则不仅约束政府招标行为，投标人参与政府采购同样应遵循。诚信原则对供应商的基本要求在政府采购法及其实施条例中体现为：采购过程中满足采购人的正当要求，按要求填写投标文件并保证投标文件内容真实，针对招标人提出的质疑，按照招标人的要求对投标文件进行答疑等。供应商的上述行为应接受政府的监督与管理等。

二、投标人应对提交的投标材料尽合理审查义务

政府采购活动中，投标人应提交符合招标要求的材料，并保障材料的真实性与

完整性，是遵循诚实信用原则的应有之义，也是政府采购法及其实施条例对供应商设定的法定义务。实践中，投标人提供虚假材料谋取中标资格的情况不在少数，为规制上述行为，投标人应按照法律法规之规定对其提交的投标材料尽合理审查义务。投标人提交的投标材料无论是来自代理商或是生产商还是自己，均应全面了解投标产品并审慎审查产品所涉材料的真实性，投标人的审查义务具体包括：一是审查标准。结合政府采购法的立法目的和诚信原则要求，投标人应对其提交资料尽到实质审查义务，即投标人应确保资料涉及的采购产品符合政府招标的要求、性能和用途，确保政府采购的目的能够得以实现。二是审查内容。投标人应对其提交资料的审查内容包括法律、法规规定的证明材料、投标产品达到相关行业规范或政府规章要求、符合采购项目的特定要求与用途等。本案中，天朝数码公司作为中标候选人应对提交投标材料的真实性负责，履行实质审查义务，其未尽审查义务，直接将投标产品生产商提交的资料提交招标人以谋取中标资格，其以材料系第三方提供进行抗辩的理由不能成立。

三、投标人对投标材料未尽审查义务的责任承担

政府采购法严禁提供虚假材料谋取中标，否则将承担相应的责任。天朝数码公司提交虚假材料的不正当行为实则排挤了其他投标人的中标机会，最终导致该项目废标，不仅扰乱了政府采购的公平竞争秩序，也造成公共资源的不必要浪费，即使中途主动放弃中标资格，其行为也已扰乱政府采购秩序，产生了危害后果，应予行政处罚。政府采购不同于一般民事主体间的采购行为，其运用的是社会管理资源，涉及社会公共利益，扰乱政府采购秩序，会造成社会公共资源的浪费。投标人虽放弃中标资格，但并未消除提供虚假投标材料违法行为之危害后果。投标人放弃中标资格，仅属于依法从轻或减轻行政处罚的情形。本案被告市财政局在作出行政处罚时，已依法减轻处罚幅度，符合行政处罚比例原则和处罚与教育相结合之目的。

编写人：重庆市第一中级人民法院　吴贤奔　黄晨　刘婷婷

34

重大行政处罚案件应当适用“排除合理怀疑”的证明标准

——中国燃料有限公司诉北京市工商行政管理局西城分局工商行政处罚案

【案件基本信息】

1. 裁判书字号

北京市第二中级人民法院（2018）京 02 行终字第 902 号行政判决书

2. 案由：工商行政处罚纠纷

3. 当事人

原告（上诉人）：中国燃料有限公司（以下简称中燃公司）

被告（被上诉人）：北京市工商行政管理局西城分局（以下简称西城工商局）

【基本案情】

2016 年 3 月 31 日，中燃公司与唐山市佳德士加油站（以下简称佳德士加油站）订立《特许经营合同》，其中约定“……佳德士加油站销售中燃公司或中燃公司授权配送企业供应的油品，不得销售第三方油品”。2016 年 4 月 1 日，中燃公司与富海集团有限公司（以下简称富海公司）签订《成品油买卖框架合同》，约定富海公司旗下的东营石化公司按此合同执行，向中燃公司提供的油品应符合国家标准。2016 年 6 月 22 日，中燃公司与佳德士加油站签订购销合同，约定中燃公司向佳德士加油站销售国 V0#柴油 32.48 吨。2016 年 6 月 23 日，佳德士加油站至东营石化公司自提，并使用中燃公司指定的油罐车运输。2016 年 6 月 28 日，唐山市丰南区市场监督管理局（以下简称丰南监管局）对佳德士加油站销售的 0#车用柴油抽样检测，经检测机构检验，结论为：该样品所检项目中硫含量不符合 GB19147 -

2013标准要求，质量不合格，并对佳德士加油站进行了处罚。丰南监管局认定佳德士加油站销售的该批次柴油的上级供货商为注册地在北京市西城区的中燃公司，并于2016年11月22日以行政告知函的形式将案件线索移送至西城工商局。西城工商局经过前述调查，认为中燃公司向佳德士加油站销售不合格柴油的事实成立，作出了被诉行政处罚："中燃公司与佳德士加油站签订购销合同，以4460元/吨的价格向佳德士加油站销售0#柴油32.48吨，销售额共计144860.80元……中燃公司的行为违反了《中华人民共和国大气污染防治法》第六十五条、第一百零三条第三项的规定。依据上述规定，决定作出行政处罚如下：1. 没收违法所得832.82元；2. 罚款434582.40元……"2017年6月26日，西城工商局致函东营港经济开发区市场监督管理局，将案件线索移送。东营港经济开发区市场监督管理局认为未发现该公司的产品质量存在问题，未对富海集团进行处罚。

【案件焦点】

1. 西城工商局对本案是否具有管辖权；2. 西城工商局提供的证据能否充分证明中燃公司存在违法行为。

【法院裁判要旨】

北京市西城区人民法院经审理认为：依照《中华人民共和国大气污染防治法》第五条、第一百零三条的规定，西城工商局具有对所辖区域内企事业单位违反大气污染防治规定的行为实施监督管理。本案中，西城工商局在接到丰南监管局移送的案件线索后，对中燃公司所涉销售行为及佳德士加油站等单位的采购、销售涉案车用柴油进行了调查核实。其依据相关调查结论、检验报告所显示的检验结论作出了被诉决定书。其间，西城工商局亦通过听证形式听取了中燃公司的陈述与申辩。西城工商局作出的被诉决定书认定事实清楚、适用法律正确、程序合法。中燃公司的证据材料不足以支持其诉讼请求。

综上，北京市西城区人民法院依据《中华人民共和国行政诉讼法》第六十九条规定，判决：

驳回中燃公司的诉讼请求。

中燃公司不服一审判决，提起上诉，理由如下：1. 一审以《中华人民共和国大气污染防治法》认定西城工商局有管辖权错误，西城工商局从职权到地域均对本案无管辖权；2. 西城工商局对其的处罚，缺乏充分证据，认定事实错误。

北京市第二中级人民法院经审理认为：根据《中华人民共和国大气污染防治法》第一百零三条第三项及《中华人民共和国行政处罚法》第二十条之规定，西城工商局对于本案具有管辖权。本案中，西城工商局认定中燃公司行为违法的主要依据为，佳德士加油站与中燃公司存在购销的事实，丰南监管局认定对佳德士加油站抽检结果不合格的0#车用柴油系从中燃公司购进，故中燃公司存在向佳德士加油站销售不合格0#车用柴油的违法事实。但中燃公司在整个交易环节中并未经手涉案柴油，现根据东营港监管局的回函，亦未发现东营石化公司有生产不合格柴油的线索和证据，故中燃公司是否向佳德士加油站销售了不合格的柴油，证据之间存在矛盾，事实不清。西城工商局对中燃公司作出的被诉行政处罚书，证据不充分，认定的事实不清，不符合《中华人民共和国行政处罚法》第三十条“公民、法人或者其他组织违反行政管理秩序的行为，依法应当给予行政处罚的，行政机关必须查明事实；违法事实不清的，不得给予行政处罚”之规定，依法应予撤销。

北京市第二中级人民法院依照《中华人民共和国行政诉讼法》第八十九条第一款第二项之规定，作出如下判决：

一、撤销一审判决；

二、撤销西城工商局作出的被诉行政处罚书。

【法官后语】

关于证据的证明标准，目前我国在刑事诉讼和民事诉讼领域都有足够的法律和理论支持，形成了比较统一的标准，但在行政诉讼领域，相关法律、法规尚无明确规定。证明标准与案件所涉利益及当事人地位息息相关。刑事案件往往涉及较大的公共利益，且当事人之间完全处于不对等的地位，为了保护人身权、财产权，防止滥用刑罚，刑事诉讼采取了较为严格的“排除合理怀疑证明标准”；民事诉讼是平等主体之间的利益纠纷，因此适用的是较为宽松的“优势证明标准”。行政诉讼的客体是具体行政行为，由于行政管理活动的广泛性和多样性，它对于行政相对人的利益和公共利益的影响是复杂的。既存在公权力性质强，行政机关处于明显优势地位的行政行为，如行政处罚；也存在行政职权性弱，行政机关与相对人地位较为平等的行政行为，如行政协议。因此，行政诉讼证明标准应当与行政案件的具体性质和严重程度成比例关系，在不同案件中应采用不同的证明标准：行政行为对当事人的影响越重大，证明标准越高；在同一案件中说服责任的证明标准也要高于推进责任的证明标准。

行政处罚是典型的损益性行政行为，为相对人设定义务或剥夺、限制其权益，与刑事处罚有一定相似性，但又不同于刑事处罚。刑事处罚的目的是惩罚犯罪和维护社会安全，追求正义价值；行政处罚以维护社会秩序为目的，追求公正与效率的统一。如果要求行政机关在行政处罚程序中与刑事处罚一样，要排除每一个合理怀疑，将会消耗大量的公共资源，严重影响行政机关的工作效率。且行政处罚形式多样，故对不同程度的行政处罚不宜适用同一证明标准。进言之，在适用排除合理怀疑的证明标准时应当有所限制，必须是对行政相对人的人身或财产权益有重大影响且主要适用在非当场性行政处罚中。对于其他影响小、程度轻的行政处罚，则可根据程度适用明显优势证明标准和优势证明标准。

本案中，西城工商局对中燃公司处以43万余元的处罚，处罚金额远高于《北京市行政处罚听证程序实施办法》第二条对“较大数额处罚”规定的“对法人或其他组织处以30000元罚款”的标准，属于行政处罚数额较大，对当事人财产权有较大影响的范畴，因此举行了听证程序。且该案是对经销领域进行环保类工商行政处罚的新类型案例，对此后同类型案件具有较强的指导性意义，应当适用“排除合理怀疑”的证明标准。根据在案证据，佳德士加油站所销柴油是从东营石化公司自提的，中燃公司在整个交易环节中并未经手涉案柴油，仅指定了油罐车。结合丰南监管局在抽样时是从佳德士加油站的油枪中而非从油罐车中取样，佳德士加油站结算卡账务交易明细清单中显示加油站有从其他公司购油的记录，以及二审法院依职权调取的证据中东营港监管局回函称未发现东营石化公司有生产不合格柴油的线索和证据的事实，无法排除佳德士销售的不合格柴油不一定是从中燃公司购入的合理怀疑。西城工商局提供的证据无法形成完整的证据链，不能证明中燃公司销售了不合格柴油，因此西城工商局所作行政处罚证据不足，应予撤销。

编写人：北京市第二中级人民法院　孙轶松　徐蕾

35

自行撤销后重新作出处罚决定的程序要求

——杨某诉北京市公安局通州分局行政处罚决定案

【案件基本信息】

1. 裁判书字号

北京市第三中级人民法院（2018）京 03 行再 4 号行政判决书

2. 案由：不服行政处罚决定纠纷

3. 当事人

原告（上诉人、再审申请人）：杨某

被告（被上诉人、再审被申请人）：北京市公安局通州分局（以下简称通州公安分局）

【基本案情】

2015 年 12 月 27 日 2 时许，杨某驾驶机动车行驶至通州区京哈高速××检查站时，因等待时间较长、心情焦急，不配合民警检查，并企图驾车闯卡，后与执法民警和辅警撕扯，造成××检查站高××站长左手小指受伤。

通州公安分局受理该案后于 2015 年 12 月 27 日 3 时、27 日 13 时对杨某进行讯问并制作《讯问笔录》，同日对高××、事发当日执勤辅警付××及魏××进行询问并制作《询问笔录》，均证实杨某有妨害公务的行为。同日，通州公安分局制发京公通拘字〔2015〕001944 号《拘留证》，对杨某进行刑事拘留。经鉴定高××未构成轻微伤，通州公安分局于 2016 年 1 月 14 日撤销刑事案件，作出并送达京公通行罚决字〔2016〕012626 号行政处罚决定（以下简称 66 号《决定书》），以阻碍执行职务为由给予杨某行政拘留十日处罚。66 号《决定书》作出后，杨某不服，诉至法院要求撤销该决定。诉讼过程中，通州公安分局以文书内容表述不明为由，于 2016 年 6 月 29 日撤销了 66 号《决定书》，改为作出本案被诉《处罚决定》，根据

《中华人民共和国治安管理处罚法》第五十条第一款第二项、第二款，第九十二条之规定，决定给予杨某行政拘留十日处罚。

杨某不服《处罚决定》，诉至法院请求撤销。理由是：1. 通州公安分局提交的视频资料没有显示杨某的闯卡影像，其也没有实施闯卡行为，法医出具的伤情鉴定也证实高××未构成轻微伤，无法证明杨某与辅警、民警发生撕扯。2. 通州公安分局无论是作出66号《决定书》，还是作出被诉《处罚决定》，均没有听取其陈述、申辩，且隐瞒了诉权，诉权告知内容不全面，被诉《处罚决定》应依法认定无效。3. 如果66号《决定书》属于笔误，通州公安分局应该作出补正而非撤销决定。通州公安分局既然已经撤销了66号《决定书》，就不应该在没有新的事实和证据的情形下违法作出被诉《处罚决定》。

【案件焦点】

1. 被诉《处罚决定》认定杨某存在妨碍人民警察执行公务的证据是否充分；2. 被诉《处罚决定》是否违反法定程序。

【法院裁判要旨】

北京市通州区人民法院经审理认为：本案中，杨某开车行驶到西集检查站后，未按照检查站执法人员的要求接受检查，其在被执法民警阻拦后，反而以危险方式强行驾车闯卡。在执法民警和辅警的要求下，杨某下车后情绪激动，拒绝配合检查，并与执法民警撕扯，造成执法民警高××左手小指受伤。该行为构成阻碍执法人员依法执行职务，且情节严重，依法应当受到处罚。

杨某的行为不是一般的违反治安管理行为，而是阻碍人民警察依法执行职务的行为，应当属于《中华人民共和国治安管理处罚法》第五十条第二款所界定的范畴。将66号《决定书》与本案《处罚决定》进行对比，两者认定杨某违法行为的事实一致、决定拘留的内容一致，有所不同的是，66号《决定书》适用的法律是《中华人民共和国治安管理处罚法》第五十条第二款、第九十二条的规定，而本案《处罚决定》增加了《中华人民共和国治安管理处罚法》第五十条第一款第二项的内容。《中华人民共和国治安管理处罚法》第五十条第一款第二项所界定的行为人阻碍的是国家机关工作人员依法执行职务，这里的国家机关工作人员既包括人民警察也包括其他行政管理领域的行政执法人员，两者不同的是，对于阻碍人民警察依法执行职务的，要从重处罚。由于杨某的违法行为属于阻碍人民警察依法执行职务，本应予以从重处罚。但是，通州公安分局在撤销66号《决定书》后，作出的《处罚决定》既没有增加新的违法事实，也没有增加新的证据，更没有加重对杨某的处罚，其增加适用《中华人民共和国治安管理处罚法》第五十条第一款第二项与66号《决定书》的处罚决定“行政拘留十日”处罚幅度没有差别，并不需要进行听证。因此，通州公安分局对杨某作出的被诉处罚决定未违反法定程序。

综上，北京市通州区人民法院依据《中华人民共和国行政诉讼法》第六十九条之规定，判决如下：

驳回杨某的诉讼请求。

杨某不服，提起上诉。北京市第三中级人民法院依照《中华人民共和国行政诉讼法》第八十九条第一款第一项规定，判决如下：

驳回上诉，维持一审判决。

杨某仍不服，向北京市高级人民法院申请再审。北京市高级人民法院指令北京市第三中级人民法院再审本案。北京市第三中级人民法院再审审理后依照《中华人民共和国行政诉讼法》第八十九条第一款第一项规定，判决如下：

维持二审判决。

【法官后语】

一、配合接受检查是公民的法定义务

人民警察执行检查是法律赋予的权力，公民接受检查是法律规定的义务。在路面、高速收费卡口、火车站、长途汽车站、港口、码头、机场等场所，人民警察身着制式警服、佩戴人民警察标志或出示执法证件表明身份后，检查人身、物品、车辆等行为属于履行法定职责的执法行为，受法律保护，公民应当给予支持和协助，配合并服从执法人员的检查，不应阻碍、拒绝检查，亦不应采取带有挑衅性的反复发问或故意滋事、谩骂等影响到人民警察正常履职的恶意行为。

二、自行撤销后重新作出处罚决定的程序要求

本案中，通州公安分局作出66号《决定书》前向杨某告知了作出行政处罚决定的事实、理由、依据以及当事人依法享有的权利，杨某不语并拒绝签字按手印，未进行陈述、申辩。后通州公安分局以文书内容表述不明为由，撤销了66号《决定书》

并作出本案被诉《处罚决定》，作出前未再履行告知和听取陈述、申辩程序。

对此，存在两种观点。一种观点认为通州公安分局的行为存在程序违法。严格依照《中华人民共和国行政处罚法》第四十一条和《中华人民共和国治安管理处罚法》第九十四条规定，行政机关及其执法人员在作出行政处罚决定之前，未依照规定向当事人告知给予行政处罚的事实、理由和依据，或者拒绝听取当事人的陈述、申辩的，行政处罚决定不能成立，当事人放弃陈述或者申辩权利的除外。本案中，通州公安分局重新作出的被诉《处罚决定》，属于新成立的行政行为，仍需完整履行相关法定程序，且作为行政处罚，系对当事人权利的限制和剥夺，应当告知其给予处罚的事实、理由和依据，给予其陈述、申辩的机会，并听取意见，充分保障当事人的合法权益。

另一种观点认为通州公安局作出被诉《处罚决定》的程序并无不当。通州公安分局作出66号《决定书》前已经向杨某履行了告知义务，保障了杨某陈述、申辩等相关权益，杨某不语并拒绝签字按手印。后重新作出的被诉《处罚决定》，认定的事实、理由、决定拘留的内容与作出66号《决定书》前向杨某告知的内容一致，没有增加新的违法事实和新的证据。虽增加了新的法律适用，但没有加重处罚，没有改变处罚的依据、种类和处罚幅度。因此，基于提高行政效率、方便相对人的考虑，未重新听取被处罚人陈述和申辩，不构成程序违法。合议庭最终采纳了第二种意见。

根据《中华人民共和国行政处罚法》第五十四条第二款规定，行政机关应当认真审查，发现行政处罚有错误的，应当主动改正，可以依法定程序自行撤销并依法重新作出处罚决定。关于行政机关自行撤销后重新作出的行政处罚决定，是否需要重新履行处罚告知程序，应当区分情形予以对待：如果重作的处罚决定仅是对先前处罚决定中的编号、文字、日期、印章等错误的补正，不必重新履行处罚告知程序；如果重作的处罚决定对先前处罚决定中的法律适用错误、认定事实或证据、处罚种类或处罚幅度进行了更改，由于改变了处罚的依据、种类或处罚幅度，重作处罚决定前必须重新履行处罚告知程序；如果先前的处罚决定存在程序错误，重作处罚决定前亦应重新履行处罚告知手续。

编写人：北京市第三中级人民法院　饶亚东　宋垚

36

不予行政处罚案件的证明义务

——徐某诉北京市公安局门头沟分局月季园派出所行政处罚及北京市门头沟区人民政府行政复议案

【案件基本信息】

1. 裁判书字号

北京市第一中级人民法院（2018）京01行终378号行政判决书

2. 案由：行政处罚及行政复议纠纷

3. 当事人

原告（被上诉人）：徐某

被告（上诉人）：北京市公安局门头沟分局月季园派出所（以下简称月季园派出所）、北京市门头沟区人民政府（以下简称区政府）

第三人（上诉人）：廖某

【基本案情】

2016年8月22日，月季园派出所制作《受案登记表》，其中“简要案情或者报案记录”一栏记载：2016年8月22日11时许，事主徐某报警称，2016年8月22日5时许，徐某发现其停放在小区门口的奇瑞牌小轿车的左车头处被人为划伤。月季园派出所根据其调取的小区监控录像及徐某提供的小区监控录像、徐某及廖某的询问笔录、车辆被划照片、价格评估结论书等证据材料，于2017年3月10日作出《不予行政处罚决定书》。徐某不服，向北京市公安局门头沟分局申请行政复议，北京市公安局门头沟分局复议决定撤销该不予处罚决定并责令其重新处理。2017年6月9日，月季园派出所作出本案被诉的《不予行政处罚决定书》。徐某仍不服，向区政府申请行政复议。区政府复议决定维持该《不予行政处罚决定书》。

【案件焦点】

1. 行政处罚案件的证明标准是否统一；2. 当违法事实的认定达不到证明标准时，行政机关应当如何履行证明义务。

【法院裁判要旨】

北京市门头沟区人民法院经审理认为：根据《中华人民共和国治安管理处罚法》第九十五条第二项之规定，治安案件调查结束后，依法不予处罚的，或者违法事实不能成立的，公安机关作出不予处罚决定。本案中，被告月季园派出所作出不予处罚决定的主要依据是询问笔录与监控视频。从时间上看，本案的监控视频并未反映从原告停车到发现划痕的全部过程；从清晰度上看，本案的监控视频并不能直观清晰地还原案件事实。应当认为，月季园派出所在监控视频存疑、不完整且在没有其他证据佐证的情况下便否认第三人的违法事实确有不妥。月季园派出所应当全面及时调取从停车到发现划痕这一时间段内该处摄像头拍摄到的全部视频以查明案件事实。故月季园派出所并未尽到审慎调查取证义务，不符合全面及时收集证据的规则。被告区政府作出的被诉复议决定程序合法，但对月季园派出所作出的被诉《不予行政处罚决定书》事实不清、主要证据不足的问题未予以纠正。一审法院遂判决：

一、撤销月季园派出所于2017年6月9日作出的《不予行政处罚决定书》；

二、撤销区政府于2017年8月28日作出的《行政复议决定书》。

月季园派出所、区政府及廖某均不服，向北京市第一中级人民法院提起上诉。北京市第一中级人民法院同意一审法院裁判意见。

【法官后语】

一、证明标准对行政执法活动的反射作用

证明标准是指当事人运用证据对负有举证责任的待证事实进行证明所应达到的程度标准。具体到行政处罚领域，是指法院要求当事人对负有举证责任的案件事实，特别是被诉行政行为的合法性进行证明所应达到的程度标准。

证明标准对诉讼过程中的事实认定具有重要作用，同时也会对行政机关的执法活动产生一定的反射作用。行政机关在执法过程中要全面调查、收集证据，在调查取证的基础上作出相应的行政决定，遵循“先取证后裁决”的原则。因此，行政机关执法人员在作出行政处罚过程中，也须对收集的证据进行判断与权衡，形成一定的“内心确信”，而证明标准恰恰构成规范心证的标尺，为执法人员认定事实、作出决定提供标准，从而使收集的证据在诉讼过程中能达到说服法官认定事实存在的证明程度。本案中，被告月季园派出所通过询问、调取监控录像、委托评估等手段进行调查取证，并以一定的证明标准来衡量案件是否“事实清楚”。

二、行政处罚案件的证明标准不一

通说认为，行政处罚案件的证明标准具有一定的灵活性、层次性，以明显优势证明标准为主，以排除合理怀疑标准和优势证明标准为补充，即要根据行政处罚的类型及对当事人权益影响大小等因素，具体确定处罚案件的证明标准。“排除合理怀疑标准”来源于刑事诉讼，对行政机关提出了更高的证明要求，而“明显优势证明标准”相较于“优势证明标准”而言，具有高度盖然性，即若法官确信某案件事实具有高度的概率，则认定该案件事实的存在。

本案中，划车行为属于故意损毁私人财物的行为。根据《中华人民共和国治安管理处罚法》第四十九条规定，划车的违法行为人可能会面临人身罚、财产罚，对其权益会产生重大影响，因此应适用相对严格的证明标准，即最低适用“明显优势证明标准”。而本案认定第三人是否实施了划车行为，最主要的证据就是小区监控录像，由于录像中的第三人经过涉案车辆时虽有抬手行为，但没有停留，仅依此证据无法直接认定划车行为系第三人所为。故本案收集的现有证据无法达到“明显优势证据”这一较高的证明标准，无法达到“清楚而有说服力”的程度，无法证明违法事实的成立。

三、未达到证明标准时的审慎调查义务

根据《中华人民共和国行政处罚法》第三十条规定，违法事实不清的，不得给予行政处罚。换言之，当证明违法事实的证据未达到一定的证明程度时，属于违法事实不清，不能给予行政处罚，但在此情形下也不能径直作出不予处罚决定，而应尽到审慎调查义务，排除主要疑点。

本案中，被告月季园派出所将监控录像作为查证违法行为的主要证据，但只调取了一小部分监控录像，而没有对涉案小轿车从停放小区到车主发现划痕这一时间段内的全部视频进行及时全面的核查，从而没有将视频中的主要疑点进行排除。比如，在监控录像中，当第三人经过涉案小轿车时，第三人有一个抬手的动作，同时手里拿着一个黑色的小物件，这些动作足以让人产生一定的合理怀疑：第三人手里拿的是什么物件？那样的抬手动作是否会划伤车？抬手的弧度是否与车上的划痕大体一致？这些疑点是社会大众根据一般观念与普遍常识就能提出来的异议，而被告只调取了部分监控视频，没有进一步调查以排除主要疑点，属于认定事实不清。基于本案现有的主要疑点，再加上行政机关可采取其他可行的调查手段，可以认定被告月季园派出所没有尽到审慎调查义务。

综上所述，行政机关作出处罚决定时要全面调查，根据处罚类型及对当事人权益影响大小等因素适用一定的证明标准。当证明违法事实的证据未达到一定的证明程度时，不能苛求行政机关对不存在违法情形做到事实清楚、证据确凿，但行政机关亦不能径直作出不予处罚决定，而要尽到审慎调查义务，排除主要疑点，否则就有进一步调查的必要性。

编写人：北京市门头沟区人民法院　龚浩鸣　王晶

37

行政机关自设听证程序而未履行亦属于违反法定程序

——付某、王某诉汉中市城市管理综合行政执法局城建行政处罚及陕西省住房和城乡建设厅行政复议案

【案件基本信息】

1. 裁判书字号

陕西省西安铁路运输中级法院（2018）陕 71 行终 732 号行政判决书

2. 案由：城建行政处罚及行政复议纠纷

3. 当事人

原告（上诉人）：付某、王某

被告（被上诉人）：汉中市城市管理综合行政执法局（以下简称汉中市城管执法局）、陕西省住房和城乡建设厅（以下简称陕西省住建厅）

【基本案情】

2017年9月22日，汉中市城管执法局经立案、询问、现场勘验后，作出汉市城管处字〔2017〕f12008号行政处罚决定（以下简称008号处罚决定），内容如下：依据《中华人民共和国城乡规划法》第六十四条、第六十八条之规定，本行政机关对你户121平方米建筑物免于处罚，其余431平方米违法建筑作出拆除的行政决定。责令你户自收到本决定书之日起5日内自行拆除431平方米违法建筑。逾期，本行政机关将依法拆除。付某、王某不服008号处罚决定，向陕西省住建厅申请行政复议，陕西省住建厅作出陕建复决字〔2017〕11号行政复议决定（以下简称11号复议决定），维持008号处罚决定，并邮寄送达付某、王某。另查明，汉中市城管执法局在向付某、王某送达的《行政处罚告知书》中，明确告知其具有要求听证的权利。2017年4月19日，付某、王某以国内挂号信函向汉中市城管执法局邮寄听证申请。2017年9月29日，付某、王某向汉中市城管执法局提交材料，反映其于2017年4月19日向汉中市城管执法局提交了陈述书和听证申请。

付某、王某起诉称，汉中市城管执法局在作出涉案《行政处罚决定书》时赋予了付某、王某听证的权利，且二人在规定期限内提交了听证申请，但汉中市城管执法局未组织听证，违反了程序正当原则，请求法院撤销008号处罚决定和11号复议决定。

【案件焦点】

008号处罚决定程序是否违法。

【法院裁判要旨】

陕西省西安铁路运输法院经审理认为：根据《汉中市城市管理综合行政执法暂行办法》的相关规定，汉中市城管执法局具有监管职权。付某、王某修建房屋行为违反《中华人民共和国城乡规划法》的规定，汉中市城管执法局认定其修建的部分房屋系违法建筑，并无不当。虽然汉中市城管执法局在向付某、王某送达的《行政处罚告知书》中，明确告知其具有要求听证的权利，但是法律、法规、规章等并未强制性规定行政机关在作出涉案行政行为时赋予当事人听证的权利，即使本案付某、王某向汉中市城管执法局提交了听证申请，汉中市城管执法局不组织听证活动，也不违背法律、法规、规章的强制性规定。因此，008号处罚决定合法有效。

11 号复议决定证据确凿，适用法律、法规正确，程序合法。

陕西省西安铁路运输法院依照《中华人民共和国行政诉讼法》第六十九条之规定，作出如下判决：

驳回付某、王某的诉讼请求。

付某、王某不服一审判决，提起上诉。陕西省西安铁路运输中级法院经审理认为：依现有证据可以证明汉中市城管执法局收到了付某、王某提交的听证申请，但未组织听证。虽然法律、法规、规章并未规定行政机关根据《中华人民共和国城乡规划法》作出限期拆除行政行为时当事人具有申请听证的权利，但汉中市城管执法局发出书面告知付某、王某有申请听证的权利。汉中市城管执法局告知听证的行为属于其自设义务，该自设义务不违反法律、法规、规章的强制性规定，且有利于保护行政相对人的合法权利，汉中市城管执法局应当遵守。汉中市城管执法局收到听证申请后未组织听证即作出 008 号处罚决定，属程序违法，依照《中华人民共和国行政诉讼法》第七十条规定，008 号处罚决定依法应予撤销。根据《最高人民法院关于适用〈中华人民共和国行政诉讼法〉的解释》第一百三十六条第一款规定，在汉中市城管执法局作出 008 号处罚决定存在程序违法的情形下，陕西省住建厅作出的 11 号复议决定显属错误，依法亦应予撤销。

陕西省西安铁路运输中级法院依照《中华人民共和国行政诉讼法》第七十条、第八十九条第一款第二项，《最高人民法院关于适用〈中华人民共和国行政诉讼法〉的解释》第一百三十六条第一款之规定，作出如下判决：

一、撤销西安铁路运输法院（2018）陕 7102 行初 44 号行政判决；

二、撤销汉中市城管执法局 2017 年 9 月 22 日作出的 008 号处罚决定；

三、撤销陕西省住建厅 2017 年 12 月 1 日作出的 11 号复议决定。

【法官后语】

听证是指行政机关在作出涉及公民、法人或其他组织利益的重大事项或重大决定之前，依照公平、公正、公开的原则充分听取公民、法人或其他组织的意见并据以作出行政行为的活动。为了保障相对人的合法权益、保证行政权力合法和合理行使、减少行政纠纷，听证制度作为一项程序性规定，被明确写入《中华人民共和国行政处罚法》《中华人民共和国行政许可法》等基本行政法律规范之中。对于行政法律规范中明确规定听证程序的，属于强制性规范；对于行政法律规范中没有明确规定听证程序的，行政机关认为需要听证的，也可以基于良好行政要求为相对人提供听证机会，属于任意性规范。

遗憾的是，汉中市城管执法局收到听证申请后并未组织听证即作出008号处罚决定。这是否构成程序违法呢？一审法院将“违反法定程序”理解为违反法律、法规、规章明文规定的程序：因《中华人民共和国城乡规划法》未明确规定听证程序，故汉中市城管执法局未经听证作出008号处罚决定不构成程序违法。二审法院则认为，汉中市城管执法局告知付某、王某听证权利，属于自设义务，并不违反法律、法规、规章的强制性规定，且有利于保护相对人的合法权利，其应当遵守。汉中市城管执法局收到听证申请后未组织听证即作出008号处罚决定，亦属程序违法。笔者同意二审法院的观点，理由如下。

《中华人民共和国行政诉讼法》第七十条第三项规定，行政行为违反法定程序的，人民法院判决撤销。行政程序是指行政主体实施行政行为时在时间和空间上所遵循的方式、步骤和顺序。违反法定行政程序是指行政主体没有按照法律、法规、规章规定的方式、方法、步骤、次序或期限作出行政行为。这里的“法定程序”不仅包括法律、法规、规章明文规定的程序，也包括一般行政法原则所确定的程序，还应当包括行政机关选择的程序。本案就属于最后一种情况。

将行政机关选择的程序纳入“法定程序”应当满足三个前提条件：一是该程序不违反法律、法规、规章的禁止性规定；二是该程序符合行政法上的正当程序原则；三是该程序有利于保障相对人的合法权益。本案中，008号处罚决定对于付某、王某来说是极为不利的，为了避免实体处理出现错误和偏差，最大限度地保护付某、王某的合法权益，在作出008号处罚决定前，应当听取付某、王某的陈述和申辩意见。虽然《中华人民共和国城乡规划法》未明确规定听证程序，但是汉中市城管执法局认为应当听证的，也可以为付某、王某提供听证程序。汉中市城管执法局选择为付某、王某提供听证程序，符合行政法上的正当程序原则，且不违反法律、法规、规章的禁止性规定，具有行政允诺的性质，汉中市城管执法局应当履行。汉中市城管执法局向付某、王某发出书面通知之时，听证程序即成为作出008号处罚决定应当履行的法定程序。

付某、王某是基于对汉中市城管执法局的信赖，向其提出听证申请。汉中市城管执法局在收到申请后，未按照其书面通知的允诺事项履行听证程序，侵犯了王某、付某的信赖保护利益。一审法院以听证并非《中华人民共和国城乡规划法》明确规定的程序为由，认定008号处罚决定程序合法，失之偏颇。

随着社会法治的发展，依法行政的要求越来越严格，程序正当、诚实守信是依法行政的基本要求，也是法治政府建设的重要指标，行政机关的行为对其他社会主体有着重要的表率和导向作用，人民法院应当监督和引导行政机关依法诚信行政。本案二审法院确立的审判规则，有助于完善行政机关行为的合法性和合理性，充分发挥司法对行政的倒推效应，进一步推进法治政府建设。

编写人：陕西省高级人民法院　张慧颖

六、行政强制

38

对正在进行的违法建设可依法定程序“快速拆除”

——蒋某诉南通市崇川区城市管理行政执法局城管行政强制及行政赔偿案

【案件基本信息】

1. 裁判书字号

江苏省南通市中级人民法院（2018）苏06行终192号行政判决书

2. 案由：城管行政强制及行政赔偿纠纷

3. 当事人

原告（上诉人）：蒋某

被告（被上诉人）：南通市崇川区城市管理行政执法局（以下简称崇川城管局）

【基本案情】

崇川城管局于2017年8月29日、9月29日在南通市悦海名邸5号楼张贴《城市规划管理提示书》，友情提示居住户禁止从事：1. 房屋未批先建；2. 擅自改变住宅外立面；3. 擅自在建筑物楼顶、退层平台、住宅底层院内以及配建的停车场进行建设；4. 擅自在设备平台、通风井等部位进行工程建设；5. 其他违反城市规划的建设活动。蒋某系南通市悦海名邸5号楼某室的房屋所有权人。2017年10月4日，蒋某未经批准，在自家南侧设备平台上安装铝合金窗户。同年10月15日，崇川城管局进行现场勘查，发现包括蒋某在内的81户在设备平台上安装了铝合金窗户。10月31日，崇川城管局将蒋某在设备平台上安装的铝合金窗户予以拆卸。经法院现场勘查，拆卸后的铝合金外框及四块玻璃完好，有九根嵌条略有变形，其中四根嵌条上有切割的痕迹。

【案件焦点】

1. 崇川城管局认定蒋某封闭设备平台的行为违法，是否具有事实和法律依据；2. 崇川城管局强制拆除蒋某封闭的设备平台，程序是否合法；3. 蒋某的赔偿请求能否得到支持。

【法院裁判要旨】

江苏省南通市港闸区人民法院经审理认为：蒋某未经批准擅自封闭设备平台的行为违反《中华人民共和国城乡规划法》第六十四条规定，依法应受到相应处理。崇川城管局未作出任何责令停止建设或限期拆除行政决定，径行对案涉铝合金窗户进行拆卸，程序违法。崇川城管局未违法处置蒋某的建筑材料，蒋某要求崇川城管局赔偿损失的主张不能成立。

综上，江苏省南通市港闸区人民法院根据《中华人民共和国行政诉讼法》第七十四条第二款第一项、《最高人民法院关于审理行政赔偿案件若干问题的规定》第三十三条之规定，判决如下：

一、确认崇川城管局强制拆除蒋某铝合金窗户的行为违法；

二、驳回蒋某的行政赔偿请求。

蒋某不服，提起上诉。江苏省南通市中级人民法院经审理认为：关于崇川城管局认定蒋某封闭设备平台的行为违法，是否具有事实和法律依据的问题。蒋某的建设行为实质是未经规划许可擅自在中空天井外安装铝合金窗户，从而借助合法建筑的墙体，共同围成封闭空间。设备平台属于业主共有部分，封闭后的设备平台与蒋某的住宅合为一体，不仅客观上增加了私有部分面积，改变了小区原有设计规划及建筑物原有外立面，还可能造成安全隐患，属于违法建设行为。蒋某的建设行为不属于尚可采取改正措施消除影响的情形，故依法应予拆除。综上，崇川城管局认定蒋某封闭设备平台的行为违法具有事实和法律依据。

关于崇川城管局强制拆除蒋某封闭的设备平台，程序是否合法的问题。《中华人民共和国城乡规划法》第六十八条规定，城乡规划主管部门作出责令停止建设或者限期拆除的决定后，当事人不停止建设或者逾期不拆除的，建设工程所在地县级以上地方人民政府可以责成有关部门采取查封施工现场、强制拆除等措施。从“责令停止建设”的规定内容看，该条针对的主要是正在进行中的违法建设行为，根据特别法优先普通法的原则，在建建筑的处理应当依照《中华人民共和国城乡规划法》第六十八条规定，对不听制止而继续建设的行为要进行及时处理，采取查封施工现场或者强制拆除等即时措施，不受《中华人民共和国行政强制法》规定的强制执行程序的限制。本案中，蒋某无视城管部门的宣传提示及监管，继续实施违法建设行为，应当以正在进行的违法建设行为视之。崇川城管局既未对蒋某的行为作出书面限期拆除决定，亦未由南通市崇川区人民政府责成拆除，在此情况下，崇川城管局直接对蒋某封闭的设备平台进行拆除，违反法定程序，依法应当确认违法。

关于蒋某的赔偿请求能否得到支持的问题。违法建筑不受法律保护，但组成建筑物的原材料属于公民合法财产，如果行政机关采用不合理的方式强制拆除违法建筑，造成不当损害的，应当承担赔偿责任。虽然崇川城管局的强制拆除行为程序违法，但未改变蒋某建设行为违法的定性，在对建筑物、构筑物的拆除过程中，不可能将建筑材料完全恢复到原有状态，无论采取何种保护性措施，嵌条变形、建筑材料价值减损等情况均不可避免。因此，应当认为崇川城管局拆除手段合理合法，与蒋某的损失之间不存在因果关系，对蒋某主张的损失，崇川城管局不承担赔偿责任。

综上，江苏省南通市中级人民法院依照《中华人民共和国行政诉讼法》第八十九条第一款第一项之规定，作出如下判决：

驳回上诉，维持原判。

【法官后语】

一、治理违法建设的立法与执法现状

违法建设一直是我国城乡治理中面临的一个痼疾，由于成因复杂、利益交叠等原因，导致违法建设的查处既是广大群众关心的热点问题，也成为行政执法与司法实践中面临的难点问题。行政强制法实施后，行政机关对违法建筑从发现到最终拆除，除应当符合城乡规划相关法律、法规规定外，还应遵循行政强制法的规定。行政机关对违法建筑从发现到最终拆除，要履行的主要程序往往需要数个月甚至更长时间，如果相对人再对相关行政行为申请复议或提起诉讼，经历的时间将更加难以预期。一方面，有的行政机关迫于尽快消除违法建设的执法压力，不惜违反法定程序直接实施拆除行为；另一方面，有的行政机关因法律程序过长，又被受违建影响的利害关系人提起履职之诉。行政机关陷入了“拆了要被诉”“不拆也要被诉”，一方质疑“不作为”、一方抗议“乱作为”的怪圈，这一巨大反差本身足以反映某些现实困境。

二、违法建设所涉基本理论与利益衡量

行政机关查处违法建设过程中之所以出现前述有意识的分类执法行为，根本原因在于违法建设的认定缺乏类型化标准，由此引发了财产保护、行政效率以及公共利益之间的失衡与失范。因此，有必要充分考虑并衡量违建所关涉的行政管理、公共利益以及私人权利之间的相互关系，从而对查处违法建设的程序作出合理的选择。

首先，从促进行政效率的角度而言，违法建筑往往建设速度极快，如不及时处理，易造成迅速蔓延的趋势。实践中有的行为人采取突击的形式搭建违法建设，待造成之后，再采取各种方式阻碍行政机关执法，或者即使被行政机关发现，行为人也采取诉讼等方式拖延时间，继续搭建。正在进行的违法建设是最好的拆除时机，一旦不能及时拆除，将增加行政机关后续拆违工作的成本。因此，对于正在进行的违法建设，最有效的办法就是行政机关及时发现、及时制止，制止不成的，及时拆除。其次，从维护公共利益的角度而言，或者从终极意义上来说，保障特定社会秩序的实现才是行政强制执行的价值所在。有的违法建筑可能占用了小区公共空间或破坏了建筑物整体的环境与美观，有的违法建筑可能对邻居的通风采光、通行等相邻权造成影响，有的违法建筑甚至会引发环境污染，滋生安全隐患。如果所有的违法建设行为，均不加区分地依照行政强制法的程序实施查处和拆除，势必导致社会公共利益及他人正当权利长期处于受损害、受威胁的状态，这显然有悖《中华人民共和国行政强制法》第一条规定的维护公共利益和社会秩序的立法目的。最后，从平衡个人权益的角度而言，个人利益并非决定正当法律程序适用与否的唯一条件。个人权利的现实程度、权利的大小与其保障和救济制度成正向关系，个人权益越重要，法律赋予的程序保障力度也就相应地越大。有的违法建筑由于成本低、建设快、长期得不到查处等原因，容易产生示范效应，导致一个范围内的人群出现法不责众的心理而共同实施违法建设行为。违法建设的户外广告如果历经较长时间得不到拆除，相对人设置广告的目的早已达到，最终即使拆除，对行为人的惩戒功能也早已丧失。

综上分析，在多元的行政管理实践中，对违法建设不能“一刀切”地采取同样的行政强制执行程序和方式。对于正在进行的违法建设等特定情况，应当强调对违法建设的快速处理，以达到尽快减少或者消除违法建筑对社会秩序和公共利益所造成的损害之目的。

三、正在进行的违法建设的判断标准

违法建设正在进行是行政机关能否直接适用《中华人民共和国城乡规划法》第六十八条的核心要素。因此，其认定应当尤为慎重，自由裁量亦应限缩在最低限度内。在建建筑一般是指尚未完工、还不具备居住、使用功能的建筑物、构筑物。实践中，有的建筑物、构筑物成本较低、面积较小、结构简单，数日甚至数小时即可完成，此类建设行为隐蔽性强、周期短，往往未被发现即已竣工。此时，如果仍然拘泥于违法建设“正在进行”的一般标准，可能导致对此类行为的纵容。因此，行政机关在行为人实施违法建设前，已经通过适当方式提示告知，但行为人拒不听从、坚持完成建设的，或者行政机关在合理时间内即发现了行为人已实施完毕的违法建设行为，均可视为正在进行的违法建设。

编写人：江苏省南通市中级人民法院　张祺炜

39

行政行为明显不当标准的判断与审查

——刘某诉北京市海淀区城市管理综合行政执法监察局、北京市海淀区人民政府行政强制、行政复议案

【案件基本信息】

1. 裁判书字号

北京市第一中级人民法院（2018）京01行终367号行政判决书

2. 案由：行政强制、行政复议纠纷

3. 当事人

原告（被上诉人）：刘某

被告（上诉人）：北京市海淀区城市管理综合行政执法监察局（以下简称海淀城管局）、北京市海淀区人民政府（以下简称海淀区政府）

【基本案情】

2017年4月28日，被告海淀城管局作出京海城管罚字〔2017〕000174号限期拆除决定书（以下简称被诉限期拆除决定），查明刘某未依法取得规划许可，擅自于2016年3月在北京市海淀区香山××号建设砖混结构房屋一处（以下简称涉案房屋），该房屋东西长16.10米，南北宽11.00米，建筑面积177.10平方米。海淀城管局认为刘某的行为违反了《北京市城乡规划条例》第二十三条第一款之规定，所建房屋属违法建设，遂依据上述条例第六十六条第一款之规定，责令刘某自接到本决定之日起15日内自行拆除上述建设，并接受复查。逾期不拆除的，依据《北京市城乡规划条例》第六十六条第二款之规定，将报经海淀区政府责成有关部门予以强制拆除。刘某不服，向海淀区政府申请复议。海淀区政府于2017年7月31日作出海政复决字〔2017〕127号行政复议决定书（以下简称被诉复议决定），决定维持被诉限期拆除决定。刘某亦不服，认为其涉案房屋系合法建设，且房屋一旦被拆除其全家人将流浪街头，遂向法院提起诉讼。

【案件焦点】

1. 海淀城管局作出的被诉限期拆除决定是否具有合理性；2. 本案是否适用明显不当标准进行审查。

【法院裁判要旨】

北京市海淀区人民法院经审理认为：依据《中华人民共和国行政诉讼法》第七十条第六项规定，人民法院审理行政案件，不仅要对被诉行政行为是否合法进行审查，还要对行政行为裁量是否明显不当进行审查。

根据《中华人民共和国城乡规划法》第六十四条、《北京市城乡规划条例》第六十六条第一款规定，针对本市范围内未取得建设工程规划许可证的城镇违建，尚可采取改正措施消除对规划实施的影响的，应限期改正；无法采取改正措施消除影响的，方可限期拆除或没收。本案中，刘某所建房屋虽确属未批先建，但刘某系在原有宅基地上翻建，房屋用途系自住，房屋也未超过原有面积，更未加盖。且需强调的是，该房屋系刘某及其子的唯一居所。如有权机关在确认该房屋为违建后直接作出限期拆除决定并最终履行，则刘某及其家人必将面临流离失所的可预见结局。法律的最终目的是维护人民的权益，保障社会的正常运行。针对刘某所面临的困境，海淀城管局应先选择采取责令限期补办规划手续等改正措施后，再针对相应改正的情况酌情作出决定。现直接作出限期拆除决定必然将对刘某的权益造成过度损害，应属明显不当。

综上，北京市海淀区人民法院依据《中华人民共和国行政诉讼法》第七十条第六项、第七十九条，《最高人民法院关于适用〈中华人民共和国行政诉讼法〉若干问题的解释》[①] 第十条第一款的规定，作出如下判决：

一、撤销被告海淀城管局于2017年4月28日作出的被诉限期拆除决定；

二、撤销被告海淀区政府于2017年7月31日作出的被诉行政复议决定；

二审法院同意一审法院裁判意见。

【法官后语】

本案涉及行政行为“明显不当”的审查与判断问题。

1. 本案是否应适用明显不当标准进行审查？

1989年《中华人民共和国行政诉讼法》采用的是“显失公正”标准，其第五十四条明确“行政处罚显失公正的，人民法院可以判决变更”。2014年修改后的《中华人民共和国行政诉讼法》第七十条第六项[②]、第七十七条[③]则以“明显不当”标准取而代之，进一步明确了对行政行为的全面审查原则，审查范围也从行政处罚

---

① 《最高人民法院关于适用〈中华人民共和国行政诉讼法〉的解释》自2018年2月8日起施行，《最高人民法院关于执行〈中华人民共和国行政诉讼法〉若干问题的解释》《最高人民法院关于适用〈中华人民共和国行政诉讼法〉若干问题的解释》同时废止。本书部分案例在“法院裁判要旨”处引用《最高人民法院关于执行〈中华人民共和国行政诉讼法〉若干问题的解释》或《最高人民法院关于适用〈中华人民共和国行政诉讼法〉若干问题的解释》而没有引用最新的司法解释，系法院根据案件起诉、裁判时间等所作的判断。本书将不再单独提示该两部司法解释已被废止。

② 根据《中华人民共和国行政诉讼法》第七十条第六项规定，行政行为明显不当的，人民法院判决撤销或者部分撤销，并可以判决被告重新作出行政行为。

③ 《中华人民共和国行政诉讼法》第七十七条第一款规定：“行政处罚明显不当，或者其他行政行为涉及对款额的确定、认定确有错误的，人民法院可以判决变更。”

扩大到所有行政行为。由此可见，人民法院审理行政案件，不仅要对被诉行政行为是否合法进行审查，还要对行政行为裁量是否明显不当进行审查。

2. “明显不当”标准的判断强度与审查因素

实践中，人民法院适用行政诉讼法规定的“明显不当”标准审理案件应考察哪些条件和因素，目前尚无明确规定。但立法在规定人民法院可以对被诉行政行为进行合理性审查的同时，强调了只有行政行为“明显不当”的才可以予以撤销或变更，由此也可以看出法律对行政裁量进行司法审查的定位，即人民法院既要履行对行政裁量的审查职责，不能怠于履行，也要秉持谦抑态度行使自己的审查权力，给予行政裁量必要的尊重。这就涉及“明显不当”标准适用时应当审查的因素。

德国采用的是“滥用裁量权”（abuse of discretion）的标准，认为行政机关滥用裁量权的形式包括违反比例原则、出于不正确的目的、基于不相关的考虑、违反客观性要求、违反平等对待要求等。① 有学者在分析了原行政诉讼法所采用的“滥用职权”标准后，则认为若没有充分证据，法官就无需追问行政的真实意图或动机是否正当，而只要判断裁量是否考虑相关因素、是否与立法目的和精神一致、是否遵守正当程序、是否符合比例要求、是否保障信赖利益、是否平等对待各方利益主体等。② 由此，结合本案，法官在适用“明显不当”标准审查案件时，首先，不需要考虑行政机关的主观动机是否正当，排除主观考虑因素（实际上这也是原有的“滥用职权”标准适用非常少的主要原因之一）；其次，可结合行政机关是否存在如下情形来判断是否适用“明显不当”标准：（1）未考虑相关因素。本案中被告未考虑到涉案房屋系原告唯一住房，如果拆除则直接导致原告一家人流离失所；（2）不符合比例原则。比例原则要求行政行为的作出应兼顾行政目的实现与相对人权益的保护。如果行政目标的实现可能对相对人的权益造成不利影响，则这种不利影响应被限制在尽可能小的范围和限度内。行政裁量行为应充分考虑手段与后果的关系；（3）未遵守正当程序；（4）违背立法精神和目的等。具体到本案中，根据

---

① 参见［德］塞夫：《德国行政法——普通法的分析》，周伟译，台湾五南图书出版公司1991年版，第213~232页。

② 沈岿：《行政诉讼确立“裁量明显不当”标准之议》，载《法商研究》2004年第4期。

《北京市城乡规划条例》（2009年发布）第四条①规定，城乡规划建设以及执法机关相应的执法行为均应贯彻“以人为本”的理念，保障人民群众有所居、安于所居，彰显的是人的基本权利与尊严，亦是依法行政的应有之义。城市管理综合执法部门的执法活动均须以此为依归，方能体现其正当性。

编写人：北京互联网法院　郭晟

北京市海淀区人民法院　赵云

40

因行政机关的原因造成行政诉讼当事人举证困难的举证责任分配

——朱某诉三门县健跳镇人民政府行政强制案

【案件基本信息】

1. 裁判书字号

浙江省三门县人民法院（2018）1022行初77号行政判决书

2. 案由：行政强制纠纷

3. 当事人

原告：朱某

被告：三门县健跳镇人民政府

【基本案情】

原告于2010年承包了位于三门县健跳镇罗岙水库内的小圆山进行荒山开发，其后在小圆山上进行开发种植，并建设有房屋。2017年8月16日、8月17日，被

---

① 《北京市城乡规划条例》（2009年发布）第四条规定：“本市城乡规划和建设应当贯彻科学发展观，体现‘人文北京、科技北京、绿色北京’的理念；坚持以人为本，创造人居和发展的良好条件，妥善处理和协调各种利益关系，维护人民群众的根本利益……”

告在罗岙水库内进行环境整治，对停靠在库区内的9只船只进行了清理和处置，在清理和处置的过程中，被告未曾向原告发送过通知。原告主张其船只在被告整治过程中被扣押，被告予以否认，辩称原告的船只当时停靠在小圆山上，并未停泊在库区水面上，故未予以清理。

另查明，小圆山位于三门县健跳镇罗岙水库内，四面环水，无陆路与其连通。原告在小圆山建设的房屋在此次整治中被被告违法拆除。

【案件焦点】

被告对原告的船只是否进行清理。

【法院裁判要旨】

浙江省三门县人民法院经审理认为：公民、法人或者其他组织向人民法院起诉时，应当提供其符合起诉条件的相应的证据材料。原告起诉被告扣押其位于罗岙水库库区船只的行为，应当提交原告拥有船只、停靠在罗岙水库库区、被被告扣押的相关材料。原告虽未提供直接的证据证明被告对其船只进行扣押，但被告在开展环境整治前未向原告发送任何书面通知和材料，且原告在整治开始时也未在现场，要求原告提供被告扣押其船只的直接证据过于苛刻。原告提供了被告及相关工作人员的情况说明，其上载明被告在2017年8月中旬对停靠在罗岙水库库区内的所有船只进行了清理整治，结合原告船只日常停靠在罗岙水库库区内的情况，应当认定原告已经完成了其举证责任。被告应对其开展环境整治的过程予以解释说明，其在庭审中认可清理处置了9只船，原告的船只停靠在小圆山岸上未予处置，但无法解释9只船的具体归属，也未能对原告船只目前情况给予合理解释，应当推定被告在环境整治时将原告的船只进行了清理处置。综上，法院认定被告在2017年8月中旬的环境整治过程中对原告的一只船进行了清理处置。被告在对原告的船只进行清理时，未提供任何的法律依据，未告知任何救济途径，仅以存在水源污染隐患为由即予处置，违反法律规定。

浙江省三门县人民法院依照《中华人民共和国行政诉讼法》第七十条、第七十四条规定，作出如下判决：

确认被告三门县健跳镇人民政府于2017年8月中旬对原告朱某停靠在罗岙水库库区内的船只进行清理处置的行为违法。

【法官后语】

行政诉讼目的之初就在于监督行政机关依法行使行政职权，保护公民、法人和其他组织的合法权益，故其对行政机关行使公权力开展行政执法活动提出了较高要求。《中华人民共和国行政诉讼法》第三十四条规定了行政机关应当对其作出的行政行为承担举证责任。

当然，行政机关负有举证责任并不意味着行政相对人举证责任的完全免除。《最高人民法院关于行政诉讼证据若干问题的规定》第四条规定了公民、法人或其他组织向人民法院起诉时，应当提供其符合起诉条件的相应的证据材料。结合《中华人民共和国行政诉讼法》第四十九条对起诉条件的规定，行政诉讼的起诉人在提起诉讼时应当提供其起诉事实根据的证据材料。这条规定为起诉人提起诉讼设置了基础门槛，避免了行政诉讼程序的肆意开启，徒增行政机关讼累，也避免司法资源的过度浪费。

但是，现实生活中，尤其是在行政强制类案件中，行政机关的部分执法活动根本无法让行政相对人搜集、保留相关证据。此时，一味地要求行政相对人在起诉时提供符合起诉条件的证据显然有些强人所难，更不利于行政相对人合法权益的保护。本案被告对库区内船只进行清理既未通知原告也未遗留任何证据，在此种情况下，如果仍坚持要求原告提供被告对原告船只进行扣押清理的证据，几乎是阻断了原告通过法律途径维护自身权益的可能。

当下行政审判实践中，越来越多的观点倾向于因行政机关原因造成相对人举证困难的，应放宽或适当转移举证责任，以保障行政相对人的合法权益。最高人民法院在2018年公布的第二批征收拆迁典型案例之陆继尧诉江苏省泰兴市人民政府济川街道办事处强制拆除案中认为，行政执法不规范造成相对人举证困难的情况下，人民法院不宜简单以原告举证不力为由拒之门外，要格外注重诉权保护；事实行为是否系行政机关而为，人民法院应当从基础事实出发，结合责任政府、诚信政府等法律理念和生活逻辑作出合理判断。最高人民法院公布的第91号指导案例中表达的观点是，在房屋强制拆除引发的行政赔偿案件中，原告提供了初步证据，但因行政机关的原因导致原告无法对房屋内物品损失举证，行政机关亦因未依法进行财产登记、公证等措施无法对房屋内物品损失举证的，人民法院对原告未超出市场价值的符合生活常理的房屋内物品的赔偿请求，应当予以支持。可见，最高人民法院在进行司法裁判时，对行政机关依法行政提出了严格要求。这种态度也表现在立法机关的立法上，《中华人民共和国行政诉讼法》第三十八条第二款规定“在行政赔偿、补偿的案件中，原告应当对行政行为造成的损害提供证据。因被告的原因导致原告无法举证的，由被告承担举证责任”，此处虽仅将因行政机关原因造成原告举证困难的情况下的举证责任转移限定在行政赔偿、补偿案件范围内，但其立法态度可见一斑。

笔者认为，对于因行政机关原因造成当事人举证困难的审理思路主要有二：一是因行政机关原因造成起诉人无法提供符合起诉条件的证据材料的，应放宽审查标准，以保障诉权。二是因行政机关原因造成相对人举证困难，行政机关在执法过程中未尽合理注意义务，或是不能排除合理怀疑的，裁判时应当作出对行政机关的不利推定。其目的在于严格规范行政执法行为，助推法治政府、诚信政府的建设。

回到本案，原告未提供其船只被被告扣押清理处置的证据，但原因在于被告在开展清理活动时未通知原告，致使原告无法及时有效地保留证据。被告作为行政执法机关，在开展执法活动时应当由充分的事实根据和法律根据，其在库区内清理了9只船只，但却无法说明船只的具体归属，只是单纯否认9只船只中没有原告的船只，其理由着实无法让人信服，因此本案在裁判时作出了对行政机关的不利推定。

编写人：浙江省三门县人民法院　邵慧彬　杨捷

41

规划土地监察部门查处未定级不可移动文物的修缮行为是否属于超越行政职权

——叶某诉深圳市坪山区规划土地监察局行政强制执行案

【案件基本信息】

1. 裁判书字号

广东省深圳市中级人民法院（2018）粤03行终856号行政判决书

2. 案由：行政强制执行纠纷

3. 当事人

原告（被上诉人）：叶某

被告（上诉人）：深圳市坪山区规划土地监察局（以下简称坪山规土监察局）

【基本案情】

“长隆世居”客家围屋建于1794年，占地面积为6485平方米，整体结构和布局保存较为完好，位于深圳市龙岗区坑梓街道金沙社区金沙居民小组。2012年第三次全国文物普查时，“长隆世居”被原坪山新区公布为未定级不可移动文物。原告的祖屋为“长隆世居”客家围屋的一角，仅占一小部分。原告的祖屋年久失修，仅剩外墙四壁，内墙坍塌仅剩一米多高。

2016年3月15日，原告通过原坪山新区坑梓办事处文体服务中心向原坪山新区公共事业局申请维修加固祖屋。2016年3月29日，原坪山新区公共事业局作出回复，内容为：一、根据《广东省实施〈中华人民共和国文物保护法〉办法》第二十一条的规定，原则同意原告出资对其自己所属物业进行加固、保养、维护，对不可移动文物进行修缮、保养、迁移，必须遵守不改变文物原状的原则，且必须遵守相关其他国家法律、法规，且施工中不得乱建、超建，同时设计施工图纸需报备。但原告没有进行图纸报备。

原告向被告申请对祖屋进行修缮，被告于2016年5月27日作出回复，告知原告其没有相关审批职责。

2016年8月24日，被告发出《责令停止（改正）违法行为通知书》，内容为：原告没有取得《建设工程规划许可证》，于2016年8月24日被发现在“长隆世居”施工建设（老屋修缮）。根据《中华人民共和国行政处罚法》第二十三条及《中华人民共和国城乡规划法》第六十四条规定，责令原告立即停止违法行为，并于2016年8月29日前自行拆除新建砖墙，逾期不拆除的将根据有关法律规定实施行政处罚，并可根据需要采取行政强制措施。被告将《责令停止（改正）违法行为通知书》交给现场工人。后原告未自行拆除，被告于2017年1月17日，将原告新建的五面内墙拆除。

另查明：1. 深圳市规划和国土资源委员会坪山管理局针对法院就原告“长隆

世居”祖屋的施工是否需要取得建设工程规划许可证的询问，回复称：(1)根据《中华人民共和国文物保护法》第二十一条规定，若对该文物进行修缮或保养，相关事项需报文物保护主管部门批准；(2)根据《中华人民共和国文物保护法》第二十二条规定，若文物已经全部损坏，需进行重建，相关事项需由文物保护主管部门报区或市政府批准。相关规划审批事宜需遵守《中华人民共和国城乡规划法》和《深圳市城市规划条例》的有关规定。2. 深圳市坪山区文体旅游局承接原坪山新区公共事业局文物保护的管理职能。深圳市坪山区文体旅游局针对法院就原告的建设行为属于修缮还是重建的询问，回复称：“长隆世居”整体作为未定级不可移动文物，占地面积6485平方米，整体结构和布局保存较为完好，原告自有权属部分的祖屋为“长隆世居”整体围屋的其中一小部分。根据原告提交的申请资料显示，其对自有权属部分祖屋维修加固属局部维修。

【案件焦点】

被告是否具有对原告“长隆世居”祖屋的施工行为进行查处的职权。

【法院裁判要旨】

广东省深圳市盐田区人民法院经审理认为：《中华人民共和国城乡规划法》第十一条第二款规定，县级以上地方人民政府城乡规划主城管部门负责本行政区域内的城乡规划管理工作。第三十一条第二款规定，历史文化名城、名镇、名村的保护以及受保护建筑物的维护和使用，应当遵守有关法律、行政法规和国务院的规定。根据《中华人民共和国立法法》第九十二条所确立的法律适用原则，相对于城乡规划主管部门具有的对城乡规划的监督管理职权而言，文物主管部门对受保护建筑物的维护、使用的管理权属于特别权限。对受保护建筑物的维护、使用应当优先适用文物保护方面的法律规定。文物保护法没有要求未定级不可移动文物的修缮应当报规划部门批准，并且，对于违法擅自修缮不可移动文物的行为，也应由文物主管部门负责查处，坪山规土监察局不具有对叶某祖屋的建设行为进行查处的职权。

广东省深圳市盐田区人民法院依据《中华人民共和国行政诉讼法》第七十条第四项、第七十四条第二款第一项之规定，判决：

确认坪山规土监察局拆除叶某祖屋内墙的行为违法。

二审法院同意一审法院裁判意见。

【法官后语】

目前法律对于行政机关的职权范围的规定已较为明确，行政机关故意违背法律的明确规定而越权行政的情况较少，但在个别领域，当行政职权存在交叉的时候，行政职权的判断则涉及法律适用的选择问题，较为复杂，本案即一例。

一、本案审理之困境

本案涉及的建筑为有两百多年历史的“长隆世居”，该建筑在2008年全国文物普查时被登记为不可移动文物。原告主张其修缮已经征得辖区文物主管部门同意，依据文物保护法，被告无权进行查处。被告认为，原告没有取得《建设工程规划许可证》，是擅自毁损文物后实施的违法建设行为，依据《深圳经济特区规划土地监察条例》，被告具有对原告规划违法行为进行查处的职责。因此，应当依照哪部法律来确定被告是否具有对原告建设行为进行查处的职责是双方争议的核心。

《中华人民共和国立法法》第九十二条规定，同一机关制定的法律、行政法规、地方性法规、自治条例和单行条例、规章，特别规定与一般规定不一致的，适用特别规定；新的规定与旧的规定不一致的，适用新的规定。《最高人民法院关于印发〈关于审理行政案件适用法律规范问题的座谈会纪要〉的通知》规定，同一法律、行政法规、地方性法规、自治条例和单行条例、规章内的不同条文对相同事项有一般规定和特别规定的，优先适用特别规定。因此，法律适用的一般规则为：同一部法律或法规中，特别条款优于一般条款；同一位阶的不同法律或法规中，特别法优于一般法。本案特殊之处在于，《中华人民共和国文物保护法》是全国人民代表大会常务委员会制定的，《深圳经济特区规划土地监察条例》是经济特区法规，并不能简单运用上述规则确定应当适用的法律。因此，只有把本案转化成能适用上述规则的情形才能解决被告是否具有职权的问题。

二、案件破解之出路

《深圳经济特区规划土地监察条例》是经济特区法规，是对深圳经济特区范围内规划土地监察工作的规定。其第二条明确规定，本条例所称规划土地监察，是指规划土地监察机构对公民、法人和其他组织遵守、执行城市规划和土地管理法律、法规、规章的情况进行监督检查，并依法对违反城市规划法律、法规、规章的行为和违反土地管理法律、法规、规章的行为进行查处的行政执法活动。综观全文，该条例仅仅对主管部门、执法程序等结合深圳实际作出了变通规定，对于违反城市规划法律、法规的情形并未作出特殊规定。因此，判断原告的建设行为是否合法的依据仍是城市规划法律、法规，即包括城乡规划法。据此，原告的建设行为是否违反了城乡规划法成为厘清被告职权的关键。

《中华人民共和国城乡规划法》第十一条第二款规定，县级以上地方人民政府城乡规划主管部门负责本行政区域内的城乡规划管理工作。第三十一条第二款规定，历史文化名城、名镇、名村的保护以及受保护建筑物的维护和使用，应当遵守有关法律、行政法规和国务院的规定。根据同一部法律中，特别条款优于普通条款的法律适用规则，本案的“长隆世居”作为未定级不可移动文物，对其监督管理应当优先适用文物保护方面的法律规定。

那么，《中华人民共和国文物保护法》有没有规定本案建设行为需要办理《建设工程规划许可证》，以及违反规定相应的查处职责由谁负责呢？《中华人民共和国文物保护法》中相关条款为第二十一条和第二十二条。根据第二十一条规定，对未核定为文物保护单位的不可移动文物进行修缮，应当报登记的县级人民政府文物行政部门批准。根据第二十二条规定，不可移动文物已经全部毁坏的，需要在原址重建的，按照文物级别，征得国务院文物行政部门同意后，报省、自治区、直辖市人民政府批准或者报国务院批准。本案虽然原告祖屋内墙坍塌，但外墙完好，且其仅占“长隆世居”6485平方米建筑群的一小部分，故原告的建设行为应当认定为修缮而不是重建，原告修缮“长隆世居”祖屋并不需要取得建设工程规划审批手续，并且，原告的修缮行为已经经过文物主管部门批准，原告没有违反城乡规划法。根据《中华人民共和国文物保护法》第六十六条规定，对于违法擅自修缮不可移动文物的行为，也是由文物主管部门按照违法行为的情节作出责令改正、罚款等行政处罚。因此，被告没有对原告的修缮行为进行查处的行政职权。

三、本案其他需要说明的问题

1. 在涉及行政管理专业领域的问题，法院的司法权应当保持适当的谦抑。为审慎认定原告行为的性质，合议庭曾向“长隆世居”所在辖区的文物主管部门发函询问，最终，法院在案件整体事实的基础上采纳了文物主管部门的意见，认定原告对其祖屋的施工行为属修缮。

2. 由于本案较为新颖，合议庭曾查阅中国裁判文书网，并未查到相同案件，仅有一宗类似案件即黄某诉北京市规划和国土资源委员会不履行法定职责案[①]，该案针对黄某主张北下关娘娘庙无证施工的举报，法院认为，北下关娘娘庙属于在册文物，对其进行迁移、拆除应由文物部门审批，并非由北京市规划和国土资源委员会监管、查处。虽然此类案件目前全国仅此一例，但在一定程度上能反映出法院对不可移动文物的修缮、迁移是否需要规划审批的观点。

3. 事实上，“长隆世居”已存在两百多年，有关城市规划的法律、法规近几十年才颁布实施，要求对早已存在的不可移动文物按照现代法律进行规划审批，有本末倒置之嫌。本案涉及的是未定级的不可移动文物，文物是不可再生的资源，全社会都有保护的义务。因此，在依法查处违反规划行为和依法保护文物两种价值的选择中，法院最终选择了依法保护文物的价值取向。

编写人：广东省深圳市盐田区人民法院　孙静

42

交警部门在车辆管理系统里将车辆登记为“锁定”状态的行为认定

——杨某诉海口市公安局交通警察支队行政强制案

【案件基本信息】

1. 裁判书字号

海南省海口市龙华区人民法院（2018）琼0106行初87号行政判决书

2. 案由：行政强制纠纷

3. 当事人

原告：杨某

被告：海口市公安局交通警察支队（以下简称海口市交警队）

① 参见北京市第二中级人民法院（2017）京02行终1694号行政判决书。

【基本案情】

2018年1月23日，杨某前往海口市交警队第一车辆管理所（以下简称车管所）申请对其小型轿车进行年度审验，查询到该车辆状态为“锁定”。车管所告知原告其车辆为“锁定”状态，无法办理车辆年审审验。原告不服，向法院起诉，请求：确认被告查封、锁定其车辆违法，解除对其车辆的锁定等。被告辩称对2000年前注册登记的高污染排放机动车在机动车查询信息系统显示为“锁定”状态，并不予核发检验合格标志，该“锁定”属于被告系统的管理状态，不属于行政强制措施。

【案件焦点】

交警部门在车辆管理系统里将车辆登记为“锁定”状态的行为是否违法。

【法院裁判要旨】

海南省海口市龙华区人民法院经审理认为：《中华人民共和国行政强制法》第九条第二项规定，查封场所、设施或者财物属于行政强制措施。被告将涉案车辆登记为“锁定”状态，系被告在履行车辆管理职责过程中作出的行为，在公安交警的车辆管理系统里面予以操作和体现，并未通过法律文书等形式予以载明，但该“锁定”的行为导致涉案车辆权利处于限制状态，无法办理转移登记及抵押登记，对原告权利已产生实质影响。故被告将涉案车辆登记为“查封、锁定”，属于《中华人民共和国行政强制法》规定的行政强制措施。《中华人民共和国行政强制法》第十条第四款规定，法律、法规以外的其他规范性文件不得设定行政强制措施。被告辩称“锁定”并非行政强制措施，但无法提供关于将车辆登记为“锁定”状态的法律依据，无法证明该行为的合法性，故被告设定“查封、锁定”的行政强制措施的行为违法，应予以解除。而且，被告直接将涉案车辆登记为“锁定”状态，并未依据《中华人民共和国行政强制法》第十八条规定履行相关的程序，违反了法定程序，应予以撤销。

海南省海口市龙华区人民法院遂依据《中华人民共和国行政诉讼法》第十二条第一款第十二项、第三十四条、第六十九条、第七十条之规定，判决：

确认被告将原告车辆登记“锁定”的行政行为违法，责令被告解除对原告车辆登记为“锁定”的状态。

判决作出后，双方均未上诉，该判决已生效。

【法官后语】

交警部门在车辆管理系统里将车辆登记“锁定”状态，是普通老百姓司空见惯的事情。本案的意义在于从司法上确认了交警部门在车辆管理系统里将车辆登记为“锁定”状态的行政行为违法。

交警部门在车辆管理系统里将车辆登记为“锁定”状态是否属于强制措施？行政强制措施是行政机关在行政管理过程中，为制止违法行为、防止证据损毁、避免危害发生、控制危险扩大等情形，依法对公民的人身自由实施暂时性限制，或者对公民、法人或者其他组织的财物实施暂时性控制的行为。在执行行政强制措施时，行政机关依其职权采取强制手段限制特定的相对人行使某项权利或强制履行某项义务。行政强制措施是一种中间行为，并非一种最终行政行为。采取行政强制措施的目的是使行政相对人的人身、财产保持被控制的状态，从而预防、制止或者控制正在发生或可能发生的违法行为或危险状态。因此，行政强制措施是为保证最终行政行为的作出所采取的一种临时性措施，没有到达对事件最终处理完毕的状态。在情况调查清楚后，经认定不需要继续实施行政强制措施的，行政机关应该解除强制、恢复原状。本案中，被告将涉案车辆登记为“锁定”状态，系被告在履行车辆管理职责过程中作出的行为，在公安交警的车辆管理系统里面予以操作和体现，并未通过法律文书等形式予以载明。但是，该“锁定”的行为导致涉案车辆权利处于限制状态，无法办理转移登记、抵押登记和年审，对原告权利已产生实质影响，且该“锁定”状态并非一种最终的行政行为。故被告将涉案车辆登记为“锁定”的行为，属于《中华人民共和国行政强制法》规定的行政强制措施。

关于被告在车辆管理系统里将车辆登记为“锁定”状态的行为是否违法。法律、法规以外的其他规范性文件不得设定行政强制措施。诚然，现行的法律、行政法规、地方性法规并没有把在车辆管理系统里将车辆登记为“锁定”状态设定为行政强制措施。因此，被告违反了法律规定的行政强制措施设定的权限，私自把在车辆管理系统里将车辆登记为“锁定”状态设定为行政强制措施的行为违法。被告辩称“锁定”并非行政强制措施，但无法提供关于将车辆登记为“锁定”状态的法律依据，无法证明该行为的合法性，故被告设定“锁定”的行政强制措施的行为违法，应予以解除。而且，被告直接将涉案车辆登记为“锁定”状态，只在公安交警的车辆管理系统里面予以操作和体现，未通过法律文书等形式予以载明，未依据

《中华人民共和国行政强制法》第十八条规定履行相关的程序。因此，被告将涉案车辆登记为“锁定”状态的行为违反了法定程序，应予撤销。

编写人：海南省高级人民法院　钟垂林

43

安置补助争议不影响行政机关地质灾害搬迁避让行为的合法性

——罗某、谭某诉石柱土家族自治县人民政府、石柱土家族自治县枫木镇人民政府地质灾害搬迁避让行为违法案

【案件基本信息】

1. 裁判书字号

重庆市第四中级人民法院（2018）渝04行初84号行政判决书

2. 案由：地质灾害搬迁避让纠纷

3. 当事人

原告：罗某、谭某

被告：石柱土家族自治县人民政府（以下简称石柱县政府）、石柱土家族自治县枫木镇人民政府（以下简称枫木镇政府）

【基本案情】

原枫木乡（现为枫木镇）政府驻地老场镇“双河口”地处两山夹一槽斜坡地带，为“斜坡变形体”，在雨季整体处于欠稳定状态。2009年，川东南地质队向有关部门发出尽快治理或搬迁避让的函。为此，石柱县国土房管局委托一三六地质公司进行地质调查，调查结论为：斜坡变形体Ⅰ区基本稳定，斜坡变形体Ⅱ区在暴雨或持续降雨状态下处于不稳定状态，严重威胁该乡112户约28918平方米房屋及一公路；根据比选防治方案，以搬迁避让的方式优先。2010年4月，石柱县政府常务

会议同意枫木乡老场镇实施搬迁避让。2010年12月10日，石柱县人大常委会审议同意枫木乡政府驻地由“双河口”搬迁至“苦草湾”。2011年6月，石柱县政府批准《搬迁避让工作实施方案》，该方案对搬迁避让的工作步骤、搬迁人口界定、安置方式等进行了规定。

本案涉案房屋三楼一底，位于本案搬迁避让范围内，无产权登记。其中，该房屋的物理一层、三层实际占有人系丁甲，物理二层的实际占有人为丁乙，物理四层为原告修建。原告谭某、罗某系夫妻关系，是丁甲的岳父母。原枫木乡政府工作人员于2010年4月23日对丁甲、丁乙进行了调查，调查笔录反映涉案房屋450平方米系丁甲修建，丁甲家在该房屋内长期居住有丁甲、陈某、丁小一三人；丁甲还将该房屋中的一层出售给了丁乙，丁乙家有丁乙、李某、丁小二三人。2013年7月16日及2014年3月26日，原枫木乡政府分别与丁甲、丁乙签订了《搬迁安置协议书》，对丁甲户三人和丁乙户二人进行集中安置，并给予相应的补助资金。

2015年11月11日，石柱县政府办公室下发通知，确定搬迁户房屋拆除主体为枫木镇政府。2017年2月19日，丁甲同意拆除房屋，并于2017年3月21日领取了全部补助款。2017年3月底4月初，枫木镇政府将涉案房屋全部予以拆除。原告认为，枫木镇政府拆除的上述房屋中包含了其二人所有的部分，枫木镇政府在未对其二人进行搬迁安置且未征得二人同意的情况下，将其所有的房屋一并拆除违法，故提起本案诉讼。

【案件焦点】

枫木镇政府拆除罗某、谭某房屋的行为是否合法。

【法院裁判要旨】

重庆市第四中级人民法院经审理认为：本案现有证据证明原告修建了涉案房屋的物理四层并享有权属，枫木镇政府拆除涉案房屋的行为与原告间存在利害关系，根据《中华人民共和国行政诉讼法》第二十五条第一款的规定，原告有权提起本案诉讼。

根据《重庆市地质灾害防治条例》等相关规定，二被告对其辖区内的地质灾害负有防治或参与防治的职责。枫木乡（镇）斜坡变形体在暴雨或持续降雨状态下将处于不稳定状态，严重威胁人民群众的生命财产安全，属于地质灾害。石柱县政府为保障人民群众安全，根据防治建议，决定实施搬迁避让，符合《重庆市地质灾害防治条例》第四十八条规定。虽然该条例规定搬迁避让的具体办法由市人民政府制定，但在尚无具体规定的情况下，二被告为保障受灾群众的合法权益，制定搬迁避让方案、搬迁人口界定办法等，并与受灾户签订安置协议，保障了受害群众的生产生活权利，其行为正当，符合立法目的。

本案中，原告在丁甲修建的涉案房屋上增建的第四层房屋与丁甲、丁乙的房屋系一整体。因无产权登记，丁甲陈述涉案房屋出售了一层给丁乙，其余房屋属其所有，房屋内长期居住人口为丁甲、丁乙两家人。且与丁甲、丁乙签订的安置协议中应拆除房屋面积与涉案房屋整体面积相当。枫木镇政府据此界定了涉案房屋内的受灾人口，并与经确定住户丁甲、丁乙签订安置协议，完成了安置补助，之后拆除涉案房屋。虽现有证据证明涉案房屋第四层系原告修建，但考虑到涉案房屋无产权证明且具有一体性、丁甲与原告的人身关系、地质灾害搬迁避让安置补助性质以及地质灾害搬迁避让的紧迫性等因素，本着搁置争议、切实保护人民群众生命财产安全的原则，枫木镇政府及时拆除涉案房屋符合法律规定。至于原告是否属于安置对象，可申请被告进行界定处理，考虑到地质灾害搬迁避让的特殊性，该争议不影响对灾区房屋的拆除。

重庆市第四中级人民法院依据《中华人民共和国行政诉讼法》第六十九条规定，作出如下判决：

驳回原告罗某、谭某的诉讼请求。

【法官后语】

本案系因地质灾害搬迁避让引发的行政诉讼案件。目前，关于地质灾害搬迁避让的相关规定尚不完善，缺乏统一标准和程序规范。但根据《中华人民共和国行政强制法》《地质灾害防治条例》《重庆市地质灾害防治条例》等法律法规的规定，地质灾害搬迁避让的具体操作程序与一般的征地拆迁、强制执行程序存在区别。实践中，搬迁避让行为是否合法，应当结合立法目的与地质灾害搬迁避让的特点进行审查判断。

首先，地质灾害防治立法的目的在于避免和减轻地质灾害造成的损失，维护人民生命和财产安全，促进经济社会可持续发展。本案中，地质灾害威胁客观存在，实施搬迁避让具有必要性。石柱县政府及枫木镇政府在重庆市尚未制定地质灾害搬迁避让具体办法的情况下，自行制定搬迁避让实施方案及相关操作办法，及时完成当地群众的转移及房屋拆除工作，使人民群众的生命财产安全免受地质灾害威胁，有效保障了人民群众的生命财产安全，符合立法目的。

其次，地质灾害搬迁避让具有现实紧迫性。本案原告的涉案房屋位于地质灾害搬迁避让区域内，其生命财产安全时刻面临着地质灾害的威胁，若不及时完成搬迁，一旦发生地质灾害，可能造成难以挽回的严重后果。因此，对地质灾害搬迁避让及强制拆除房屋的合法性审查标准不能与征地拆迁等行为等同，在地质灾害威胁实际存在且随时可能发生的情况下，政府可以先行强制拆除相关房屋，而不必等到安置补助完成之后才进行，而且拆除程序也可根据突发事件应对法等相关规定予以适度简化。若受灾群众对安置补助等事宜有争议的，可以事后通过协商或者法律途径解决。

据了解，枫木镇驻地老场镇是典型的“两山夹一槽”的斜坡变形体地带，在雨季雨水冲刷下，经常发生滑坡等地质灾害，严重威胁当地人民群众的生命财产安全。但在搬迁避让过程中，由于政策宣传不到位、群众对地质灾害的危险性认识不足等因素，当地群众对安置补助、房屋拆除等问题存在较大争议，潜在诉讼较多。本案的判决结果，一方面解答了群众对地质灾害搬迁避让过程中存在的疑问，起到了宣传普法的作用，有利于当地政府相关工作的推进；另一方面也为当地群众解决安置补助争议指明了路径，有利于受灾群众及时有效地解决实际问题，减轻诉累。

编写人：重庆市第四中级人民法院　蒲开明　周余

七、行政赔偿

44

房屋登记行政赔偿案件中登记机构承担赔偿责任的构成要件

——周某诉淮北市房地产管理局房屋登记行政赔偿案

【案件基本信息】

1. 裁判书字号

安徽省淮北市中级人民法院（2018）皖06行赔终1号行政赔偿判决书

2. 案由：房屋登记行政赔偿纠纷

3. 当事人

原告（上诉人）：周某

被告（上诉人）：淮北市房地产管理局（以下简称市房管局）

【基本案情】

2002年6月10日，林某就坐落于淮北市相山区孟山路×××室与开发商钱某（挂靠淮北市平安房地产公司）签订了《房屋销售契约》，并缴纳了购房款，钱某亦将该房交付林某居住使用至今。其间，林某多次要求办理房地产权证未果。

2012年9月14日，全某申请市房管局办理案涉房地产转移登记，其提交了《房屋转移登记申请（询问）表》、全某身份证明、《商品房买卖合同》、售房发票、完税证明、登记缴费单等材料，上述材料中加盖的淮北市平安房地产公司的印章均系伪造。市房管局工作人员赵某在受理阶段，发现《商品房买卖合同》中有一页纸新旧程度明显与其他纸张不一致，落款处买受人“全某”签名与《房屋转移登记申请（询问）表》中明显不一致。因接受案外人牛某的请托，赵某就对此视而不见，未履行登记人员的初审职责，将申请材料直接录入系统提交审核。2012年9月20日，市房管局将案涉房地产转移登记至全某名下，并向其颁发了《房地产权证》。2013年1月18日，全某用案涉房屋向周某抵押借款28万元，同年1月21日，市房管局根据全某、周某的申请，将案涉房地产登记为周某享有一般抵押权，并向其颁发了《房地产他项权证》。林某以其是案涉房地产的实际所有权人，先后申请法院撤销市房管局作出的《房地产权证》及《房地产他项权证》的行政行为，经法院（2014）相行初字第00008号行政判决，以及淮北市中级人民法院（2015）淮行终字第00010号行政判决，作出撤销上述房屋登记的行政行为。

全某因犯诈骗罪经淮北市中级人民法院以（2015）淮刑终字第00051号刑事判决，判处有期徒刑十二年，并处罚金人民币355万元，以及与同案犯退赔周某被骗款项43万元（另案借款15万元）。赵某因犯滥用职权罪经法院（2016）皖0603刑初182号刑事判决，判处有期徒刑三年。后通过刑事追缴程序周某获得退赔款项86504元。

2017年11月30日，周某向市房管局申请行政赔偿，该局未作任何答复。

【案件焦点】

1. 市房管局在作出案涉房屋登记行政行为的过程中是否存在过错；2. 如存在过错，市房管局的登记行为与周某主张的借款损失这一后果之间是否存在因果关系；3. 市房管局承担行政赔偿责任的具体范围。

【法院裁判要旨】

安徽省淮北市相山区人民法院经审理认为：关于争议焦点一，市房管局在作出案涉房屋登记行政行为的过程中是否存在过错。我国物权法“一物一权”原则决定了在一物之上仅能设立一个所有权，因此不动产物权登记的正确与否对当事人的财产权益将产生重大影响。市房管局作为辖区内的房屋产权登记的行政主管部门，对房地产进行登记颁证既是其依法享有的法定职权，也是其应当依法履行的法定职责。《房屋登记办法》第十七条第二款规定，申请人提交的申请登记材料不齐全或者不符合法定形式的，应当不予受理，并告知申请人需要补正的内容；第十八条规定，房屋登记机构应当查验申请登记材料，并根据不同登记申请就申请登记事项是否是申请人的真实意思表示、申请登记房屋是否为共有房屋、房屋登记簿记载的权利人是否同意更正，以及申请登记材料中需进一步明确的其他有关事项询问申请人。询问结果应当经申请人签字确认，并归档保留。房屋登记机构认为申请登记房屋的有关情况需要进一步证明的，可以要求申请人补充材料。本案中，市房管局在房屋登记受理阶段，发现全某提交的《商品房买卖合同》中的纸张存在替换及签名明显不一致的情形下，仍然违反法定条件和法定程序，为全某登记并颁发了《房地产权证》，且受理登记的工作人员赵某也因此被认定为犯滥用职权罪并被判处刑事责任。故对市房管局关于其不存在违法登记行为的辩解，不予采信。

关于焦点二，市房管局的登记行为与周某主张的借款损失这一后果之间是否存在因果关系。物权法对不动产物权变动采用登记公示方式，一经登记即对外产生公信效力，作为登记的权利人在法律上推定为享有物的占有、使用、收益、处分的完整物权所有人。周某正是基于市房管局为全某登记房地产权证所产生的公信力，在确认该房地产权证真实有效的前提下才做出以房屋作为抵押而出借款项于全某的意思表示，但最终事实证明案涉房屋的真实权利人为林某，且林某以市房管局颁证错误而先后诉至法院，登记在全某名下的《房地产权证》及周某名下的《房地产他项权证》已经生效法律文书予以撤销，导致周某的债权丧失了以抵押房地产拍卖、变卖等实现的途径。据此，市房管局的错误登记行为与周某的借款损失这一后果之间存在法律上的因果关系。

关于焦点三，市房管局承担行政赔偿责任的范围。案涉房屋登记行为及抵押登记行为确系全某为骗取周某钱款所实施的欺诈手段，但周某已经作为受害人通过刑事诉讼程序寻求救济，且经刑事追缴程序退赔了部分钱款 86504 元，全某现处于服刑期间，不具备偿还周某债务的经济能力，现周某穷尽相关救济途径仍未获全部赔偿，即其合法权益尚未得到真正实现，其据此要求行政机关承担行政赔偿责任符合法律规定。根据《最高人民法院关于审理房屋登记案件若干问题的规定》第十二条规定，申请人提供虚假材料办理房屋登记，给原告造成损害，房屋登记机构未尽合理审慎职责的，应当根据其过错程度及其在损害发生中所起作用承担相应的赔偿责任。本案中，造成周某损害的直接侵权人为全某等人，其以非法占有为目的，实施诈骗行为是造成周某损失的主要原因，违法登记行为仅是为全某等人实施诈骗提供了客观条件。因此，市房管局在本案中对周某的直接损失承担30%的赔偿责任为宜。《中华人民共和国国家赔偿法》第三十六条第七项规定“返还执行的罚款或者罚金，追缴或者没收金钱，解除冻结的存款或者汇款的，应当支付银行同期存款利息”，本案虽非上述返还的罚款或罚金等情况，但属于通过赔偿方式返还财产的情形，法院认为将利息部分纳入直接损失的赔偿范围更加符合公平合理原则。因此，市房管局的行政赔偿范围应当自作出违法登记行政行为时，以周某借款本金58048.80元［（280000元－86504元）×30%］为基数，按照银行同期活期存款利率予以赔偿，至赔偿义务履行完毕时止。周某要求利息按年利率20%计算，该标准存在民间借贷法律关系介入等相关因素，不符合行政赔偿限于直接损失的法律规定。故对于周某诉请超出上述数额的部分，不予支持。

综上，安徽省淮北市相山区人民法院依照《中华人民共和国国家赔偿法》第四条第四项、第七条第一款、第十五条、第三十六条第八项，《最高人民法院关于审理房屋登记案件若干问题的规定》第十二条之规定，判决如下：

一、被告市房管局于本判决生效之日起十日内赔偿原告周某借款本金58048.80元及利息（以借款本金为基数，自2013年1月21日起按中国人民银行同期活期存款利率支付至付清款之日止）；

二、驳回原告周某的其他诉讼请求。

周某、市房管局不服，提起上诉。安徽省淮北市中级人民法院同意一审法院的裁判意见。

【法官后语】

本案针对争议焦点有的放矢地从以下几个角度层层递进分析了案涉行政赔偿问题。

1. 行政赔偿构成要件。作为一种赋予相对人因行政机关及其工作人员违法行使职权造成其合法权益损害的救济手段，行政赔偿必须以一定的构成要件为基础。按照国家赔偿法的有关条文及已有的理论研究成果，行政赔偿应具备四个构成要件：职务行为主体，必须有其职务行为可能引起行政赔偿责任产生的组织或个人；职务违法行为，是指职务行为主体在执行职务时所实施的违法行为；必须有一定的损害事实存在；职务违法行为与损害事实之间存在因果关系。

2. 登记机构赔偿归责原则、混合侵权下的责任承担问题。因登记错误，给他人造成损害的，登记机构应当承担行政赔偿责任。登记错误指登记机关因自身工作原因导致的错误，而不应包括申请人恶意提供虚假材料，并且登记机关已经尽到了必要的审查义务，仍无法发现的情况。即登记机关承担责任的前提之一系登记机关对登记错误主观上存在过错，确定了登记机关的赔偿原则即过错原则。如果该登记错误行为系因申请人提供虚假材料及房屋登记机构未尽合理审慎职责共同造成，则应综合考虑登记机关的过错程度及其在损害发生中所起作用判断其应承担的赔偿责任大小。

3. 财产权损害赔偿标准。侵犯财产权的，能返还原物或恢复原状的应予返还或恢复，不能的应予以赔偿损失，损害赔偿以侵权行为发生时为计算时点；给付赔偿金的，应支付银行同期存款利息。

房屋登记类案件数量近几年来一直居高不下，本案在处理过程中，明确了登记错误情况下登记机构赔偿责任归责原则及混合侵权下的责任承担，判决房屋登记主管部门承担与其过错相适应的赔偿责任，充分发挥了行政诉讼功能，实质性解决本案争议，依法保障了行政相对人的合法权益，同时进一步规范了行政登记行为，为预防及解决类似纠纷发生提供了示范。

编写人：安徽省淮北市相山区人民法院　王鸿　张婉璐

45

行政赔偿的途径获取应以司法最终原则为遵循

——李某某诉北京市朝阳区人民政府六里屯街道办事处行政赔偿案

【案件基本信息】

1. 裁判书字号

北京市第三中级人民法院（2018）京 03 行赔终 38 号行政赔偿判决书

2. 案由：行政赔偿纠纷

3. 当事人

原告（上诉人）：李某某

被告（被上诉人）：北京市朝阳区人民政府六里屯街道办事处（以下简称六里屯街道办）

【基本案情】

2017年7月25日，北京市朝阳区人民政府作出《复议决定书》，确认六里屯街道办实施强制拆除涉案房屋飘窗的行政行为违法，但对李某某一并提出的赔偿请求予以驳回。李某某未针对《复议决定书》提起诉讼，该决定书生效。随后，李某某以《复议决定书》确认行政行为违法为由，向六里屯街道办提出行政赔偿申请，六里屯街道办于2017年12月14日作出朝六赔字〔2017〕1号《不予行政赔偿决定书》，决定对原告提出的国家赔偿请求不予赔偿。原告不服，提起本案之诉。

【案件焦点】

1. 李某某是否具有原告主体资格；2. 李某某是否应获得行政赔偿。

【法院裁判要旨】

北京市朝阳区人民法院经审理认为：根据法律规定，受害人取得国家赔偿的前提是国家机关和国家机关工作人员违法行使职权对其合法权益造成了实际损害，并且受害人应对损害事实提供相应的证据。本案中，六里屯街道办的强制拆除行为虽经行政复议机关确认违法，但六里屯街道办所拆除的对象系一般建筑物，且李某某未就被拆除对象的合法性提交相应证据予以证明，因此不能认定李某某的合法权益受到被告行政行为的损害，故李某某提出的赔偿请求缺乏事实根据，法院不予支持。一审法院遂判决：

驳回原告李某某的全部赔偿请求。

李某某上诉称：第一，根据《北京市禁止违法建设若干规定》第四条规定，被上诉人不具备对违建进行强行拆除的法定职责，被上诉人在没有法律、法规或规章明确授权的情况下作出的强行拆除行为，属于超越行政职权实施的行为，应当确认违法。第二，被上诉人对涉案房屋的防盗窗/飘窗认定为违法建筑违反了《中华人民共和国城乡规划法》第六十四条、《北京市城乡规划条例》第七条。第三，被上诉人对于涉案房屋的防盗窗/飘窗强制拆除的整个过程违反了《中华人民共和国行政强制法》第十八条、第十九条、第三十四条、第三十五条、第三十六条、第三十七条、第三十八条、第六十一条。第四，被上诉人在对涉案建筑违法强制拆除之后没有妥善保管上诉人的财物。现请求撤销一审判决，依法改判支持上诉人的一审诉讼请求。被上诉人（原审被告）六里屯街道办辩称：同意一审判决，请求予以维持。

北京市第三中级人民法院经审理认为：被上诉人的强制拆除行为因其不具备法定职权而被《复议决定书》确认违法，但上诉人提供的证据不能证明涉案房屋防盗窗/飘窗等被拆除对象办理了合法手续，上述被拆除对象不属其合法权益，不符合取得国家赔偿的法律要件，故对上诉人的赔偿请求法院不予支持。二审法院遂判决：

驳回上诉，维持原判。

【法官后语】

本案件审理过程中，合议庭对原告是否具备起诉资格产生了争议。《中华人民共和国国家赔偿法》第九条第二款规定："赔偿请求人要求赔偿，应当先向赔偿义务机关提出，也可以在申请行政复议或者提起行政诉讼时一并提出。"该条规定构建了单独赔偿申请和一并赔偿申请两种国家赔偿救济途径。本案中，李某某在申请行政复议时一并提出赔偿申请，后复议决定确认加害行为违法，但对其一并赔偿申请予以驳回。李某某未针对《复议决定书》提起诉讼，该决定书生效。随后，李某某以《复议决定书》确认行政行为违法为由，向六里屯街道办提出行政赔偿申请并提起本案之诉。

原告是否能够提起本案之诉，合议庭有两种不同的意见。第一种意见认为，首先，生效行政复议决定的内容对当事人具有羁束力和执行力。本案的复议决定已经生效，针对一并赔偿申请具备羁束力，原告未对复议决定提起诉讼，即放弃了针对羁束决定的诉权；其次，从法律关系安定性和效率角度来看，当事人就两种路径只可择一而行，否则会破坏复议决定确定的法律关系及增加行政负担；最后，从救济途径和诉讼类型角度来看，单独赔偿申请和一并赔偿申请分别对应着单独赔偿之诉和一并赔偿之诉，两种诉的类型具有不同的诉之适法性和理由具备性。综上，原告在复议决定生效后，另行提出单独赔偿申请并就其起诉，不符合法定起诉条件。第二种意见认为，法律规定的两种路径是“或”的关系，救济的“关门”均应取决于司法最终裁判。本案的复议决定虽已生效，但不能排斥原告单独提出赔偿申请并获得司法最终裁判的权利，故原告符合提起本案之诉的条件。

本案采纳了第二种意见，有以下三点理由：

首先，除非有法律阻却事由，每一条法律救济途径均应遵守司法最终原则。本案中，原告虽针对生效复议决定无法起诉，但由于一并赔偿申请与单独赔偿申请属不同救济途径，前者之事由不能阻却原告单独提出赔偿申请并接受司法最终裁判这一权利的行使。

其次，《最高人民法院关于审理行政赔偿案件若干问题的规定》第二十一条第四项规定了加害行为被确认违法是单独赔偿申请的条件。换言之，无论复议程序中是否一并提出赔偿申请，只要复议决定确认加害行为违法，也即满足单独提起赔偿申请的条件。

最后，单独赔偿申请之诉与一并赔偿申请之诉的关系为“或”。法律规定两种途径为“或”的关系。

单独赔偿申请并诉讼的路径为：

申请 ⇒ 赔偿义务机关审查 ⇒ 司法机关裁判

一并赔偿申请并诉讼的路径为：

申请 ⇒ 复议机关一并审查 ⇒ 司法机关裁判

可以看出，除司法机关裁判外，两条途径之间并不存在排斥关系，故应当将“或”理解为两者均可行。

综上所述，行政赔偿的途径获取应以司法最终原则为遵循。

编写人：北京市朝阳区人民法院　郑瑞涛　鞠仁

46

房地产登记机关故意不履行房地产登记信息查询等行为应当承担行政赔偿责任

——罗某诉盐城市盐都区住房和城乡建设局行政赔偿案

【案件基本信息】

1. 裁判书字号

江苏省盐城市中级人民法院（2017）苏09行赔终2号行政赔偿判决书

2. 案由：行政赔偿纠纷

3. 当事人

原告（被上诉人）：罗某

被告（上诉人）：盐城市盐都区住房和城乡建设局（以下简称盐都区住建局）

【基本案情】

孙某、韩某为偿还债务，合谋利用假房产证作抵押向他人骗取借款。后通过他人伪造房屋所有权人为韩某的盐城市盐都新区盐渎名城×幢别墅的房屋所有权证、国有土地使用权证。2012年2月，孙某、韩某通过他人介绍认识杭州的罗某，并于同月25日，由韩某与罗某在杭州签订以上述房产作为抵押物的贷款金额为400万元的抵押贷款协议。同月27日上午，罗某提议到盐城市房产交易中心查验产权证的真伪，工作人员告知罗某证书看上去像假的，可到盐都区房产中心查证。罗某等人遂至该中心查验真伪。在罗某等人到达之前，孙某电话联系时任盐都区行政服务中心住建局窗口负责人（兼房产交易登记中心副主任）沈某，请沈某告知来查询的罗某证件均系真的，沈某一开始拒绝，后答应。罗某等人至盐都区住建局窗口向房产交易登记中心工作人员刘亚要求查询产权证真伪时，沈某主动要求帮其查询，并称档案室查询结果最权威。罗某回到档案室后，韩某将事先准备好的假查询单拿给罗某。28日上午，罗某持委托书、公证书以及假房产证、土地使用权证至盐都区行政服务中心住建局窗口查询证书是否有效，沈某查看后明知是假的仍答复证书有效。随后双方签订了房屋抵押贷款合同和借款合同。28日下午，孙某、韩某至档案室，乘乱将提前放置于柜台上的假信息查询单取出后拿给楼下等候的罗某。当日，罗某向韩某的卡里转入400万元，后转出84万元（84万元作为利息提前扣除）。本案至庭审辩论终结前，罗某有242.36万元损失未追回。

江苏省盐城市亭湖区人民法院判决：孙某犯合同诈骗罪，判处有期徒刑十年十个月，并处罚金人民币100万元。韩某犯合同诈骗罪，判处有期徒刑十一年，并处罚金人民币100万元。未退赃款合计281.86万元，继续追缴。沈某犯滥用职权罪，判处有期徒刑二年六个月。2015年7月9日，罗某向盐都区住建局提出国家赔偿申请，要求盐都区住建局赔偿其损失242.36万元。盐都区住建局作出《不予赔偿决定书》。

【案件焦点】

1. 盐都区住建局是否应对盐都区房产交易登记中心违法行为承担行政赔偿责任；2. 法院已通过刑事判决对孙某、韩某未退赃款进行追缴的情况下，罗某的损失能否通过国家赔偿的途径得以救济；3. 鉴于孙某、韩某故意欺骗行为和沈某违法行使职权行为以及罗某本身亦存在过错，如何确定盐都区住建局承担的赔偿数额。

【法院裁判要旨】

江苏省东台市人民法院经审理认为：孙某、韩某是造成罗某财产损失的直接责任人，但是沈某故意不履行查询和收缴假证等行为为孙某、韩某实施诈骗提供了机会和条件，沈某的该行为与罗某财产损失之间具有法律上的因果关系。沈某违法履行职务行为，应当由盐都区住建局承担相应的赔偿责任。盐都区住建局承担赔偿责任后，有权就其承担的数额向孙某、韩某行使追偿权。罗某对其财产损害结果的发生负有一定过错，可以减轻盐都区住建局的赔偿责任。鉴于盐都区住建局及罗某自身过错程度，在对孙某、韩某未退赃款经人民法院合理期限的追缴程序以后，由盐都区住建局就罗某最终实际损失承担70%的赔偿责任。一审法院遂判决：

一、撤销被告盐都区住建局于2015年9月1日作出的《不予行政赔偿决定书》；

二、对孙某、韩某未退赃款经人民法院合理期限的追缴程序以后，由被告盐都区住建局在三十日内就原告罗某最终实际损失承担70%的赔偿责任；

三、驳回原告罗某的其他诉讼请求。

盐都区住建局上诉称：1. 一审判决认定事实错误；2. 一审判决适用法律错误；3. 上诉人行政赔偿身份不适格；4. 案涉国家赔偿已超过诉讼时效。被上诉人罗某辩称：1. 一审判决认定事实清楚，适用法律正确；2. 上诉人主体身份适格；3. 本案涉案赔偿未超过诉讼时效。

江苏省盐城市中级人民法院经审理认为：盐都区住建局作为行政赔偿主体适格，涉案赔偿未超过诉讼时效，其余同意一审法院裁判意见，但认为由盐都区住建局就罗某最终实际损失承担70%的赔偿责任偏重，可适当调整为承担60%的赔偿责任。二审法院遂判决：

一、撤销江苏省东台市人民法院（2015）东行赔初字0006号行政赔偿判决书；

二、撤销上诉人盐都区住建局于2015年9月1日作出的《不予行政赔偿决定书》；

三、对孙某、韩某未退赃款经人民法院合理期限的追缴程序以后，由上诉人盐都区住建局在三十日内就被上诉人罗某最终实际损失承担60%的赔偿责任；

四、驳回原审原告罗某的其他诉讼请求。

【法官后语】

盐都区住建局应对盐都区房产交易登记中心的违法行为承担行政赔偿责任。本案中，作为盐都区房产交易登记中心的工作人员沈某明知孙某等人持有的房产证、土地使用权证、他项权证系伪造的情况下，其非但不予收缴，且多次向罗某告知不正确的信息，误导罗某到档案室查询，让孙某、韩某有可乘之机。而罗某正是基于对国家房产登记机构的窗口工作人员接受公民的查询后，提供准确的查询结果是其当然职责之信赖，最终被孙某、韩某所骗。应当说，如果没有沈某的配合，孙某、韩某的犯罪意图就不能得逞，故沈某的违法行使职权行为与罗某财产损失之间具有法律上的因果关系。对盐都区房产交易登记中心不履行查询和收缴假证等违法行为应由盐都区住建局承担行政赔偿责任。

在法院已通过刑事判决对孙某、韩某未退赃款进行追缴的情况下，罗某的损失能够通过国家赔偿的途径获得救济。刑事救济程序并没有排除原告提起行政赔偿诉讼的权利。其他行为人的民事或刑事责任不能吸收行政行为的违法责任，两者的性质和目的不同，不能互相替代。只要满足国家赔偿的要件，行政主体就应承担责任。因为刑事诉讼和行政诉讼的标的各不相同，行政行为一般只在行政诉讼中进行合法性审查，并不是刑事诉讼审查的对象。由于违法的行政行为在刑事诉讼中未受到司法的监督，若拒绝原告的国家赔偿请求，无疑会造成违法行政行为游离于司法审查之外，有悖于权力受监督的立法目的，而且会产生较负面的社会影响。因此，行政救济与刑事救济并不发生冲突。本案中，盐城市亭湖区人民法院虽已作出刑事判决，对孙某、韩某未退赃款继续追缴，但罗某的合法权益并未真正实现，故本案判决在对孙某、韩某未退赃款经人民法院合理期限的追缴程序以后，由盐都区住建局就罗某最终实际损失承担相应的赔偿责任。

行政赔偿与民事赔偿分属公法责任和私法责任，受不完全相同的法律规范调整，规则原则、赔偿的范围、方式和标准及程度差异较大，应区分公法与私法责任。本案被诉行政机关不履行查询和收缴假证行为是一种公法上的行为，与私法责任是两种不同的法律责任，不能简单地按份额分割或进行补充。具体到本案，造成罗某财产损失的原因是多方面的，既有孙某、韩某的故意欺骗行为，也有沈某不履行查询和收缴假证的违法行为，还有罗某未进入房屋查看及在证件查询过程中未尽到审慎注意义务，本身具有过错。因此，首先由孙某、韩某承担赔偿责任，当其财产不足以赔偿的情况下，由盐都区住建局承担国家赔偿责任。根据过失相抵原则，由于罗某本身具有过错，可以相应减免盐都区住建局的国家赔偿责任。另外，根据法谚“任何人都不能从自己的违法行为中获益”，如果在违法活动中获得了利益，必须将所得利益退还。因此，盐都区住建局承担赔偿责任后，有权就其承担的数额向孙某、韩某行使追偿权。

编写人：江苏省东台市人民法院　姚芳

八、行政程序

47

平衡理论下起诉期限扣除的认定

——田阳县糖业烟酒公司诉田阳县人民政府、
田阳县房产管理局房屋所有权登记案

【案件基本信息】

1. 裁判书字号

广西壮族自治区高级人民法院（2018）桂行终1048号行政裁定书

2. 案由：房屋所有权登记纠纷

3. 当事人

原告（上诉人）：田阳县糖业烟酒公司（以下简称田阳县糖烟公司）

被告（被上诉人）：田阳县人民政府（以下简称田阳县政府）、田阳县房产管理局（以下简称田阳县房管局）

第三人：田阳县茂田房地产开发有限公司（以下简称茂田公司）

【基本案情】

2011年9月16日，田阳县糖烟公司与茂田公司订立《旧城改造合作建设协议书》，约定双方合作建设田阳县田州镇解放西路1号田阳县糖烟公司昭旺楼，项目完成后，第一层至第三层商铺和第四层3间（后第四层3间调整为第十层3间）产权归田阳县糖烟公司所有，办理产权证所产生的税、费由茂田公司负责。此合作方案经田阳县政府审批，该项目已经建设完成，未竣工验收。2013年11月26日，茂田公司向田阳县房管局申请将田阳县田州镇解放西路1号昭旺楼第三层301商铺登记为茂田公司所有，该公司取得阳房权证阳字第20131851号房产证后，于2014年1月21日将上述房产作为抵押物，为广西辰威进出口贸易有限公司在中国建设银行南宁市园湖支行担保贷款480万元。2015年1月30日前，田阳县糖烟公司得知田阳县房管局将涉案房产证颁给茂田公司，遂于2015年3月向田阳县人民法院提起民事诉讼，2015年5月12日，田阳县人民法院作出（2015）阳民二初字第10号民事调解书，由茂田公司于2015年9月30日前将涉案房屋产权登记到田阳县糖烟公司名下，但茂田公司未履行该调解书。2016年1月19日，田阳县糖烟公司向田阳县房管局提出申请，要求撤销涉案房产证，将该房产证涉及的房产登记为田阳县糖烟公司所有。田阳县房管局于2016年2月2日、2017年3月17日分别作出阳房管复字〔2016〕6号《答复意见》、阳房管复字〔2017〕2号《回复》，答复田阳县糖烟公司因阳房证阳字第20131823、20121824、20131825和20131851号房产权涉及房产抵押，需要茂田公司解押房产后方能撤销上述房产证，明确表示该局无权单方撤销房产权证，田阳县糖烟公司可以和茂田公司两方协商一致，共同前来办理上述商铺产权证的撤销手续和办理权证转移登记。田阳县糖烟公司认为，田阳县房管局拒绝撤销错误的房产登记，无事实和法律依据，于2017年5月3日向田阳县人民法院起诉，请求判决撤销房产权证。田阳县人民法院判决撤销前述房产证后，田阳县房管局不服，提起上诉。百色市中级人民法院作出（2017）桂10行终94号行政裁定，将案件发回重审。在田阳县人民法院重审期间，田阳县糖烟公司申请撤诉，田阳县人民法院裁定准予撤诉。2018年4月12日，田阳县糖烟公司变更被告，以田阳县政府和田阳县房管局为共同被告向百色市中级人民法院提起诉讼，要求撤销前述房产证。一审庭审中，田阳县糖烟公司自认2015年1月知道涉案房产证颁给茂田公司。

【案件焦点】

田阳县糖烟公司提起的本案诉讼是否超过起诉期限。

【法院裁判要旨】

广西壮族自治区百色市中级人民法院经审理认为：行政相对方主张行政机关的行政行为侵害其合法权利，向人民法院提起行政诉讼，应在法定的起诉期限内提出，超过法定的起诉期限，人民法院不予受理或在受理后驳回起诉。2015 年 1 月 30 日前，田阳县糖烟公司知道田阳县房管局将涉案房权证颁发给茂田公司，应当自知道作出行政行为之日起六个月内提起行政诉讼，即 2015 年 7 月 30 日前起诉。本案田阳县糖烟公司于 2017 年 5 月 3 日向田阳县人民法院起诉，田阳县人民法院判决后，田阳县房管局不服判决提起上诉，百色市中级人民法院裁定发回重审。重审期间，田阳县糖烟公司申请撤诉，之后其于 2018 年 4 月 12 日又以田阳县政府和田阳县房管局为被告向百色市中级人民法院起诉。百色市中级人民法院认为田阳县糖烟公司两次向两级人民法院起诉均超过法定的起诉期限，其诉权已丧失，故裁定：

驳回田阳县糖烟公司的起诉。

田阳县糖烟公司不服，提起上诉。广西壮族自治区高级人民法院经审理认为：田阳县糖烟公司的起诉期限本应从 2015 年 1 月该公司自认知道涉案房产证之日起计至 2017 年 1 月结束。但根据《中华人民共和国行政诉讼法》第四十八条第一款规定，田阳县糖烟公司提起民事诉讼及等待政府作出答复的期间，不属于田阳县糖烟公司自身原因耽误起诉期限，应予以扣除。2015 年 3 月 13 日，田阳县糖烟公司在法律规定的起诉期限内向法院提起民事诉讼主张涉案商铺的权属；后田阳县糖烟公司向田阳县房管局申请撤证，田阳县房管局于 2016 年 2 月 2 日、2017 年 3 月 17 日分别作出阳房管复字〔2016〕6 号《答复意见》及〔2017〕2 号《回复》，答复田阳县糖烟公司该局无权单方撤证；之后田阳县糖烟公司又向田阳县人民法院起诉撤证，百色市中级人民法院于 2017 年 11 月 21 日作出（2017）桂 10 行终 94 号行政裁定，撤销田阳县人民法院（2017）桂 1021 行初 216 号行政判决，并将案件发回田阳县人民法院重审。田阳县糖烟公司于 2018 年 3 月 21 日申请撤诉，田阳县人民法院作出准予撤诉裁定。除田阳县糖烟公司申请撤诉系该公司行使诉权放弃主张外，2015 年 3 月 13 日至 2017 年 11 月 21 日的期间应予扣除，即扣除一年零八个月时间，从 2015 年 1 月该公司自认知道涉案房产证之日起计至 2018 年 4 月 12 日提起本案诉讼时间止，共三年零三个月，扣除一年零八个月，还余一年零五个月时间，故田阳县糖烟公司于 2018 年 4 月 12 日提起本案诉讼，未超过法定的两年起诉期限。另，本案田阳县糖烟公司起诉田阳县政府、田阳县房管局属于被告主体不适格。田阳县政府、田阳县房管局均不是本案适格被告。百色市中级人民法院未对适格被告主体进行释明，不适用《最高人民法院关于适用〈中华人民共和国行政诉讼法〉的解释》第六十九条第一款第三项的规定。

综上，百色市中级人民法院未予释明关于适格被告主体，以超过六个月起诉期限驳回起诉，属于适用法律不当。遂裁定：

一、撤销百色市中级人民法院（2018）桂10行初41号行政裁定；

二、指令百色市中级人民法院对田阳县糖烟公司的起诉重新进行审查，并对田阳县糖烟公司进行指导、释明。经释明后，田阳县糖烟公司的起诉符合法定条件的，百色市中级人民法院应当继续审理。

【法官后语】

行政诉讼起诉期限是指公民、法人或者其他组织对行政主体的行政行为不服向人民法院提起行政诉讼，人民法院受理并对行政行为进行合法性审查的法定期限。行政诉讼法定起诉期限本质上是社会利益维护与权利主体权利救济相均衡的结果，其理论基础是行政诉讼法上的平衡理论：一方面，行政行为不仅影响相对人，而且涉及多数的利害关系人以及相关行政机关，如果随时都可以挑战行政行为的效力，将使多数人利益及行政机关管理置于法律的不安定状态之下，进而影响社会秩序稳定。因此，起诉期限使得行政行为效力尽快稳定，从而达到行政法律关系安定的目的，进而使行政管理有序运行，保障国民的利益；另一方面，虽然行政活动是执法活动，但执法活动如果引起人民的不满或者行政管理相对人遭受违法行政侵害，在一般救济被穷尽的情况下，司法是最后的途径。但考虑到行政管理的社会成本以及行政行为的效力稳定性，司法并不能进行无限期的保护，司法保护应是有限期的保护。上述平衡理论体现着诉权保障与司法对行政活动谦抑、尊让的价值权衡。

起诉期限在行政诉讼中发挥着重要的功能和意义。一是有利于保护权利人的权益。行政诉讼的起诉期限表面上看是限制了权利人保护其合法权益的时间，但是从本质上看，设置行政诉讼起诉期限最终目的是敦促权利人及时行使权利，积极维护其合法权益。通过这一制度警示权利人，在法定起诉期限内不依法提起诉讼，人民法院将不予保护。二是有利于提高行政主体的公信力，进而促进社会的安定。行政诉讼是针对侵害行政相对人利益的行为提起的，而行政诉讼的提起期限即行政相对人提起行政诉讼的时间限制。如果没有该制度对于行政相对人的约束，可能会导致行政相对人在面对自己权益受到侵犯后拖延行使权利，使得代表国家权威的行政主体作出的行政行为处于一种不稳定状态。而行政主体作出的行政行为常常事关一系列的社会关系；这样势必导致社会关系出现不稳定性。三是有利于加强对行政行为真相的查明。行政诉讼起诉期限的设立要求权利人在规定的时限内提起行政诉讼，这不仅有利于当事人及时提供充分的证据保护自身的合法权益，也有助于法院对于行政行为的真相的查明，减少行政诉讼的审理阻力。

作为行政诉讼起诉期限恒定的例外，行政诉讼起诉期限扣除制度亦是基于平衡理论而孕育的，其是指在法定的起诉期限内，因特殊情况致使起诉期限经过，在障碍消除后的法定时间内，依当事人之申请，人民法院决定将被耽误时间予以扣除的制度。行政诉讼起诉期限扣除制度体现着对处于弱势地位的当事人在诉讼程序启动上的人文关怀。在司法实务界，人民法院支持的起诉期限扣除案例中，耽误事由大致有如下几种情形：一是行政案件交叉管辖致使起诉材料在途期限；二是原告主体资格变更，如以企业清算组名义提起诉讼被驳回后又以企业名义起诉的；三是当事人基于信赖利益向行政机关职能部门寻求权利救济，行政机关职能部门答复其将处理但未果的；四是当事人一直向人民法院主张权利所耽误的时间；五是当事人基于对法律的认识错误未能恰当行使诉权的，如本应属于行政诉讼的受案范围，当事人一直选择民事诉讼途径进行权利救济，其提起民事诉讼的时间应予以扣除。

具体到本案，因田阳县糖业公司一直都在向法院、政府部门积极主张自己权益受到侵害，并没有怠于行使自己的权利，并非自身原因致使本案起诉期限出现了延误，人民法院正是基于当事人诉权保障与司法对行政活动谦抑、尊让的权衡，最终对本案起诉期限中非因当事人自身原因耽误的部分时间进行扣除，从而保护了当事人的诉权。

编写人：广西壮族自治区高级人民法院　贺利研　杨钉

48

出具出生医学证明的行为不属于行政诉讼受案范围

——许某诉江苏省江阴市第四人民医院要求撤销出生医学证明案

【案件基本信息】

1. 裁判书字号

江苏省无锡市中级人民法院（2018）苏02行终字第124号行政裁定书

2. 案由：行政纠纷

3. 当事人

原告（上诉人）：许某

被告（被上诉人）：江苏省江阴市第四人民医院

第三人：朱某

【基本案情】

2014年6月1日，许某与朱某同居期间，在江苏省江阴市第四人民医院生育了一个男孩。2014年6月15日，朱某在该医院申请办理了新生儿的出生医学证明，出生医学证明上记载了新生儿姓名（姓氏为“朱”）、性别、出生时间、出生孕周、出生地点、医疗机构名称、父母亲姓名等事项。当天，许某在该医院对出生医学证明中新生儿的姓氏以及出生医学证明的办理程序提出异议。

2016年11月23日，许某在其户籍地为孩子办理了户口登记，登记姓名的姓氏为“朱”。2017年10月，许某将江苏省江阴市第四人民医院作为被告诉至江苏省江阴市人民法院，请求法院撤销其出具的出生医学证明，并判令江苏省江阴市第四人民医院重新按照法律程序签发出生医学证明，将孩子的姓氏更改为“许”。

【案件焦点】

江苏省江阴市第四人民医院出具出生医学证明的行为是否属于行政诉讼的受案范围。

【法院裁判要旨】

江苏省江阴市人民法院经审理认为：根据《中华人民共和国行政诉讼法》第二条第一款规定，公民、法人或者其他组织认为行政机关和行政机关工作人员的行政行为侵犯其合法权益，有权依照本法向人民法院提起诉讼；第二款规定，前款所称行政行为，包括法律、法规、规章授权的组织作出的行政行为。据此，“法律、法规、规章授权的组织作出的行政行为”应当具备国家行政职权特性，方可对其提起行政诉讼。本案中，江苏省江阴市第四人民医院出具的出生医学证明是对新生儿出生情况的记载和证明，并非行使行政管理职权的行为，故许某提起的本次诉讼不属于人民法院行政诉讼的受案范围，依法予以驳回。依照《中华人民共和国行政诉讼法》第四十九条第四项、《最高人民法院关于适用〈中华人民共和国行政诉讼法〉的解释》第六十九条第一款第一项之规定，裁定：

驳回许某的起诉。

许某不服江苏省江阴市人民法院的行政裁定，向江苏省无锡市中级人民法院提起上诉。许某认为原审法院裁定驳回起诉，适用法律错误，请求二审法院依法改判，撤销一审裁定。

江苏省无锡市中级人民法院经审理认为：人民医院出具的出生医学证明是对新生儿出生情况进行记载和证明的行为。本案中，许某对出生医学证明上新生儿的姓氏存有异议，进而提出对出生医学证明进行司法审查，而出生医学证明上新生儿姓氏的记载系根据申请人的申报进行的记载行为，而非登记行为。许某据此提出对出生医学证明进行司法审查，于法无据。综上，原审法院认为许某的起诉不符合起诉条件，裁定驳回起诉，结论正确，应当予以维持。依照《中华人民共和国行政诉讼法》第八十九条第一款第一项的规定，裁定：

驳回上诉，维持原裁定。

【法官后语】

《中华人民共和国母婴保健法》第二十三条规定，医疗保健机构和从事家庭接生的人员按照国务院卫生行政部门的规定，出具统一制发的新生儿出生医学证明；有产妇和婴儿死亡以及新生儿出生缺陷情况的，应当向卫生行政部门报告。基于上述规定，医疗保健机构和从事家庭接生的人员有权对新生儿出具出生医学证明。但对出具出生医学证明这一行为的性质应如何界定？这是判断其是否属于行政诉讼受案范围的关键所在。

行政诉讼的受案范围既是对公民合法权益进行司法保护的范围，亦是对司法权介入行政权领域的界定。从传统的学理意义上理解，一般将当前行政诉讼的受案范围限定为具体行政行为和行政事实行为，指行政机关以及法律、法规、规章授权的组织在行政管理过程中实施的影响行政相对人合法权益的行政行为。对照其行为特征，可以得出出具出生医学证明这一行为并不属于行政诉讼的受案范围的结论。

首先，出生医学证明只是对新生儿的客观情况所进行的描述和记载。依照相关规定，出生医学证明所载明的信息包括新生儿的出生时间、体重、身高、性别、出生孕周等客观信息和新生儿的姓名、新生儿父母的信息和签发机构信息。

其次，出具出生医学证明这一行为并未设定新的法律权利和义务。实践中，出生医学证明除了起到客观记载新生儿出生情况的作用之外，其主要应用于新生儿出生登记。《国家卫生和计划生育委员会、公安部关于启用和规范管理新版出生医学证明的通知》中明确规定："对持有《出生医学证明》的新生儿，户口登记机关审验《出生医学证明》等材料后为其办理出生登记。无法核定新生儿母亲信息的新生儿，不能获得《出生医学证明》。对不符合签发条件未获得《出生医学证明》的新生儿，户口登记机关经调查核实后依照有关规定为其办理出生登记。"由此可见，出具出生医学证明这一行为并未设定新生儿的法律权利和义务，而是户口登记机关审核出生医学证明后进行的出生登记行为赋予了新生儿法律权利和义务。出生医学证明仅仅是户口登记机关在履行登记职能过程中的审核对象，不能混淆出具出生医学证明行为与出生登记行为的性质。

最后，认定"出具出生医学证明这一行为不属于行政诉讼的受案范围"与医疗保健机构和从事家庭接生的人员怠于出具出生医学证明的司法救济并不矛盾。《中华人民共和国母婴保健法》第二十三条规定将出具出生医学证明的职权授予了医疗保健机构和从事家庭接生的人员。也就是说，医疗保健机构和从事家庭接生的人员有义务对符合签发条件的新生儿出具出生医学证明。当出现相关机构、人员怠于出具的情形时，可以向法院起诉要求其履行法定职责。但要求履职之诉并不必然导致对出具出生医学证明行为提起确认之诉的认可，对于出生医学证明在出生登记中引发的纠纷应以出生登记行为作为诉之对象。

本案中，许某起诉出生医学证明的起因实质是其为儿子办理新生儿出生登记中户口登记机关不允许随意变更新生儿姓氏。对此，《国家卫生和计划生育委员会、公安部关于启用和规范管理新版出生医学证明的通知》规定，对申请人申报新生儿出生登记欲变更新生儿姓名的，由户口登记机关按照《出生医学证明》记载的“姓名”办理出生登记后再按照有关规定为其办理姓名变更手续，将《出生医学证明》记载的新生儿姓名登记为曾用名。

编写人：江苏省无锡市中级人民法院 何薇 缪星

49

复议机关以不符合受理条件为由驳回复议申请时诉讼途径的选择

——金某诉北京市密云区十里堡镇人民政府行政强制、北京市密云区人民政府行政复议决定案

【案件基本信息】

1. 裁判书字号

北京市第三中级人民法院（2018）京03行终272号行政裁定书

2. 案由：行政强制及行政复议纠纷

3. 当事人

原告（上诉人）：金某

被告（被上诉人）：北京市密云区十里堡镇人民政府（以下简称十里堡镇政府）、北京市密云区人民政府（以下简称密云区政府）

【基本案情】

2014年2月28日，甲方密云县十里堡镇×股份经济合作社与乙方金某签订承包土地合同书，承包期限为三年，自2014年2月28日起至2017年2月28日止。

2016年12月3日，密云区十里堡镇×棚户区改造项目拆迁现场指挥部向×棚户区改造项目的被拆迁人作出《密云区十里堡镇×棚户区改造项目非住宅一期（回迁安置地块）拆迁腾退公告》，主要内容为：十里堡镇×棚户区改造项目已纳入北京市棚户区改造范围。根据《密云县人民政府关于授权北京×投资开发有限公司为十里堡镇×棚户区改造项目实施主体的批复》规定，北京×投资开发有限公司为本项目实施主体。拆迁范围：十里堡镇×棚户区改造回迁安置房地块范围内（详细四至见附图）。搬迁期限：2016年12月3日至2016年12月17日（搬迁期限届满前签订拆迁补偿协议并按约定期限搬迁交房的，享受提前搬迁奖励和履行合同奖励）。金某承包的上述土地在×棚户区改造项目的拆迁范围内，其未在搬迁期限内签订拆迁补偿协议。

因×棚户区改造建设需要，北京市密云区十里堡镇×股份经济合作社在原告承包土地合同到期后，于2017年3月29日委托北京市×公证处对金某承包的土地地上物现状及北京市×房地产咨询评估有限公司的测量、清点、登记过程进行保全证据公证；于2017年4月10日对金某作出告知书，通知金某于2017年4月11日前将承包的土地自行恢复原貌交给该社，否则该社将对承包土地范围内的地上物进行清除。

2017年4月12日，金某承包土地范围内的地上物被拆除。

2017年5月27日，金某以十里堡镇政府为被申请人向密云区政府申请行政复议，请求确认十里堡镇政府于2017年4月12日拆除其果园的具体行政行为违法。2017年8月24日，密云区政府作出密政复决字〔2017〕8号行政复议决定，认为金某提交的视频及照片等证据材料不足以证明十里堡镇政府实施了涉案土地地上物的拆除工作，故金某以十里堡镇政府为被申请人提出行政复议申请没有事实依据。据此，依据《中华人民共和国行政复议法实施条例》第四十八条第一款第二项规定，决定驳回金某的行政复议申请。

【案件焦点】

1. 本案复议机关是否应为共同被告；2. 复议机关以不符合受理条件为由驳回复议申请的，当事人如何选择救济途径。

【法院裁判要旨】

北京市密云区人民法院经审理认为：公民、法人或者其他组织向人民法院提起行政诉讼，应当符合法定起诉条件；起诉不符合法定条件，已经立案的，应当裁定驳回起诉。《中华人民共和国行政诉讼法》第二十六条第二款规定，经复议的案件，复议机关决定维持原行政行为的，作出原行政行为的行政机关和复议机关是共同被告；复议机关改变原行政行为的，复议机关是被告。《最高人民法院关于适用〈中华人民共和国行政诉讼法〉若干问题的解释》第六条第一款规定，行政诉讼法第二十六条第二款规定的“复议机关决定维持原行政行为”，包括复议机关驳回复议申请或者复议请求的情形，但以复议申请不符合受理条件为由驳回的除外。本案中，被告密云区政府是依据《中华人民共和国行政复议法实施条例》第四十八条第一款第二项“受理行政复议申请后，发现该行政复议申请不符合行政复议法和本条例规定的受理条件的”之规定，驳回金某的行政复议申请的，不属于“复议机关决定维持原行政行为”之情形。原告金某不应以密云区政府为共同被告提起行政诉讼。其可以选择以复议机关密云区政府为被告，针对行政复议行为提起行政诉讼；亦可以选择作为复议被申请人的十里堡镇政府为被告，针对其认为侵犯其合法权益的行政行为提起行政诉讼。经法院向原告金某释明，原告金某表示其起诉是否符合法定条件需要由法院作出判断，并坚持同时起诉二被告。鉴于原告金某的起诉没有法律依据，不符合提起行政诉讼的法定条件，故法院对其起诉依法应予驳回。据此，依据当时有效的《最高人民法院关于适用〈中华人民共和国行政诉讼法〉若干问题的解释》第三条第一款第十项之规定，裁定：

驳回原告金某的起诉。

金某在二审期间撤回上诉，二审法院裁定予以准许。

【法官后语】

在行政诉讼法修改后规定了“复议机关决定维持原行政行为”的情况下，自复议机关作为共同被告参加诉讼的法律制度以来，复议机关是否属于共同被告就成为当事人提起行政诉讼时首先要考虑的一个新的法律问题。事实上，并非经过复议的案件就必然属于复议共同被告的情形，但是对于普通当事人来说，这个问题并不好区分。本案首先要解决的就是复议机关是否应当作为共同被告的程序问题。尽管本案裁定中引用的《最高人民法院关于适用〈中华人民共和国行政诉讼法〉若干问题的解释》已被《最高人民法院关于适用〈中华人民共和国行政诉讼法〉的解释》

取代，但后者第一百三十三条对“复议机关决定维持原行政行为”作出了相同的规定，即“复议机关决定维持原行政行为”，包括复议机关驳回复议申请或者复议请求的情形，但以复议申请不符合受理条件为由驳回的除外。这是因为，如果复议机关受理行政复议申请后驳回复议申请或者复议请求，属于一种实体处理决定，在性质上与维持原行政行为并无不同；而以复议申请不符合受理条件为由驳回，在性质上属于对行政复议申请的程序性驳回，既不属于维持原行政行为，也不属于改变原行政行为，因为行政机关并没有对被申请行政行为的合法性作出实体认定和处理。

司法解释已经明确了“复议机关维持原行政行为”的含义。因此，对于是否列复议机关为共同被告并非疑难法律问题。本案的难点在于，在明确了不属于复议机关共同被告的情况下，当事人的救济途径如何选择的问题：是应当先行起诉复议不予受理行为，还是可以在原行政行为和复议行为之间选择其一，或者可以同时对原行为和复议行为起诉？笔者认为，在复议机关不予受理复议申请的情况下，当事人有两种法律救济手段可以选择：一种是直接起诉原行政行为。因为可能对当事人合法权益造成侵害的，实质上仍是原行政机关的行政行为或者不作为。复议机关尽管没有受理行政复议申请，但在法律没有规定行政复议必须是前置程序的情况下，并不影响当事人直接对原行政行为提起行政诉讼，并且直接起诉原行政行为还有利于从根本上解决行政争议。另一种是起诉复议机关不作为。如果当事人坚持认为复议机关应当受理其复议申请，也可以以复议机关不作为为由提起诉讼。但是，无论是直接起诉原行政行为还是起诉复议机关不作为，都不涉及另一机关作共同被告问题。虽然法律规定了上述两种救济手段，但却不可以同时进行，也不能先后进行，而应当选择其一。这是因为，直接起诉原行政行为，目的是要求人民法院对原行政行为的合法性作出认定和处理；起诉复议机关不作为，直接的诉求虽然是要求人民法院撤销不予受理复议申请的决定，但撤销不予受理复议申请决定的效果，则必然导致复议机关同样要对原行政行为的合法性作出认定和处理。如果同时起诉原行政行为和复议机关不作为，就会违反一事不再理原则，造成人民法院和复议机关的重复劳动。更为重要的是，这样做还违反了司法最终原则。因此，法院在审查出起诉不符合复议共同被告的情况下，应当告知当事人两种救济途径，由当事人进行选择，不能并行。本案原告在法院释明后，坚持将复议机关列为共同被告，不符合起诉条件，故裁定驳回其起诉。

编写人：北京市密云区人民法院　李慧杰

50

请求一并解决民事纠纷必须符合法定要件

——王某诉吴江经济技术开发区管理委员会城建信息公开、苏州市吴江区人民政府行政复议案

【案件基本信息】

1. 裁判书字号

江苏省苏州市中级人民法院（2018）苏05行终53号行政裁定书

2. 案由：城建信息公开、行政复议纠纷

3. 当事人

原告（上诉人）：王某

被告（被上诉人）：吴江经济技术开发区管理委员会（以下简称开发区管委会）、苏州市吴江区人民政府（以下简称吴江区政府）

【基本案情】

2017年6月30日，开发区管委会收到王某的信息公开申请，申请内容为：全村每户安置房的总面积、每户安置人口（其中农业人口多少人、非农村农业人口多少人）、每户的分户情况等内容的汇总表。开发区管委会于2017年7月18日作出政府信息公开申请延长答复期限告知书，并向王某进行送达。2017年8月8日，开发区管委会作出吴开信息〔2017〕22号政府信息公开申请答复告知书，告知王某其申请的信息不属于《中华人民共和国政府信息公开条例》所指的政府信息。王某向吴江区政府申请复议，复议机关于2017年9月11日作出〔2017〕吴行复第49号行政复议决定书，决定维持开发区管委会作出的吴开信息〔2017〕22号政府信息公开申请答复告知书。王某不服，向法院提起行政诉讼，同时要求判令开发区管委会履行吴开发〔2006〕69号文件的分户规定，给予王某妻子沈甲分户资格，对龙津村8组沈乙进行分户安置。

【案件焦点】

1. 原告提出的请求是否属于《中华人民共和国行政诉讼法》第六十一条规定的一并解决民事纠纷；2. 原告提起行政诉讼是否符合起诉的条件。

【法院裁判要旨】

江苏省苏州市吴江区人民法院经审理认为：根据《中华人民共和国行政诉讼法》第四十九条第三项的规定，提起行政诉讼必须有具体的诉讼请求和事实依据。王某提起诉讼要求撤销吴江区政府〔2017〕吴行复第49号行政复议决定书，确认开发区管委会信息不公开违法。同时要求开发区管委会履行吴开〔2006〕69号文件的规定分户，给予其妻子沈甲分户资格，对龙津村8组户主沈乙进行分户安置。经释明，王某坚持其起诉状中的诉讼请求。综上，王某同时起诉多个行为，且不明确，不符合起诉的法定要件，经法院多次释明，原告仍坚持起诉。依照当时有效的《最高人民法院关于适用〈中华人民共和国行政诉讼法〉若干问题的解释》第三条第一款第一项和《中华人民共和国行政诉讼法》第四十九条第三项规定，一审法院作出裁定：

驳回王某的起诉。

裁判后，王某向江苏省苏州市中级人民法院上诉。江苏省苏州市中级人民法院经审理认为：王某提起诉讼要求一是撤销吴江区政府〔2017〕吴行复第49号行政复议决定书，确认开发区管委会不公开政府信息违法；二是要求开发区管委会履行吴开〔2006〕69号文件的规定，给予其妻子沈甲分户资格，对龙津村8组的沈乙进行分户安置。上诉人王某的起诉不符合提起行政诉讼应当有具体的诉讼请求这一条件，亦不属于《中华人民共和国行政诉讼法》第六十一条规定的可以一并审理相关民事争议的情形，经原审法院释明后，其仍然坚持不作变更。因此，原审法院依据《中华人民共和国行政诉讼法》第四十九条第三项规定及当时有效的《最高人民法院关于适用〈中华人民共和国行政诉讼法〉若干问题的解释》第三条第一款第一项规定，裁定驳回王某的起诉，并无不当。

综上，上诉人的上诉请求和理由不能成立，不予支持。据此，江苏省苏州市中级人民法院依照《中华人民共和国行政诉讼法》第八十六条、第八十九条第一款第一项之规定，裁定：

驳回上诉，维持一审裁定。

【法官后语】

本案在审理中，各方对事实都没有异议，分歧的关键点在于王某提出的请求是否属于《中华人民共和国行政诉讼法》第六十一条规定的一并解决的相关民事争议，法院是否应一并解决。一种意见认为王某整个诉讼都是围绕其妻子沈甲分户资格问题所引起的，无论是信息公开还是要求履行法定职责都是紧密联系的，因此为了诉讼便利的考虑，可以按照《中华人民共和国行政诉讼法》第六十一条规定的一并解决民事争议处理。另一种意见认为本案所涉的情形不符合一并解决民事争议的情形，王某的诉讼请求不明确，不符合行政起诉的法定要件，本案应当驳回起诉和上诉。笔者同意第二种观点，理由如下。

第一，在行政诉讼中一并解决相关民事争议，应当具备一定的条件。首先，要有一个已经成立的行政诉讼，而且这个行政诉讼符合起诉条件的相关规定；其次，该行政诉讼是涉及行政许可、登记、征收、征用和行政机关对民事争议所作的裁决的行政行为；再次，当事人在行政诉讼中申请一并解决相关民事争议；最后，提起的民事诉讼和之前的行政诉讼具有一定的相关性。也就是说，行政诉讼和相关的民事诉讼都涉及同一行政行为的合法性问题。王某在诉讼中要求政府信息公开，并根据公开的内容要求解决其妻子的拆迁安置问题，其妻子的拆迁安置问题和案件所涉的信息公开是两个不同种类的行为，信息公开行为的合法性与否与其妻子拆迁安置行为的合法性不具有相关性，而且都属于行政纠纷，因此不属于在行政诉讼中一并解决相关民事争议的情形。

第二，通过行政诉讼进行救济必须符合行政诉讼的起诉条件。根据《中华人民共和国行政诉讼法》第四十九条第三项的规定，提起行政诉讼必须有具体的诉讼请求和事实依据。行政诉讼作为一种救济方式，当事人要行使必须符合法定的要求。当事人要求在一个案件中解决多个不同性质的诉讼请求，针对的是不同的法律关系，有的涉及知情权保护，有的涉及财产权保护，要求在一个案件中予以处理属于没有具体的诉讼请求，如果当事人坚持起诉，法院对其起诉应当予以驳回。

第三，当事人提起一并解决相关民事争议必须在一审程序中提出。《最高人民法院关于适用〈中华人民共和国行政诉讼法〉的解释》第一百三十七条规定，公民、法人或者其他组织请求一并审理行政诉讼法第六十一条规定的相关民事争议，应当在第一审开庭审理前提出；有正当理由的，也可以在法庭调查中提出。也就是说，当事人提起一并解决相关民事争议的申请，应当在第一审中提出，法院准许后就相关民事争议单独立案，由同一审判组织审理，而不能在二审和申请再审中提出。如果当事人在二审程序中提出申请，法院可以对民事部分进行调解，调解不成的，告知当事人另行起诉。因为如果法院在二审中就一并相关民事争议进行裁判事实上剥夺了民事争议当事人的上诉权。

第四，不能一并解决相关民事争议并不影响当事人合法权利的行使。当事人如认为开发区管委会的行为侵犯了其民事或者行政方面的权利，完全可以另行提起行政或者民事诉讼，本案所涉的纠纷没有一并解决对原告实体权利不造成实际影响。要求政府履行法定职责是公民的法定权利，但必须依照法律规定、依据法律程序进行。笼统将相关诉求提交政府处理并进而提起行政诉讼要求法院判决政府履行法定职责并非最佳救济方式。

编写人：江苏省苏州市吴江区人民法院　秦绪栋

51

听证程序不是行政命令的前置程序

——周某诉江阴市水利农机局水利行政命令案

【案件基本信息】

1. 裁判书字号

江苏省无锡市中级人民法院（2018）苏02行终257号行政判决书

2. 案由：水利行政命令纠纷

3. 当事人

原告（上诉人）：周某

被告（被上诉人）：江阴市水利农机局（以下简称江阴水利局）

【基本案情】

2017年8月2日，江阴水利局水政监察执法人员巡查发现周某擅自侵占位于江阴市璜土镇天生港桃花港河口西侧的长江滩地，认为该行为涉嫌违反防洪法相关规定，于同日立案。执法人员于同日上午到现场进行勘验，制作的勘验（检查）笔录、勘验图载明：周某经营的砂场位于长江滩地，属长江防洪工程管理范围，东侧为新河港口水道，北侧为长江，西侧为华西码头，南侧为长江大堤及蔡国正砂场。砂场南北长103米，东西长52米，占地面积3600平方米。执法人员向周某进行询问并制作了笔录，送达了责令停止水事违法行为通知书。

2017年8月15日，江阴水利局向周某送达责令限期改正水事违法行为通知书；同年9月6日，又向周某送达行政处罚事先告知书和听证告知书。同年9月19日，江阴水利局作出限期清除决定书，并于同日送达周某。

周某在一审中提出其向江阴水利局执法人员口头提出听证要求，但江阴水利局一直未予答复。

【案件焦点】

1. 周某有无非法侵占长江滩地的违法事实；2. 听证是否必须作为行政命令的前置程序。

【法院裁判要旨】

江苏省江阴市人民法院经审理认为：周某经水利行政部门许可临时占用涉案长江滩地的期限至2012年3月17日止，经港口管理部门许可从事港口经营业务的期限至2017年1月26日止，逾期后未经延续许可期限即不再具备合法占用该长江滩地和从事相关港口业务的条件。根据勘验（检查）笔录、勘验图、现场照片以及周某询问（调查）笔录等证据，能够证明2017年8月2日水利执法人员查处时，周某存在未经水利行政主管部门批准擅自占用长江滩地用于货物装卸的违法事实。

关于被诉行政决定的程序问题。本案被诉的限期清除决定在法律属性上属于行政命令而不属于行政处罚，听证程序并非作出行政命令的前置程序。本案中，江阴水利局在拟作出罚款和限期清除的行政决定前，一并告知周某拟作行政决定的事实、理由及依据，并告知其有权要求听证。因此，江阴水利局在作出责令清除决定前，应当根据周某的要求举行听证，但周某并未在期限内提出听证要求。周某辩称曾口头向执法人员提出听证要求，但对该主张并无证据证明，不能成立，应视为周某在行政程序中对其听证权利的放弃。

江苏省江阴市人民法院依照《中华人民共和国行政诉讼法》第六十九条之规定，判决如下：

驳回周某的诉讼请求。

江苏省无锡市中级人民法院经审理同意一审法院裁判意见。

【法官后语】

行政机关在执法过程中，经常作出责令限期清除、责令改正违法行为等决定，在法律属性上属于行政命令而不属于行政处罚。以限期清除决定为例，是指行政主体制止正在发生的违法行为、危险状态及不利后果，要求违法行为人履行法定义务，停止违法行为，消除不良后果或恢复原状等具有强制性命令性的行政行为。这种行政行为本质上属于行政命令中的禁令，即行政机关依法要求行政相对人不为一定行为的意思表示。行政命令不会涉及行政相对人的权利，只会影响其义务，即行政命令是要求行政相对人履行一定作为或不作为的义务。限期清除决定一经作出便为行政相对人设定了义务，无论该行政命令是否合法，若行政相对人不执行行政主体的命令，就会受到行政处罚或行政强制执行的后果。因此，限期清除决定是行政执法过程中的一种独立的行政行为。如果行政相对人实施的合法行为被行政主体错误实施了限期清除的命令，就会导致行政相对人的合法权益受到侵害。为保障行政命令功能的正确行使，应赋予行政相对人法律救济的途径。如果行政相对人认为该行政命令将使其合法权益受到损害的，可以提起行政诉讼。

在行政法律关系当中，作为相对人的公民、法人或者其他组织所面对的是组织严密和拥有广泛行政权的行政机关。为了保护相对人的合法权益，平衡行政机关和相对人的关系，法律赋予公民、法人或者其他组织参与权、平等权、受益权、知情权、救济权等权利。行政听证便是一项专门适用于行政机关，保障行政相对人上述合法权益的程序制度。我国相关法律明确规定的需要举行行政听证的情形包括：责令停产停业、吊销许可证或者执照、较大数额罚款等较为严厉的行政处罚；直接涉及申请人与他人之间重大利益关系，申请人、利害关系人提出听证申请的行政许可以及行政机关认为需要听证的其他涉及公共利益的重大行政许可。但本案中，听证程序并非被诉的限期拆除行政命令的前置程序。

编写人：江苏省江阴市人民法院　黄剑　李卫

52

无效行政行为的判断标准及人民法院依职权转换诉讼类型的适用

——北京迪富瑞生态农业有限公司诉北京市顺义区高丽营镇人民政府行政强制措施案

【案件基本信息】

1. 裁判书字号

北京市顺义区人民法院（2018）京0113行初385号行政判决书

2. 案由：行政强制措施纠纷

3. 当事人

原告：北京迪富瑞生态农业有限公司（以下简称迪富瑞公司）

被告：北京市顺义区高丽营镇人民政府（以下简称高丽营镇政府）

【基本案情】

迪富瑞公司于2008年8月27日注册成立，其住所地位于北京市顺义区高丽营镇闫家营村村委会南500米，该院内有两个生产车间。迪富瑞公司系涉案第一生产车间的实际使用人。

2018年2月2日，高丽营镇政府向迪富瑞公司发出《通告》，内容为：迪富瑞公司，近期，经检查发现你单位存在重大火灾隐患，不及时消除可能严重威胁公共安全。根据《中华人民共和国消防法》和公安部《消防监督检查规定》，北京市顺义区公安消防支队将依法对你单位进行临时查封。临时查封后，任何单位和个人不得擅自拆除封条或者使用被查封的场所和部位，违者将依照《中华人民共和国消防法》第六十四条规定，处十日以上十五日以下行政拘留。为避免给你单位造成损失和不便，请你单位于2018年2月10日24点前清退该场所。

2018年10月19日，高丽营镇政府在第一生产车间的门上加贴封条。

迪富瑞公司不服，于2018年10月31日提起本案诉讼，请求确认高丽营镇政府2018年10月19日对迪富瑞公司的第一生产车间加贴封条的行为违法。

案件审理过程中，高丽营镇政府于2018年11月13日将其所贴封条撤除。高丽营镇政府称：加贴封条的原因系第一生产车间违规使用泡沫彩钢板，彩钢板材的芯材未达到A级不燃材料要求；高丽营镇政府加贴封条时，第一生产车间上无其他单位的封条；经其与北京市顺义区公安消防支队核实，因第一生产车间存在消防隐患，2018年2月26日，北京市顺义区公安消防支队已经对第一生产车间进行了查封，且查封状态一直持续，因认为无重复查封的必要，高丽营镇政府将所贴封条撤除。

【案件焦点】

1. 迪富瑞公司是否具备本案原告主体资格；2. 高丽营镇政府加贴封条的行为是否合法（对该焦点的判断涉及诉讼类型的转换）。

【法院裁判要旨】

北京市顺义区人民法院经审理认为：

一、关于原告主体资格问题。本案中，高丽营镇政府对迪富瑞公司主体资格的意见为：1. 迪富瑞公司并非第一生产车间的所有权人，只是承租人。2. 高丽营镇政府加贴封条的行为不是独立的新的措施，也未对迪富瑞公司造成新的实际损失。

对此，法院认为，本案中，高丽营镇政府在第一生产车间上加贴封条的行为影响了第一生产车间的使用，该行为是高丽营镇政府单独实施的，与第一生产车间上是否存在在先查封行为无关，迪富瑞公司作为第一生产车间的实际使用人，具备本案原告主体资格。

二、关于被诉行为的合法性。本案中，高丽营镇政府在第一生产车间上加贴封条的行为符合《中华人民共和国行政强制法》第二条中关于“行政强制措施”的定义，属于查封场所的行政强制措施。

根据《中华人民共和国行政强制法》第四条、第十条规定，查封场所的行政强制措施只能由法律、行政法规、地方性法规设定。本案中，因现有法律、行政法规、地方性法规未规定乡镇政府可以实施查封场所的行政强制措施，故高丽营镇政府在第一生产车间上加贴封条的行为缺乏法律规范依据，属无效行为。

另，《最高人民法院关于适用〈中华人民共和国行政诉讼法〉的解释》第九十四条第一款规定，公民、法人或者其他组织起诉请求撤销行政行为，人民法院经审查认为行政行为无效的，应当作出确认无效的判决。本案中，虽然迪富瑞公司将诉讼请求表述为“确认高丽营镇政府2018年10月19日对迪富瑞公司的第一生产车间加贴封条的行为违法”，但因本案属于撤销之诉范畴，故依法作出确认无效判决。

北京市顺义区人民法院依照《中华人民共和国行政诉讼法》第七十五条、《最高人民法院关于适用〈中华人民共和国行政诉讼法〉的解释》第九十四条第一款之规定，判决如下：

确认被告高丽营镇政府在原告迪富瑞公司使用的第一生产车间上加贴封条的行为无效。

判决书送达后，双方均未提起上诉，判决已生效。

【法官后语】

本案是按照2014年11月1日修正、自2015年5月1日起施行的《中华人民共和国行政诉讼法》及其新司法解释作出的诉讼类型由“撤销（确认违法）之诉”转换为“确认无效之诉”的典型案例。案例主要涉及两个问题。

1. 无效行政行为的判断标准

修正后的《中华人民共和国行政诉讼法》新增了确认无效的判决方式。该法第七十五条规定，行政行为有实施主体不具有行政主体资格或者没有依据等重大且明显违法情形，原告申请确认行政行为无效的，人民法院判决确认无效。根据上述规定，无效行政行为的判断标准是“重大且明显违法”。

对于何为“重大且明显违法”，《最高人民法院关于适用〈中华人民共和国行政诉讼法〉的解释》（本案以下简称《适用解释》）第九十九条明确规定，有下列情形之一的，属于行政诉讼法第七十五条规定的“重大且明显违法”：(1) 行政行为实施主体不具有行政主体资格；(2) 减损权利或者增加义务的行政行为没有法律规范依据；(3) 行政行为的内容客观上不可能实施；(4) 其他重大且明显违法的情形。

本案中，高丽营镇政府在迪富瑞公司使用的第一生产车间上加贴封条的行为缺乏法律规范依据，属于《适用解释》第九十九条第二项规定的“重大且明显违法”情形，为无效行为，该行为自始、当然、绝对不发生法律效力。

2. 人民法院依职权转换诉讼类型的适用

依照行政诉讼法及《适用解释》的规定，公民、法人或者其他组织针对具体行政行为向人民法院提起行政诉讼的，可以请求判决撤销或变更行政行为，可以请求判决确认行政行为违法，也可以请求确认行政行为无效。一般而言，人民法院应围绕当事人的诉讼请求作出相应的判决，此谓“诉判对应”。另外，实践中，原告通常不会直接提起确认无效之诉，而是提起撤销之诉。这是因为，无效行政行为与一般违法行政行为之间既有区别，也存在一定的相似性。如前文所述，无效行政行为的标准为“重大且明显违法”，除此之外，对于一般的违法情形，应当提起撤销之诉；不具有可撤销内容的，应当提起确认违法之诉。但是，考虑到原告立案时对被诉行为违法情况的把握不一定准确，因此《适用解释》对于法院经过审理之后，发现被诉行政行为的违法状况与原告提起诉讼类型不一致的情形，赋予法院可以依职权转换诉讼类型，并作出相应判决，而无需遵循“诉判对应”理论。

对于诉讼类型的转换，《适用解释》第九十四条第一款规定，公民、法人或者其他组织起诉请求撤销行政行为，人民法院经审查认为行政行为无效的，应当作出确认无效的判决。该条第二款规定，公民、法人或者其他组织起诉请求确认行政行为无效，人民法院审查认为行政行为不属于无效情形，经释明，原告请求撤销行政行为的，应当继续审理并依法作出相应判决；原告请求撤销行政行为但超过法定起诉期限的，裁定驳回起诉；原告拒绝变更诉讼请求的，判决驳回其诉讼请求。

案例适用的是《适用解释》第九十四条第一款的规定。在适用该款规定将撤销之诉转换为确认无效之诉时应当注意以下两点。

（1）由撤销之诉转换为确认无效之诉，因更有利于保护原告的合法权益，所以法院无需履行释明义务，可直接依职权作出确认无效的判决。反之，在依据《适用解释》第九十四条第二款将确认无效之诉转换为其他类型诉讼时，因不符合行政诉讼保障当事人诉权的宗旨，法院应履行相应的释明义务，并根据释明后原告重新作出的意思表示依法判决。

（2）对于原告要求确认行政行为违法的情形，应根据具体案情判断是否符合诉讼类型转换的条件。虽然从条文表述上看，《适用解释》第九十四条第一款规定针对的是公民、法人或者其他组织起诉请求“撤销”行政行为，人民法院经审查认为行政行为无效的，应当作出确认无效的判决。但是，特殊情形下的确认违法之诉亦可以转换为确认无效之诉。这是因为，当事人起诉要求确认违法一般针对行政行为不具有可撤销内容的两种情形：一是行政行为已经被行政机关自行撤销，行政行为不具有可撤销内容的；二是行政机关实施的事实行为侵犯相对人合法权益的。对于前者，行政行为原本具有可撤销内容，只是原告起诉时行政行为已不具有可撤销内容，因此，此种情况实质上仍属于撤销之诉的范畴，即使原告起诉时将诉讼请求表述为“确认违法”，而非“撤销”，法院经审查认为属于无效情形的，亦应依职权作出确认无效判决。对于后者，因属于事实行为，故行政行为原本就不具有可撤销内容，自然无法依据《适用解释》第九十四条第一款规定，实现诉讼类型的转换。考虑到本案属于第一种情形，法院依职权进行了诉讼类型的转换，并作出确认无效判决。

编写人：北京市顺义区人民法院　刘琳琳

53

医疗卫生行政管理中投诉人原告资格的判断标准

——冯某诉北京市朝阳区卫生和计划生育委员会行政处罚决定、北京市朝阳区人民政府行政复议决定案

【案件基本信息】

1. 裁判书字号

北京市第三中级人民法院（2018）京03行终919号行政裁定书

2. 案由：行政处罚决定及行政复议决定纠纷

3. 当事人

原告（上诉人）：冯某

被告（被上诉人）：北京市朝阳区卫生和计划生育委员会（以下简称朝阳区卫计委）、北京市朝阳区人民政府（以下简称朝阳区政府）

【基本案情】

原告称，其自发现怀孕后，整个怀孕周期都在北京市朝阳区妇幼保健院进行围

产期保健，孕晚期（孕40周+）时，主任医生要求提前入院，准备待产，其也按照医生的要求办理入院手续，入院后院方给予催产素引产等相关治疗，于2016年4月3日17时40分娩一男婴（窒息），并于当天转入中国人民解放军北京军区总医院。经医生抢救，诊断为新生儿窒息、新生儿肺炎、新生儿缺血缺氧性脑病、缺氧缺血性心肌损伤、锁骨骨折、呼吸性碱中毒等，后因新生男婴无法自主呼吸，2016年4月16日因呼吸衰竭死亡。

后原告向朝阳区卫计委投诉"北京市朝阳区妇幼保健院存在伪造、篡改、销毁病历资料的严重违法行为"，朝阳区卫计委向原告作出书面答复，认定北京市朝阳区妇幼保健院伪造、篡改病历内容，替换了原有文书，有伪造、篡改、销毁病历资料的违法行为。朝阳区卫计委对北京市朝阳区妇幼保健院及涉案医生分别作出《行政处罚决定书》，决定对北京市朝阳区妇幼保健院作出警告的行政处罚，对涉事医生聂某某作出暂停执业活动六个月的行政处罚。原告对此行政处罚结果不认可，向朝阳区政府申请行政复议，朝阳区政府作出维持朝阳区卫计委所作行政处罚决定的《行政复议决定书》。

【案件焦点】

冯某作为投诉人就行政机关对被投诉人作出的行政处罚决定是否具有利害关系。

【法院裁判要旨】

北京市朝阳区人民法院经审理认为：公民、法人或者其他组织向人民法院提起诉讼应当符合法定起诉条件。有权提起行政诉讼的主体为行政行为的相对人以及其他与行政行为有利害关系的公民、法人或者其他组织。本案原告作为接受医疗机构及其医务人员提供的医疗服务的个人，因医疗行为与医疗机构和医护人员产生纠纷，依法享有为维护自身合法权益就医疗机构及其医务人员在医疗活动中的违法行为向卫生行政主管部门进行投诉的权利，并由此享有对行政主管部门作出的相应行政行为或拒绝履行职责的行为提起诉讼的权利。需要指出的是，原告诉讼权利的享有仅针对特定事项，即其作为主张自身权益受损害的投诉者，行政主管部门针对其投诉作出的投诉主张成立与否的处理行为或相应不作为，且该行政处理行为或相应不作为增加或减损了原告主张的合法权益，导致其因投诉与行政主管部门建立的行政法律关系发生变化。而本案被诉的行政行为系被告基于原告所投诉事项针对违法医疗机构及其医务人员作出的行政处罚决定。原告的投诉系被告作出行政处罚的案件来源，行政处罚决定本身并未改变原告与被告形成的行政法律关系。就行政处罚决定而言，原告既不是被诉行政处罚决定的相对人，同时行政机关决定对被处罚人科以何种类的处罚，也未改变原告的权利义务关系。故原告与该行政处罚决定不具有行政法上的利害关系，原告不具有提起本次行政诉讼的主体资格，其起诉不符合法定起诉条件，法院应予驳回，其针对复议机关作出的行政复议决定的起诉也应一并驳回。一审法院遂裁定：

驳回原告冯某的起诉。

冯某不服，上诉至北京市第三中级人民法院。北京市第三中级人民法院在审理期间，上诉人冯某申请撤回上诉。二审法院遂裁定：

准许上诉人冯某撤回上诉。

【法官后语】

社会公众的投诉是行政机关获得违法线索的重要渠道，有助于有效行政管理，但也引起了大量行政纠纷。投诉人的原告资格问题成为司法实践中必须予以重视和统一的难题。

1. 关于投诉人原告资格的法律规定

《最高人民法院关于适用〈中华人民共和国行政诉讼法〉的解释》第十二条第五项对投诉人的原告资格予以规定。投诉人的原告资格问题，一直备受争议，该司法解释将投诉人的原告资格予以明确，对司法统一具有重要意义。

2. 投诉人原告资格的判断标准

根据《最高人民法院关于适用〈中华人民共和国行政诉讼法〉的解释》规定，投诉人符合原告资格必须满足三个条件：一是投诉的目的在于维护投诉人的合法权益；二是具有处理投诉职责的行政机关作出或者未作出处理；三是作出处理的相应行政行为或者未作出处理的行政不作为致使投诉者所主张的合法权益增加或者减损。需要指出的是，因投诉人的投诉，产生了两种行政法律关系，即投诉人与具有处理投诉职责行政机关间的投诉处理法律关系和被投诉人与具有处理投诉职责行政机关之间的调查处理法律关系。这两种法律关系都有处理行为，但并不具有同一性，这就决定了投诉人的原告资格是有条件限制的，并非因投诉线索，行政机关的所有行为都可诉，必须同时具备上述三个条件才属于利害关系人。

在本案中，冯某作为接受医疗机构及医务人员提供医疗服务的个人，因医疗行为与医疗机构和医务人员产生纠纷，其作为主张自身权益受害的投诉者，为维护自身合法权益进行投诉，符合原告资格的第一个条件。针对冯某的投诉，朝阳区卫计委具有作出处理的法定职责，且经调查对医疗机构和医务人员的违法行为作出行政处罚，并将该情况向其书面答复告知，故该情形符合上述第二个条件。而针对朝阳区卫计委对医疗机构及其医务人员作出的行政处罚决定，冯某是否具有利害关系是本案的焦点。冯某的投诉系被告作出行政处罚的案件来源，行政处罚决定本身并未改变其投诉与朝阳区卫计委间形成的投诉处理关系，亦未增加或者减损其主张的医疗行为中其享有的权利义务，故其不符合原告资格的第三个条件，不具有提起本次行政诉讼的主体资格。

3. 投诉处理过程中的原告资格问题

行政机关针对当事人的投诉具有阶段性，即行政机关的履责过程是分阶段的，该过程可以概括为四个阶段：受理阶段、调查阶段、处罚阶段、答复阶段。

在投诉处理四个阶段中，投诉人的原告资格审查标准侧重是不同的。具体来说，受理阶段，投诉人就行政机关的不予受理通知或者决定提起诉讼，投诉人是否是为维护自身合法权益提起诉讼成为审查其原告资格的核心；调查阶段，投诉人针对行政机关因疑难复杂等特殊情况下不能在法定期限内作出是否处罚处理情况的答复告知，也即对过程性的答复告知提起诉讼，因系非终局性的答复，并未对投诉人权利义务产生影响，也即上述判断标准中的第三个条件未成熟，不具有可诉性；处罚阶段，投诉人针对行政机关作出的处罚决定提起诉讼，投诉人并非处罚决定的相对人，行政机关决定对被投诉人苛以何种类的处罚，并未改变投诉人的权利义务，即本案中的情形，不具有可诉性；答复阶段，投诉人针对行政机关作出的投诉答复提起诉讼，应对上述判断标准中的三个条件均予以认定，司法实践中，一般对投诉人的原告资格予以肯定，进入实体审查，依法作出判决。

综上所述，投诉人的原告资格在《最高人民法院关于适用〈中华人民共和国行政诉讼法〉的解释》中予以明确，该规定遵循行政诉讼法的立法旨趣，有效平衡了投诉人个人利益、行政秩序和效率、司法审判职能发挥三者之间的关系。本案对新司法解释规定的投诉人原告资格条件的理解和适用，深入浅出地分析了投诉人原告资格的判断标准，有助于法律适用的统一。

编写人：北京市朝阳区人民法院 朱军巍 刘会霞

54

债权人的行政诉讼原告主体资格认定

——屈某诉重庆市北碚区国土资源管理分局确认行政行为违法案

【案件基本信息】

1. 裁判书字号

重庆市第一中级人民法院（2018）渝01行终435号行政裁定书

2. 案由：确认行政行为违法

3. 当事人

原告（上诉人）：屈某

被告（被上诉人）：重庆市北碚区国土资源管理分局（以下简称北碚区国土局）

第三人：重庆厚海建筑材料有限责任公司（以下简称厚海公司）

【基本案情】

2014年10月10日，黄某以后岩公司名义与富皇公司签订《采矿权转让合同》，约定富皇公司将茶叶坡水泥配料用砂岩矿采矿权转让给后岩公司。依据富皇公司申请，北碚区国土局于2014年10月21日批复准予转让。2015年3月24日，后岩公司因超出名称保留期，未在工商部门注册营业执照。2016年7月26日，北碚区国土局向富皇公司和后岩公司发出限期办理采矿权登记手续的通知。

2016年6月14日，重庆市北碚区人民法院依本案原告屈某申请作出执行裁定，查封黄某以后岩公司名下受让的富皇公司茶叶坡砂岩矿采矿权受让合同权益、砂岩矿矿产资源采矿权及设备，查封期限两年。北碚区国土局认可已收到北碚区人民法院送达的执行裁定书及协助执行通知书。2016年7月，本案第三人厚海公司向北碚区国土局提交《采矿权变更登记申请书》，该申请书记载的变更类型为“矿山企业名称变更”，变更内容栏中载明采矿权人由后岩公司变更为厚海公司，后北碚区国土局向厚海公司颁发了被诉采矿许可证。经审理查明，富皇公司原持有的采矿许可证与被诉采矿许可证上记载的矿区范围拐点坐标均一致。

屈某认为，其为实现对黄某的债权，已申请诉讼保全后岩公司名下茶叶坡砂岩矿的采矿权，北碚区国土局将该采矿权登记给厚海公司的行为侵犯其合法权益，故起诉要求确认北碚区国土局将采矿许可证颁发给厚海公司的行政行为违法。被告北碚区国土局认为，2014年10月10日，原权利人富皇公司与黄某拟设立的后岩公司签订采矿权转让合同，将采矿权转让给后岩公司，被告于同月核发了采矿权。因后岩公司超出名称保留期未完成设立，黄某另设立本案第三人，申请将采矿权登记在本案第三人名下。北碚区国土局根据黄某申请，将采矿权变更在第三人名下的行为是2014年10月采矿权变更行为的延续，不存在违反法律、法规规定的情形。

【案件焦点】

屈某的起诉是否符合法定起诉条件。

【法院裁判要旨】

重庆市合川区人民法院经审理认为：屈某以后岩公司名下的案涉采矿权已被查封为由，认为被诉行政行为侵犯其合法权益，但后岩公司一直未成立，北碚区国土局未将该采矿权登记在该公司名下，也从未向该公司颁发过茶叶坡砂岩矿采矿许可证，故屈某申请的查封行为与被诉行政行为无任何利害关系，其不具有本案的原告主体资格。

重庆市合川区人民法院根据《最高人民法院关于适用〈中华人民共和国行政诉讼法〉的解释》第六十九条第一款第一项之规定，裁定：

驳回原告屈某的起诉。

屈某不服一审裁定，提起上诉。重庆市第一中级人民法院经审理认为：屈某基于涉案采矿权已因其申请被人民法院予以查封，被诉颁证行为影响了其债权实现而提起诉讼。债权是一种相对权，通常而言不属公法上规范保护的权益，但在特定情形下，因法律、法规的特别规定，或某一法律事实的发生，则可能要求行政机关在作出行政行为时对此予以考虑和保护。

本案中，黄某为设立后岩公司签订《采矿权转让合同》，虽后岩公司未能设立，但该合同所涉的权利义务应由设立人黄某承受。屈某基于其对黄某享有的债权，向北碚区人民法院申请财产保全，北碚区人民法院依法查封黄某以后岩公司名下茶叶坡砂岩矿采矿权受让合同权益、砂岩矿矿产资源采矿权及设备，并向北碚区国土局送达了相关法律文书。该司法执行行为系保障屈某对黄某的债权得以实现，故对涉案采矿权进行变更的行政行为可能影响屈某的合法权益。北碚区国土局在作出该行政行为时，理应对此进行考虑和保护，故屈某与被诉行政行为之间具有利害关系，其提起本案行政诉讼符合法律规定。

重庆市第一中级人民法院依照《中华人民共和国行政诉讼法》第八十九条第一款第二项，《最高人民法院关于适用〈中华人民共和国行政诉讼法〉的解释》第十三条、第一百零九条第一款规定，作出如下裁定：

一、撤销重庆市合川区人民法院（2017）渝0117行初234号行政裁定；

二、本案指令重庆市合川区人民法院继续审理。

【法官后语】

本案审理的重点与难点在于债权人的行政诉讼原告主体资格认定。

1. 行政诉讼中“利害关系”的判定原则

依据《中华人民共和国行政诉讼法》第二条之规定，公民、法人或者其他组织认为行政行为侵犯其合法权益，有权提起行政诉讼。但《中华人民共和国行政诉讼法》所保护的并非所有主体一般的、宽泛的合法权益，仅以主观意愿为标准，显然无法对起诉人是否符合原告主体资格的审查起到指引作用，需要更为明确的客观审查标准。由于行政行为类别众多、行政管理领域广泛、监管手段多样，大量值得行政诉讼法保护的利益，无法与公法权利义务关系一一对应，行政机关、人民法院也难以以公法意义上的权利义务关系对上述利益进行界定。因此，我国行政诉讼法采取“与行政行为有利害关系”作为确定原告起诉资格的客观认定标准，在该标准下，需审查被诉行政行为与起诉人权益之间是否存在特定的联系，该权益能否通过特定联系成为法律规范保护的权益，从而使起诉人与被诉行政行为建立起行政法意义上的而非事实上的利害关系，取得原告主体资格。

具体到本案，屈某作为黄某的债权人，基于其对黄某享有的债权，向北碚区人民法院申请对黄某的财产进行保全，北碚区人民法院依法作出执行裁定，查封黄某以后岩公司名下受让的富皇公司茶叶坡砂岩矿采矿权受让合同权益、砂岩矿矿产资源采矿权及设备。该司法执行行为并不直接导致屈某取得采矿权，其目的是保障屈某对黄某的债权得以实现，至此，屈某债权实现的利益与本案所涉采矿权，通过查封行为产生特定联系，继而与被诉行政行为之间建立关联。

2. 债权人的原告主体资格认定

《最高人民法院关于适用〈中华人民共和国行政诉讼法〉的解释》第十三条规定："债权人以行政机关对债务人所作的行政行为损害债权实现为由提起行政诉讼的，人民法院应当告知其就民事争议提起民事诉讼，但行政机关作出行政行为时依法应予保护或者应予考虑的除外。"对于被人民法院查封的财产，在被查封期间处于冻结状态，行政机关不应随意办理变更登记。而我国对矿产资源权属的变更管理实行审批和登记制度，上述制度体现了行政机关对采矿权的确认、监管，故在此情况下，行政机关作出矿产权属变更登记时，应保护因查封行为而与变更登记行为产生关联的债权人利益。

本案中，重庆市北培区人民法院根据屈某申请对案涉采矿权予以查封，北碚区国土局在查封期间不应办理转让等权属变更登记。北碚区国土局将该采矿权登记在厚海公司名下，并颁发采矿许可证，厚海公司作为独立法人，与黄某显然不属同一主体，该行政行为可能影响屈某的合法权益，北碚区国土局在作出该行政行为时，理应对此进行考虑和保护。因此，屈某与本案被诉行政行为之间具有利害关系，其作为本案原告提起行政诉讼符合法律规定。

编写人：重庆市第一中级人民法院　张力　黄琦　李俊冰

九、政府信息公开

55

党政机关联合发文是否属于政府信息公开范围应当根据实际情况作区分处理

——宋某诉抚州市东乡区人民政府、抚州市人民政府不履行政府信息公开法定职责及行政复议案

【案件基本信息】

1. 裁判书字号

江西省抚州市中级人民法院（2018）赣10行初147号行政判决书

2. 案由：政府信息公开及行政复议纠纷

3. 当事人

原告：宋某

被告：抚州市东乡区人民政府（以下简称东乡区人民政府）、抚州市人民政府

【基本案情】

宋某因其坐落于抚州市东乡区孝岗镇的房屋面临征收，于2018年8月6日向东乡区人民政府邮寄了信息公开申请材料，要求东乡区人民政府书面公开《中共东乡区委办公室东乡区人民政府办公室关于印发〈东乡区集中处理“两违”行为工作方案〉的通知》（东办发〔2017〕10号）（以下简称东办发〔2017〕10号文件）。东乡区人民政府收悉该申请后，通知了该区信息中心，该区信息中心于2018年8月23日将东办发〔2017〕10号文件交宋某查阅，宋某在该文件第1页签署“宋某已阅读

处理办法”字样。宋某认为东乡区人民政府未按照其信息公开申请所要求的形式提供信息，违反了《中华人民共和国政府信息公开条例》① 有关规定，遂于2018年9月5日向抚州市人民政府邮寄行政复议申请书。抚州市人民政府收到宋某的行政复议申请后，严格按照行政复议的程序进行受理、审查。2018年10月19日，抚州市人民政府作出抚府复字〔2018〕127号行政复议决定，驳回宋某的行政复议申请，并于2018年10月23日将该行政复议决定书送达给宋某。宋某认为，东乡区人民政府未履行公开政府信息法定职责的行为及抚州市人民政府作出的抚府复字〔2018〕127号行政复议决定均违法，侵犯了其合法权益，遂起诉至江西省抚州市中级人民法院。

【案件焦点】

党政机关联合发文是否属于政府信息、是否应当公开、公开的具体形式如何。

【法院裁判要旨】

江西省抚州市中级人民法院经审理认为：党政机关联合发文所含信息既可能涉及传达贯彻党和国家方针政策等党务信息内容，也可能涉及与行政机关履职密切联系的政务信息内容。故不能简单地将党政机关联合发文所包含的信息完全等同于政府信息，更不宜笼统认为其不属于政府信息，而是应当根据联合发文的具体情况作具体分析，客观、公正地加以判断。依法公开党政联合发文中涉及的相关政务信息，符合《中华人民共和国政府信息公开条例》的立法本意。虽然，在具体公开的信息内容上，应当尊重行政机关的判断，但是，对于明显能够区分出联合发文信息中确属政务信息的内容，且申请人的申请符合法定要求的，行政机关应当按照《中华人民共和国政府信息公开条例》第二十二条规定，依法向申请人提供可以公开的信息内容；至于采取何种形式进行公开，应当兼顾党政机关联合发文的实际情况，尽可能满足申请人的知情权。根据东办发〔2017〕10号文件第1页载明的内容，可以认定东乡区人民政府参与了东办发〔2017〕10号文件的研究，并同意了该文件的制发。该文件成文日期为2017年3月16日，文件所包含的信息内容有“工作

---

① 《中华人民共和国政府信息公开条例》已于2019年4月3日修订，自2019年5月15日起施行。本书中涉及政府信息公开的案例大多立案、裁判于该条例修订前，故除明确说明为2019年最新修订的条例外，本书中所有的《中华人民共和国政府信息公开条例》指代的皆是2007年的版本。

目标、处理范围和对象、处理原则、处理办法、工作步骤、相关政策、其他”等部分，显然，这些内容中既包含党务信息，也包含政务信息。庭审中，宋某认可其已于2018年8月23日在东乡区人民政府大楼查阅了该文件中的处理办法部分，故应当认定东乡区人民政府在收到宋某申请后，已经向其公开了政府信息。宋某还提出东乡区人民政府未向其提供书面文件，因宋某已于2018年8月23日在该文件第1页签上“宋某已阅读处理办法”字样，应当视为宋某改变并接受了信息公开形式，而东乡区人民政府通过安排宋某查阅的形式向其提供政府信息，亦符合《中华人民共和国政府信息公开条例》第二十六条之规定。另经查，宋某在诉讼过程中，已实际收到了东乡区人民政府作为证据材料提交的东办发〔2017〕10号文件的全部内容，其诉求责令东乡区人民政府向其书面公开该文件信息，已无必要。

抚州市人民政府在收到宋某的复议申请后，结合该案相关证据材料，根据客观事实，严格按照行政复议申请、受理、审查、作出决定并送达等程序进行复议，其作出驳回宋某行政复议申请的复议决定认定事实清楚，程序合法，适用法律正确。

江西省抚州市中级人民法院依照《中华人民共和国行政诉讼法》第六十九条、第七十九条规定，判决如下：

驳回原告宋某的诉讼请求。

【法官后语】

申请政府信息公开是公民、法人和其他组织的一项重要权利。本案确立了党政机关联合发文信息公开案件的可诉性标准。虽然本案裁判形成于2019年《中华人民共和国政府信息公开条例》修订之前，但裁判所适用的法律依据与修订后的条例规定精神相契合。判决依据修订前的《中华人民共和国政府信息公开条例》第一条、第四条、第十三条、第二十二条、第二十六条分别与修订后的该条例第一条、第四条、第二十七条、第三十七条、第四十条相联系。

我国现行政府信息公开立法，并未将党政机关联合发文信息排除在政府信息公开范围之外。无论是政府主动公开信息，还是依申请人申请公开信息，均应当“坚持以公开为常态、不公开为例外”，而例外情形皆由法定。区分党务信息和政务信息，将党政机关联合发文纳入政府信息公开范围进行司法审查，具有合法性和必要性。一方面，政府信息公开遵循“谁制作、谁公开”“谁保存、谁公开”的原则，《党政机关公文处理工作条例》第二十三条明确规定“公文应当经本机关负责人审批签发……联合发文由所有联署机关的负责人会签”，因此行政机关作为党政联合发文的制作主体之一，有义务回应当事人诉求。另一方面，该项司法审查，有利于及时化解行政争议，监督行政机关依法行政，契合行政诉讼立法目的，同时也契合党和国家政策。如2016年2月中共中央办公厅、国务院办公厅印发《关于全面推进政务公开工作的意见》（中办发〔2016〕8号），要求“全面落实党中央、国务院有关决策部署和政府信息公开条例，坚持以公开为常态、不公开为例外，推进行政决策公开、执行公开、管理公开、服务公开和结果公开”，2019年国务院政府工作报告进一步要求深化“放管服”改革，全面推进政务公开。人民法院以司法审查方式积极回应上述政策，对保障人民群众知情权、参与权、表达权、监督权，推进法治国家、法治政府、法治社会一体建设具有重要意义。

在具体的个案司法审查中，基于党政机关联合发文内容的特殊性和信息保存的实际情况，尊重行政机关的判断，有利于衡平保障申请人知情权、监督行政机关依法行使职权与维护国家安全、公共安全、经济安全、社会稳定等一系列法益，而新修订的《中华人民共和国政府信息公开条例》第三十七条所包含的“信息可分割性原则”亦进一步为妥善化解此类行政争议提供了指引。如对行政机关通过电子数据以及其他适当形式提供，或者安排申请人查阅、抄录党政机关联合发文中应当依法公开的政务信息，已充分保障了申请人的知情权，应当认定为已履行了政府信息公开法定职责，不应确认为违法；申请人坚持按其所要求的形式提供政府信息的，依法不予支持。

编写人：江西省抚州市中级人民法院　陈辉

56

行政机关主张“政府信息不存在”时的合理检索义务应当从主客观两方面证据综合认定

——曲某诉北京市顺义区南法信镇人民政府、北京市顺义区人民政府政府信息公开案

【案件基本信息】

1. 裁判书字号

北京市第三中级人民法院（2018）京03行终133号行政判决书

2. 案由：政府信息公开纠纷

3. 当事人

原告（被上诉人）：曲某

被告（上诉人）：北京市顺义区南法信镇人民政府（以下简称南法信镇政府）

被告：北京市顺义区人民政府（以下简称顺义区政府）

【基本案情】

2017年5月23日，曲某向南法信镇政府提交政府信息公开申请表，申请南法信镇政府公开“南法信镇×××村2006年至2016年每年的负贷表和利润表”。2017年6月8日，南法信镇政府就曲某申请公开的负贷表向其征求意见，曲某明确要求公开的负贷表实际上是资产负债表。2017年6月9日，南法信镇政府对其下属职能科室村级财务服务中心进行调查，工作人员陈述如下：“曲某申请公开的2006年到2016年的负债表和利润表，我们科只是代理各村记账，记完账后负债表和利润表就让各村领走了，我们这儿没有保存，电脑里也没有保存。镇里面没有这些材料，曲某想要的话还是向村里咨询吧。”2017年6月9日，南法信镇政府对南法信镇×××村委会进行调查，工作人员陈述如下：“曲某要求公开的2006年到2016

年的资产负债表和利润表，村里每年都从镇里领取，然后村里按时公开。具体流程是镇里的村财代理记账，他们负责代理制作这两个表格，做完以后由村会计领取，各村都是这个程序。”2017年6月12日，南法信镇政府作出并向曲某送达《政府信息不存在告知书》，主要内容是：“经查，您申请获取的政府信息，本机关已经移交到北京市顺义区南法信镇×××村村委会，因此本机关未以一定形式记录或保存，根据《中华人民共和国政府信息公开条例》第二十一条第三项规定，该政府信息不存在。建议您向北京市顺义区南法信镇×××村村委会咨询，咨询电话为××××。”

曲某不服该《政府信息不存在告知书》，于2017年8月14日向顺义区政府申请行政复议。2017年11月2日，顺义区政府作出顺政复字〔2017〕113号行政复议决定书，对该不存在告知书予以维持。

【案件焦点】

1. 南法信镇政府主张“政府信息不存在”时的合理检索义务的认定；2. 南法信镇政府能否以已通过村务公开为由免除政府信息公开义务；3. 南法信镇政府是否还有继续公开的裁量余地。

【法院裁判要旨】

北京市顺义区人民法院经审理认为：南法信镇政府作为涉诉政府信息的制作者，依法负有公开的法律义务，其所称其已将涉诉政府信息移交到南法信镇×××村村委会，因此其未以一定形式记录或保存，从而该政府信息不存在的意见，缺乏法律依据。故南法信镇政府作出的被诉《政府信息不存在告知书》依法应予撤销。一审法院遂判决：

一、撤销南法信镇政府作出的被诉《政府信息不存在告知书》；

二、撤销顺义区政府作出的行政复议决定书；

三、责令南法信镇政府于本判决生效之日起在法定期限内针对曲某提出的政府信息公开申请重新作出处理。

南法信镇政府上诉称，其答复完全符合法律、法规的要求，答复意见有充分的法律依据。曲某申请的政府信息客观上确实未保存于南法信镇政府处，若遵照一审判决对其提出的政府信息公开申请重新作出处理，南法信镇政府也只能按照上述规定的要求再次作出不存在的答复。曲某申请公开的内容，南法信镇政府无法定义务进行备份、保存。被上诉人曲某同意一审判决，请求二审法院维持原判。原审被告顺义区政府未提起上诉，其同意南法信镇政府的意见。

北京市第三中级人民法院经审理认为：行政机关应当对“政府信息不存在”承担举证责任，行政机关要提供证据证明其已经尽到了合理检索、查找义务而未能发现信息存在。一般而言，衡量检索、查找是否合理需要综合考虑检索的载体选择是否合适、检索方法是否妥当、检索人员的工作态度是否认真等因素后进行判断。本案中，南法信镇政府仅提交了向该镇村财服务中心科长的调查笔录即欲证明其尽到了合理的检索义务。南法信镇政府在检索信息上选择了主观询问方式，放弃了查阅档案材料、进入电脑查询核实等客观检索方式，对此并未提供合理的解释及相应的证据。南法信镇政府提交的向×××村委会的调查笔录、财务公开领取申请表可以证明该政府信息的确在该镇政府存在过，曲某提交的财务公开领取申请表也指明了该信息现有的可能保存线索。对于南法信镇×××村2006年到2016年这十一年的资产负债表和利润表目前是否已全部查找不到且已灭失、曲某提交的存在线索是否可循，南法信镇政府应当重新审查核实，进一步调查、裁量。因此，南法信镇政府目前仍具有提供该信息的可能性，一审法院判决并无不当。二审法院遂判决：

驳回上诉，维持原判。

【法官后语】

向政府申请资讯公开被拒绝，拒绝决定本身是一个行政决定，不服可以提起行政诉讼。对此，《最高人民法院关于审理政府信息公开行政案件若干问题的规定》第一条第一款明确规定，人民法院应当受理。拒绝性答复是信息公开案件中最常见、最典型的诉讼，“法藏官府、秘而不宣”是行政机关自古以来的天性。而行政机关制作政府信息后却不积极留存备份或归档登记，或者出于各种因素考虑统统以“不存在”为由拒绝公开又是拒绝性信息公开答复中的典型。因此，明确司法机关的审查范围，准确界定行政机关对“政府信息不存在”应当承担举证责任及应采用的合理检索方式，对于推动基层民主、指引各级政府积极履行信息公开职责具有一定的指导意义。

最高人民法院最新的裁判实务中倾向于认为“行政机关未制作、未获取、未保存相关信息以及因保管不善造成信息灭失等问题，一般不属于政府信息公开行政案件审查范围”，法院“并不审查行政机关不制作或者不保存相关政府信息是否违法问题”，“至于行政机关应当主动公开而不主动公开的法律责任，并非政府信息公开诉讼所要解决的问题，当事人可以依照政府信息公开条例第三十三条第一款的规定，向上级行政机关、监察机关或者政府信息公开工作主管部门举报”①。

可以认为，出于司法审查强度的有限性和法院依职权调取证据的现实局限性考虑，最高人民法院放弃了对行政机关“是否应当主动公开而不主动公开的法律责任”的司法审查，主动限缩了司法审查的范围，转而倾向于将否定性答复的信息公开的审理核心集中于行政机关的合理说明尤其是合理搜索义务的认定上。质言之，基于审理的便捷性、可操作性与司法权的谦抑性，将前者的审查也隐秘、间接地置于后者的审查过程中。因此，对行政机关的合理说明尤其是合理搜索义务的认定承载着司法机关对“政府信息不存在”这一行政行为的整体态度与评价，故对合理检索义务的履行完成应当从严掌握。在审理行政机关作出的政府信息不存在告知书的行政行为中，如何判断行政机关提交的证据材料达到了能够证明其进行了合理检索的程度即成为审理的关键。

解决这个问题首先需要明确的是检索的合理性不等同于客观正确性，法律上的应然结果并不必然是事实上的实然结果。对是否进行了合理检索的判断，更多是法官在综合考虑多种因素以后的内心确认或主观性认知，是法官自由裁量权的集中体现，体现的是一种法律真实。一般而言，衡量判断行政机关检索、查找是否合理需要综合考虑以下因素：检索的载体（如数据库、信息目录）选择是否合适齐全、检索方法是否妥当（如关键字是否选择准确合理、是否对关键字进行了拆分而非整段输入当事人描述信息查询）、检索人员的工作态度是否认真、检索不全面时或未进行检索时是否有合理的解释、当事人提供初步线索后是否予以了回应等。在实践审理中，司法机关应当从主客观两方面证据综合认定行政机关是否已完成了合理的检索、查找义务。仅仅进行主观询问，不进行查阅档案材料、进入电脑查询核实等客观检索方式且无合理解释说明的，在申请人提出了该信息现有的可能保存的线索的

① 最高人民法院（2017）最高法行申9250号、2638号，（2018）最高法行申541号行政裁定书。

情况下，行政机关应当重新审查核实，进一步调查、裁量。就本案而言，结合以上需要考量的因素，法院倾向于认定南法信镇政府的检索方式并不合理，其所履行的查找、检索义务并不够充分，存在合理性瑕疵。

编写人：北京市第三中级人民法院　陈金涛

57

证券类特殊政府信息不受政府信息公开条例的调整

——宏亿隆投资管理有限公司诉中国证券监督管理委员会厦门监管局政府信息公开答复案

【案件基本信息】

1. 裁判书字号

福建省厦门市中级人民法院（2018）闽02行终58号行政裁定书

2. 案由：政府信息公开答复纠纷

3. 当事人

原告（上诉人）：宏亿隆投资管理有限公司（以下简称宏亿隆公司）

被告（被上诉人）：中国证券监督管理委员会厦门监管局（以下简称厦门证监局）

【基本案情】

宏亿隆公司向厦门证监局递交一份落款日期为2017年4月27日的《控告书暨要求履行法定职责的申请》，针对非上市公众公司厦门海洋实业（集团）股份有限公司董事会秘书王某等人故意隐瞒重大涉诉信息不予依法披露等违法行为提出控告并要求厦门证监局履行监管、查处等法定职责。2017年6月1日，厦门证监局就宏亿隆公司举报的“有关海洋股份诉讼相关事项”向厦门海洋实业（集团）股份有限公司董事会秘书王某进行调查询问并制作笔录。2017年7月18日，厦门证监局审查后就宏亿隆公司的上述申请作出（2017）厦证监复字第3号举报事项办理回复单，告知宏亿隆公司相关处理结果。2017年9月11日，宏亿隆公司向厦门证监局提交中国证监会证券期货监督管理信息公开申请表，申请公开厦门证监局在履行上述监管、查处法定职责过程中于2017年6月1日对被控告人王某所作的询问笔录。该申请表还载明宏亿隆公司申请公开监管信息的用途为维权举证，申请人与所申请信息相关性的描述为上述笔录内容与宏亿隆公司控告内容相关。2017年9月20日，厦门证监局作出厦证监信息公开（2017）第5号 告监管信息公开告知书，答复如下：厦门证监局对宏亿隆公司举报厦门海洋实业（集团）股份有限公司的有关问题进行了核查，并于2017年7月18日将处理结果向宏亿隆公司进行了回复；厦门证监局在上述举报事项核查过程中所作的询问笔录对原告没有约束力，亦不对宏亿隆公司的权利义务产生直接影响，属于行政机关在日常工作中制作或获取的内部管理信息以及处于讨论、研究或者审查中的过程性信息，不属于应公开的政府信息。宏亿隆公司不服该告知书，于2017年10月20日提起行政诉讼。

【案件焦点】

申请证券类政府信息的公开是否属于《中华人民共和国政府信息公开条例》的调整范畴。

【法院裁判要旨】

福建省厦门市思明区人民法院经审理认为：就政府信息公开而言，《中华人民共和国政府信息公开条例》作出了一般性规定，若其他法律、法规对于信息公开范围、方式及途径等有特别规定的，基于特别法优于一般法的原则，应适用特别法的规定。就证券行政管理领域而言，《中华人民共和国证券法》设立了信息披露制度，对于依法必须披露的证券信息公开范围、方式及途径进行了规定。证券法虽规定信息披露的主体为公司，但是政府信息公开涉及证券法调整项下公司相关信息的，亦应当契合证券法的立法目的。基于此，对于与证券法调整项下的公司有关信息的公开，应循证券法的公开途径获悉，不属于《中华人民共和国政府信息公开条例》依申请公开制度的调整范畴。具言之，宏亿隆公司申请公开的询问笔录，不可避免地包含与案涉非上市公众公司有关的内容。若允许投诉举报人提出投诉举报，后又申请公开证券监管机关调查过程中形成的信息，会导致举报成为个人单独获取非上市公众公司信息的渠道，与证券法规定的公平公开原则显然相悖。可见，案涉信息属于证券法项下的证券类特殊政府信息，其应遵守该法设立的信息披露制度，不属于《中华人民共和国政府信息公开条例》依申请公开制度的调整范畴。

福建省厦门市思明区人民法院依照当时有效的《最高人民法院关于适用〈中华人民共和国行政诉讼法〉若干问题的解释》第三条第一款第八项规定，裁定如下：

驳回原告宏亿隆公司的起诉。

一审裁定后，宏亿隆公司提起上诉。福建省厦门市中级人民法院经审理认为：同意一审法院对于案涉信息性质的认定意见。另外，厦门证监局对案涉举报事项调查处理后将结果告知了宏亿隆公司，宏亿隆公司申请公开的询问笔录属于厦门证监局在案件调查中的执法调查内容，具有“内部性”或“非终极性”的特点，不属于信息公开的范畴，不属于行政诉讼受案范围。厦门证监局作出的监管信息公开告知书，对宏亿隆公司的合法权益不产生实际影响。对于宏亿隆公司的上诉理由，不予支持。

福建省厦门市中级人民法院依照《中华人民共和国行政诉讼法》第八十九条第一款第一项规定，裁定如下：

驳回上诉，维持原裁定。

【法官后语】

证券类政府信息虽属于政府信息范畴，但同时亦具备证券信息的特殊性。证券法确立的证券市场信息披露制度，有利于建构公平公开的信息获取渠道，保障全体投资者获取信息的对称性与一致性。个别人员企图通过申请上市公司或非上市公众公司证券类政府信息公开的渠道，以优先于其他投资者获得相关证券信息，破坏证券市场秩序，显然与政府信息公开的立法要旨相悖。本案系涉非上市公众公司有关证券类政府信息公开答复案，对于特殊领域政府信息公开裁判基准的确立具有参考意义。

一、确定法律适用的标准

《中华人民共和国证券法》第六十五条规定，上市公司和公司债券上市交易的公司应当就涉及公司的重大诉讼事项、公司财务会计报告和经营情况等内容向国务院证券监督管理机构和证券交易所报送报告，并予公告。同时第七十条规定，依法必须披露的信息，应当在国务院证券监督管理机构指定的媒体发布，同时将其置备于公司住所、证券交易所，供社会公众查阅。可见，证券法对于证券类信息的公开范围、方式及途径等进行了特别规定。反观，政府信息公开条例仅对行政机关在履行职责过程中制作或者获取的信息的公开作出了一般性安排。基于特别法优于一般法的原则，涉及证券类政府信息的公开问题应当适用证券法的特别法规定，从而将该部分特殊领域政府信息排除在政府信息公开条例调整范围之外。

二、确立公开本意的导向

政府信息公开条例旨在保障公民、法人和其他组织依法获取政府信息，其本意在于提高政府工作的透明度，促进依法行政。但，若对政府机关制作或保存的全部政府信息均不加区分地一律公开，可能会造成对国家、社会、集体的利益以及其他公民的合法权利的侵害。诚如本案申请证券类政府信息的公开，由于证券类信息对于全体证券投资人的投资权益及选择有特殊引导作用，对该类信息予以公开，势必会造成个别人员对于证券信息获取的不平等性。证券行政管理领域的信息披露制度的设置意旨即在于公平公正公开，确保全体证券投资人获取信息的对称性与一致性。可见，在保障申请人行使政府信息公开申请权的同时，亦应当遵循立法对于特定领域信息受众法益保护的意旨。

三、遵循合理申请的原则

权利的行使应当在合理的边界范围内，当事人申请政府信息公开亦应遵循合理申请的原则。任何人均不得以绝对公开为名，行滥用申请权以达不当目的之实。具言之，涉及上市公司或非上市公众公司有关证券类政府信息，应当按照证券市场信息披露的途径进行公开。对于个别人员利用政府信息公开的外衣，来谋取个人优于其他证券投资者获得证券信息的特权，破坏证券市场的正常秩序的行为，本案遵循规范意旨对其是否具有政府信息公开条例项下的申请权进行司法判定，并作出排除适用政府信息公开条例的结论。

综上，本案从确定法律适用的标准出发，遵循政府信息公开制度的立法本意，并以合理申请原则作为衡量信息公开申请的边界，层层剖析特殊政府信息公开的价值衡量及裁判基准。因此，该案确定的裁判规则对于此后其他特定领域政府信息公开尺度的把握具有一定的参鉴价值。

编写人：福建省厦门市思明区人民法院　曹玲

58

政府信息公开判决要促进当事人进行平等友善的沟通

——张某诉上海市规划和国土资源管理局政府信息公开案

【案件基本信息】

1. 裁判书字号

上海市高级人民法院（2018）沪行再1号行政判决书

2. 案由：政府信息公开纠纷

3. 当事人：

原告（上诉人、再审申请人）：张某

被告（被上诉人、再审被申请人）：上海市规划和国土资源管理局（以下简称市规土局）

【基本案情】

张某于2015年2月8日以邮寄方式向市规土局提出政府信息公开申请，要求获取：贵局制作或者保存的针对上海市房地产登记处于2012年6月28日作出的上海市房地产登记信息中“该处已批准建设用地”所对应的建设用地批准书及附图的内容信息材料。张某在申请时提交了从上海市房地产登记处获取的《上海市房地产登记信息》，该信息显示虹口区广中路街道232街坊5丘土地状况的下方注明“该处已批准建设用地”。市规土局经延期后，于3月13日作出政府信息公开补正申请告知书，以张某申请内容不明确为由，要求张某在十日内补正，市规土局就补正的内容进行指导：“包括能够据以指向特定政府信息的文件名称、文号或者其他特征描述”；市规土局另作提示：“经向房地产登记机构了解，‘该处已批准建设用地’的备案文件为沪府土（2004）768号（以下简称768号文），请明确您是否需要768号文”。张某于2015年3月21日提交了补正申请，但补正内容与原申请内容完全一致，市规土局认为张某的申请内容仍不明确，遂于2015年3月27日作出编号为沪规土资信公（2015）第137号的政府信息公开申请告知书（以下简称被诉告知），认为张某提交的材料不符合政府信息公开的申请要求，不再按照政府信息公开的制度规定作出答复。同时，市规土局在被诉告知的尾部告知张某："经向房地产登记机构了解，'该处已批准建设用地'的备案文件为768号文，该文一并邮寄给您。"张某不服，提起行政诉讼，要求撤销被诉告知。

【案件焦点】

1. 张某申请公开"某建设用地批准书及附图的内容信息材料"是否明确；2. 申请人提出的申请具有不同理解的可能性时，申请人拒绝沟通补正的，法院该如何裁判。

【法院裁判要旨】

上海市黄浦区人民法院经审理认为：市规土局具有受理和处理政府信息公开申请的职权。本案中，市规土局收到张某的政府信息公开申请后，以张某申请内容不明确为由要求其补正，并作了补正的指导，以及相关文件的提示。在张某坚持原申请内容未作实际补正的情况下，市规土局在扣除补正期间的法定延长期限内作出被诉答复，其认定事实清楚，执法程序合法，适用法律正确。市规土局的便民措施，于法并无不当。张某虽认为其申请的内容已经明确，但从其表述来看，对申请信息的描述缺乏直接指向的明确特征，对申请信息的定义以"内容信息材料"所作的泛指不具针对性，张某以补正的形式提出与原来申请一致的内容来拒绝市规土局所作的补正指导和提示，不具补正的实质。张某完全可以用直接明白的表述，而非用相关材料要求市规土局推导相关信息的内容，来向有关行政机关提出正当的政府信息公开请求。故张某的诉讼请求缺乏事实根据和法律依据，难以支持。依照《中华人民共和国行政诉讼法》第六十九条之规定，判决：

驳回张某的诉讼请求。

张某不服一审判决，向上海市第三中级人民法院提起上诉。上海市第三中级人民法院同意一审法院裁判意见。

后检察机关根据张某的申请，对本案提起抗诉。上海市高级人民法院经审理认为：政府信息公开是公民获取相关信息的法定途径，在申请内容具有不同理解的可能性时，行政机关和申请者应当保持平等友善的沟通，共同确定申请的内容。及时沟通既是行政机关履行政府信息公开职责的必然要求，也是申请者知情权得以有效实现的保障。本案中，张某要求公开的是作为“该处已批准建设用地”注记依据的“建设用地批准书及附图的内容信息材料”。“建设用地批准书及附图”之外加上“内容信息材料”的表述，使得原本清晰的概念具有不同理解的可能性，张某在本案再审开庭时对“内容信息材料”的解释亦证明该表述内容存在不确定性。市规土局收到申请并经查询后发现“该处已批准建设用地”注记的依据是768号文，而相关的土地批文又是建设用地批准的内容之一，在此情况下，市规土局要求张某对其申请内容进行补正说明，并询问张某是否需要作为注记依据的768号文，有其合理性。但张某在收到补正告知以后未选择与行政机关沟通，未对其申请内容进行解释说明，而是通过抄录原申请内容的方式予以补正，实质是拒绝补正。张某在再审开庭审理时表述行政机关在作出补正告知时披露768号文涉嫌误导系对行政机关正常履职行为的无根据揣测，此不信任市规土局的态度与其向市规土局申请信息公开的行为相悖，亦损害了其自身本享有的补正权利，系对其本次信息公开申请目的的实现自设障碍。市规土局在张某拒绝补正以后，作出被诉告知，同时便民提供768号文，并无不当。市规土局对于作为“该处已批准建设用地”依据的768号文的披露以及便民提供，足以说明该局在处理张某所提本次政府信息公开申请中系积极履职，而非以申请不明确为由故意为难申请者，推脱其应当履行的政府信息公开职责。遂判决：

维持原二审判决。

【法官后语】

一、“促进沟通”是涉“申请不明确”政府信息公开案件中的裁判出发点

行政判决的作出应当以有利于实现政府信息公开制度的价值为遵循。按照《中华人民共和国政府信息公开条例》第一条规定，政府信息公开制度的目的在于保障公民、法人和其他组织依法获取政府信息。当申请内容不明确时，唯有沟通，方能更好确定申请内容，确保公民获取其想要获得的信息，政府信息公开应当成为公民和政府机关沟通的渠道。但近年来，在信息公开制度实践中，有公民将信息公开作为向政府施加压力的渠道，通过反复提起政府信息公开申请和诉讼，无谓消耗行政和司法资源，影响了政府信息公开积极作用的发挥。对于行政审判而言，要通过判决，引导公民理性使用政府信息公开的权利，鼓励政府和个人进行沟通。本案再审判决正是基于这

样的理念，明确指出："在申请内容具有不同理解的可能性之时，行政机关和申请者应当保持平等友善的沟通，共同确定申请的内容。及时沟通既是行政机关履行政府信息公开职责的必然要求，也是申请者知情权得以有效实现的保障。"将"促进沟通"作为政府信息公开案件的裁判出发点，是有效发挥政府信息公开制度价值的重要保障。

二、如何看待行政机关所作补正行为的合法性问题

按照《中华人民共和国政府信息公开条例》第二十一条第四项规定，申请内容不明确的，行政机关应当告知申请人作出更改、补充。在案件审理中，申请人和行政机关双方常就申请内容的明确与否产生争议。本案的争议焦点是建设用地批准书附图后面加上"内容信息材料"的表述是否会导致申请的不明确，申请人、行政机关、一二审法院、检察机关对此有不同的理解，从文义上看，对此也很难作出一个清晰的判断。再审判决并没有将审查论证的重点限定在申请内容文义表述是否明确这一点上，而是从补正制度的定位出发，指出张某提出申请时在"建设用地批准书及附图"之外加上"内容信息材料"的表述，使得原本清晰的概念具有不同理解的可能性。进而指出，基于这种不明确的可能性，行政机关作出补正有其合理性。据此，提出了判断行政机关要求补正行为合法与否的角度，即行政机关要求申请人补正并非出于故意为难申请者并且有一定理由的，法院可予以支持。

三、政府信息公开判决要引导申请人理性行使政府信息公开权利

政府信息公开判决会对申请人和行政机关的行为产生影响。政府信息公开判决应当有利于将政府信息公开打造成一个申请人和行政机关相互沟通的平台，不鼓励申请人将信息公开作为向行政机关施加压力的渠道。再审判决将"促进沟通"作为审理"涉申请不明确"案件的出发点，并经过综合分析支持了积极履职的行政机关，对拒绝沟通的申请人的诉讼请求不予支持。再审判决展现的指引性在于：对行政机关而言，履行法定答复义务的同时多作提示和便民告知，既有助于申请人了解更多相关信息，也有助于表明积极履职的态度，相关答复更容易得到法院的认同；对申请者而言，要珍惜补正等与行政机关进行沟通的机会，拒绝沟通不利于及时获得政府信息。同时也向申请者传达，行政救济并非获取信息的第一选择，及时沟通才是有效获得政府信息的最优选项。本案再审判决的目的在于引导行政机关更好地履行政府信息公开职责，同时也引导申请人理性行使申请权和诉讼权利。

编写人：上海市高级人民法院　陈振宇

59

政府信息记录不准确与政府信息内容不合法不是同一概念

——南通兴源色织有限公司诉南通市通州区财政局政府信息公开案

【案件基本信息】

1. 裁判书字号

江苏省南通市中级人民法院（2018）苏06行终209号行政判决书

2. 案由：政府信息公开纠纷

3. 当事人

原告（上诉人）：南通兴源色织有限公司（以下简称兴源公司）

被告（被上诉人）：南通市通州区财政局（以下简称通州财政局）

【基本案情】

2017年11月3日，兴源公司向通州财政局申请公开兴源公司所在地块园林路北延工程（北起江海大道，上跨通吕运河，南至钟秀东路）的房屋征收项目补偿资金到位证明。11月22日，通州财政局作出通财信息〔2017〕22号《政府信息公开申请答复书》，将该信息复印件提供给兴源公司。复印件载明“南通市园林路北延工程房屋征收项目补偿资金已足额到位，存入工行南通城中支行，户名南通市通州区财政局，2017.9.25”。11月28日，兴源公司再次向通州财政局提出政府信息公开申请，认为通州财政局作出通财信息〔2017〕22号园林路北延工程的房屋征收补偿资金到位证明不准确，要求通州财政局予以更正。12月15日，通州财政局作出通财信息〔2017〕23号《政府信息公开申请答复书》，认为案涉信息已经在通财信息〔2017〕22号答复书中提供，不再重复公开，其提供的南通市园林路北延工程房屋征收项目补偿资金到位证明真实准确，不属于《中华人民共和国政府信息公开条例》第二十五条所述需要更正的信息。兴源公司不服提起行政诉讼，要求撤销通州财政局作出的通财信息〔2017〕23号《政府信息公开申请答复书》，责令通州财政局准确公开园林路北延工程的房屋征收项目补偿资金到位证明信息。

【案件焦点】

通州财政局未按兴源公司的要求对案涉信息予以更正是否符合法律规定。

【法院裁判要旨】

江苏省如皋市人民法院经审理认为：兴源公司申请公开“园林路北延工程的房屋征收项目补偿资金到位证明”，对此通州财政局作出书面答复并附有南通市园林路北延工程房屋征收补偿资金证明，兴源公司的知情权得到了满足。通州财政局对拒绝更正的理由进行了合理说明。遂依照《中华人民共和国行政诉讼法》第六十九条之规定，作出如下判决：

驳回兴源公司的诉讼请求。

兴源公司不服，提起上诉称，通州财政局向兴源公司提供的资金到位证明中，只有存款银行和账户，没有具体准确的数额。为此兴源公司请求通州财政局更正该信息，通州财政局不予更正错误。综上，请求二审法院撤销一审判决，依法改判。

江苏省南通市中级人民法院经审理认为：《最高人民法院关于审理政府信息公开行政案件若干问题的规定》第五条第三款规定，被告拒绝更正与原告相关的政府信息记录的，应当对拒绝的理由进行举证和说明。本案中，通州财政局向兴源公司提供了《南通市园林路北延工程房屋征收资金证明》后，兴源公司认为该资金证明不明确，向通州财政局申请更正，为此，通州财政局进行了合理说明，即该证据是原始记载，就是通州财政局向动迁办出具的资金证明，而非因兴源公司申请而特意制作，同时，兴源公司也没有提交证据证明该信息记录不准确，故应当认定通州财政局履行了法定的答复义务。政府信息记录不准确与政府信息内容不符合法律规定并不相同。政府信息记录不准确，主要是指信息内容与客观事实不符，而政府信息内容不符合法律规定，则是政府信息所指向的行政行为是否合法的问题。本案中，通州财政局向兴源公司提供的房屋征收资金证明内容本身并无与客观事实不符之处，兴源公司主张的没有具体准确的数额，也没有金融机构出具的存款凭证作证等理由，系制作房屋征收资金证明这一行政行为是否合法的问题，非政府信息公开行为需要审查的内容。

综上，江苏省南通市中级人民法院依照《中华人民共和国行政诉讼法》第八十九条第一款第一项之规定，作出如下判决：

驳回上诉，维持原判。

【法官后语】

2019年新修订的《中华人民共和国政府信息公开条例》第四十一条规定，公民、法人或者其他组织有证据证明行政机关提供的与其自身相关的政府信息记录不准确的，可以要求行政机关更正。修改前的《中华人民共和国政府信息公开条例》第二十五条第二款也有类似规定。该条款涉及政府信息的更正问题。要求行政机关更正与自身相关且记录不准确的信息，是公民、法人或者其他组织的合法权利。所谓"更正"，根据《现代汉语词典》，是指改正已发表的谈话或文章中有关内容或字句上的错误。从"更正"的字面意思来看，更正只是一个事实行为，是对内容或字句的错误予以改正，而非设立、变更、消灭行政法律关系。因此，申请人要求行政机关更正政府信息，只是对信息内容客观性的调整，而不涉及其合法性。

1. 信息需与申请人自身相关

修改前的《中华人民共和国政府信息公开条例》第十三条规定了"公民、法人或者其他组织还可以根据自身生产、生活、科研等特殊需要"可以向行政机关申请公开信息，新修订的《中华人民共和国政府信息公开条例》第二十七条取消了前述"三需要"条款，其意旨在于申请人的知情权一般不应受到限制。对于更正信息，新旧政府信息公开条例则均规定了必须"与其自身相关"，这意味着申请人即使对政府信息享有知情权，也并不当然享有对信息内容的处分权，申请人欲对政府信息予以更正，必须与信息存在一定的利害关系。

2. 申请人需提交相应证据

申请人认为行政机关保存之信息内容不准确，要求行政机关予以更正的，应当提交相应的证据予以证明，此乃当然之义。否则，对申请人更正政府信息不加任何限制，既可能出现申请人滥用更正权之虞，也不利于行政机关对变更与否及时予以审核。当然，这里的证据，既可以是书面证据，也可以是证据线索，还可以是合理说明，只要能达到便于行政机关审查核实，从而决定是否更正信息的目的即可。

3. 政府信息记录不准确

政府信息记录不准确，主要是指信息内容与客观事实不符，而政府信息内容不符合法律规定，则是政府信息所指向的行政行为是否合法的问题，二者不可混为一谈。本案中，根据《国有土地上房屋征收与补偿条例》第十二条规定，征收补偿费用应当足额到位、专户存储、专款专用。《国有土地上房屋征收与补偿条例》未明确规定征收补偿费用足额到位的相关证明的具体表现形式，实践中，多体现为财政部门、项目主管部门或银行出具的征收补偿资金到位证明。对于通州财政局向兴源公司公开的资金到位证明，通州财政局予以了合理说明，即该证明是原始记载，就是通州财政局向动迁办出具的资金证明，兴源公司认为没有具体准确的数额而要求通州财政局对相关内容予以补充，属于对资金到位证明制作过程合法性的质疑，不是对政府信息内容的更正。

另外，需要说明的是，政府信息存在与否是一个客观事实，政府信息公开诉讼，本质上解决的是政府信息有与无的问题。行政机关公开某项信息的前提必须是其制作或者保存了该项信息，否则公开便无从谈起。因此，即便是在法律对某项政府信息存在与否作出了明确规定的情形下，如果行政机关提交了充分证据或者作出了合理说明，以证明其并未制作该项信息，法院便不能在政府信息公开诉讼中强人所难，要求行政机关必须公开某项信息。对于行政机关在信息公开工作中不规范、不到位的做法，则可以通过司法建议等方式向行政机关指出。

编写人：江苏省南通市中级人民法院　张祺炜

60

重复申请政府信息公开的认定标准

——胡某诉北京市通州区住房和城乡建设委员会政府信息公开案

【案件基本信息】

1. 裁判书字号

北京市第三中级人民法院（2018）京03行终209号行政判决书

2. 案由：政府信息公开纠纷

3. 当事人

原告（上诉人）：胡某

被告（被上诉人）：北京市通州区住房和城乡建设委员会（以下简称区住建委）

【基本案情】

2016年9月21日，胡某向区住建委邮寄材料，要求提供施工图纸作为通住建信答〔2016〕81号《信访事项答复意见书》（以下简称81号意见书）的证据依据。区住建委收到上述材料后，于10月12日作出通住建信答〔2016〕193号《信访事项答复意见书》（以下简称193号意见书），称接到胡某的信访诉求后，找相关单位联系，取到工程的施工图纸复印件。2017年1月6日，区住建委将193号意见书及施工图纸复印件送达胡某。

2016年10月27日，胡某向区住建委提交《北京市政府信息公开申请表》，要求公开81号意见书中所称的施工图。2016年11月16日，区住建委作出通住建委（2016）第170号《告知书》（以下简称170号告知书），载明区住建委并未将图纸留存，无法公开。胡某不服，向法院提起诉讼。后法院审理认为，胡某申请的信息为区住建委在处理胡某其他相关投诉、申请中获取的信息，区住建委在193号意见书中载明已经取得了施工图纸，但170号告知书却作出了相反的表述，故170号告知书认定事实错误，应予撤销，鉴于胡某已经于2017年1月6日实际取得了其申请的施工图纸，判决区住建委重新作出行政行为没有意义，故判令撤销170号告知书。现该案判决已经发生法律效力。

2017年4月26日，胡某再次向区住建委提交《北京市政府信息公开申请表》，申请获取81号意见书中所称的施工图纸，称该图纸属于贵委在处理信访事项过程中获取的施工图，应属于公开范围。同时附有说明一份，指出区住建委给付的193号意见书所附施工图不具备真实性、合法性。2017年5月19日，区住建委作出通住建委（2017）第33号《告知书》（以下简称33号告知书），称胡某已经实际取得申请的施工图纸复印件，本次申请系重复申请，区住建委不再予以办理。

【案件焦点】

胡某此次信息公开申请是否构成重复申请。

【法院裁判要旨】

北京市通州区人民法院经审理认为：首先，从申请内容来看，前后两次信息公开申请所述内容一致，所附说明也仅系胡某认为区住建委提供信息不符合相关要求，并未附带新的信息内容；其次，从履行行政管理职能来看，区住建委并没有对施工图纸进行审查的法定职责，仅系对图纸审查部门进行监督和管理，不必然获取施工图纸，且城建档案由专门单位而非区住建委负责；再次，从两次申请时间间隔来看，区住建委未再对涉案小区建设事项进行调查处理，不存在再次获取施工图纸的可能性；最后，从信息检索义务来看，所申请的信息非区住建委履行行政管理职能中制作或获取的信息，且区住建委未再次对涉案小区监管核查，其没有对信息再次查询的可行性和义务。由上，胡某的申请系重复申请政府信息公开，区住建委的答复符合法律规定，事实清楚，证据充分，程序合法。综上，依据当时有效的《最高人民法院关于执行〈中华人民共和国行政诉讼法〉若干问题的解释》第五十六条第四项之规定，判决：

驳回原告胡某的诉讼请求。

胡某不服原审判决，提起上诉。北京市第三中级人民法院经审理认为：因胡某已经获取申请的信息，且从其申请内容来看，前后两次申请要求公开的信息一致，其在本次申请中所附的说明，也是认为该信息不符合相关规定而再次申请政府信息公开，其意是要求区住建委对其认为的“三无图纸”予以更正，要求区住建委向其提供符合相关规定的图纸，其实质是对于已经公开的政府信息的合法性提出质疑，该要求不属于政府信息公开案件的审理范畴。因此，区住建委作出33号告知书并无不当，对于胡某要求撤销并重新作出答复的请求，法院不予支持。一审法院判决驳回胡某的诉讼请求，结果正确，应予以维持。综上所述，依照《中华人民共和国行政诉讼法》第八十九条第一款第一项规定，判决：

驳回上诉，维持一审判决。

【法官后语】

对于是否构成重复申请，除了考虑典型的申请内容之外，还需要考虑申请的信息是否系行政机关必然在履职过程中制作或获取、两次申请的答复及信息获取情况等因素。

关于以申请内容视角进行判断的标准。从申请主体来看，前后信息公开行为中为同一申请人和同一答复行政机关主体；从申请行为来看，特殊表现就是对已经申请过的信息再次进行重复申请，前后信息实质内容一致；从申请目的来看，特殊表现是不单纯为获取申请的政府信息，而是通过获取的信息达到获取证据、逼迫行政机关作为等其他目的。本案中，胡某前后两次向区住建委提出政府信息公开申请，两次内容表述存在差别，但是核心意思是一致的。对于胡某所附说明，也仅系其认为区住建委提供信息不符合相关要求，实质系要求审查区住建委是否依法合规履行法定职责，显然不属于本案审查范围。因此，从内容角度来看，所附说明并未附带新的信息内容，两次申请内容一致。

关于以行政机关履职视角进行判断的标准。政府信息是政府在履行行政管理职能过程中形成的信息，一般包括两种：一是必然获取的信息，通常为法律明确规定政府机关必须履行此类职责，必然制作或者获取该类信息；二是依申请履行法律职责获取的信息，此类信息通常没有法律规定由行政机关进行制作或者获取，但是法律赋予了行政机关依照公民申请履行相应职责的职权，在此过程中行政机关会要求行政相对人提供或者自行制作该类信息。通常来讲，对于第一种信息，公民在申请时只要行政机关不予提供即可以视为其未履行政府信息公开的法定职责；第二种信息，则需要审查行政机关是否履行了法定职责，在履行职责过程中是否必然需要获取该类信息。本案中，涉及的就是第二种政府信息。根据《房屋建筑和市政基础设施工程施工图设计文件审查管理办法》第四条、第五条规定，区住建委仅系对图纸审查部门进行监督和管理，图纸审查部门为独立法人，因此从行政职权角度来看，区住建委并非在履职过程中必然获取施工图纸，只能在履行公民依照申请履行监管职责中进行获取。区住建委根据胡某之前的举报对涉案小区进行查处，并且有开发商提供了相应的图纸，该图纸也由区住建委提供给了胡某。

关于以两次申请情况视角进行判断的标准。首先，第一次申请是否得到了相关政府信息。如果公民在此前政府信息申请中没有获取到相关信息，或者行政机关没有给予具体的说明，那么，该申请即使前后两次一致，也不能直接不予答复，而应该履行法定查询义务，行政机关就其履行了查询义务承担举证责任，重新予以答复。其次，两次申请之间是否存在政府部门再次获取相关信息的情形。如果行政机关存在多次履职，履职过程中存在政府信息再次获取、信息更迭等情形，且公民的第二次申请在此履职行为之后，行政机关应该以最新获取的政府信息予以答复，而不能以此前曾经答复过为由拒绝答复。本案中，胡某在第一次申请中已经获取信息，第二次信息公开申请时间间隔仅半年，其间胡某未再进行信访投诉，区住建委未再对该小区内建设事项进行调查，因此也不存在期间内区住建委再次获取施工图纸的可能。

编写人：北京市通州区人民法院　李炎铎　魏文凤

十、其他

61

房屋搬迁补偿“空白协议”效力的认定

——胡大、胡小诉南通市港闸区秦灶街道办事处房屋搬迁补偿协议案

【案件基本信息】

1. 裁判书字号

江苏省南通市中级人民法院（2018）苏06行终768号行政判决书

2. 案由：房屋搬迁补偿协议纠纷

3. 当事人：

原告（被上诉人）：胡大、胡小

被告（上诉人）：南通市港闸区秦灶街道办事处（以下简称秦灶街道办）

【基本案情】

胡小系胡大之子。2017年1月13日，秦灶街道办作为甲方与乙方胡大签订《港闸区住宅房屋搬迁补偿安置协议》，协议主要内容为：因配合城乡建设或改善居住条件的需要，甲方同意对乙方给予补偿安置。乙方自愿选择住宅房屋补偿安置方式为协议搬迁。拆迁合法房屋补偿196239.6元，附属设施设备、装饰装潢补偿214691.61元，搬迁费1920元，临时安置补助费9216元，奖励费6000元，住改营补贴17600元，合法建筑面积区位因素与漏项等补贴372332.79元。乙方合计应得补偿818000元。乙方的安置点为××家园，限定价为每平方米1420元。胡大同日签署借条一份，内容为：“今借到秦灶街道办事处××家园16幢105室、车库C115，暂时居

住，待手续完善后结算。”之后，胡大、胡小以被迫签署“空白协议”为由提起行政诉讼，请求撤销协议。审理中经委托鉴定，南京东南司法鉴定中心于2017年12月28日出具司法鉴定意见书，结论为，倾向认为该协议上胡大的签名字迹不是胡大所写。秦灶街道办申请重新鉴定，南京康宁司法鉴定中心于2018年4月18日出具司法鉴定意见书，结论为，涉案协议上“胡大”的签名与样本胡大签名不是同一人所写。

【案件焦点】

案涉搬迁补偿“空白协议”是否系协议双方真实意思表示，是否合法有效。

【法院裁判要旨】

江苏省如东县人民法院经审理认为：根据《中华人民共和国合同法》第三条、第四条、第三十二条、第四十四条等规定，任何一方当事人都不得将自己的意志强加给另一方，更不得采取强迫、胁迫等手段迫使另一方当事人在违背其意愿的情况下签订合同。为了表明当事人之间对合同内容达成一致，需要在合同书上进行签字或者盖章。本案中，就涉案搬迁补偿安置协议上“胡大”的签名是否为其本人所签进行了两次司法鉴定，第一次鉴定由南京东南司法鉴定中心作出倾向性鉴定结论，倾向认为该协议上胡大的签名字迹不是胡大所写。经补充比对样本进行了第二次鉴定，南京康宁司法鉴定中心作出的鉴定结论为涉案协议上“胡大”的签名与样本胡大签名不是同一人所写。《中华人民共和国合同法》第五十一条规定，无处分权的人处分他人财产，经权利人追认或者无处分权的人订立合同后取得处分权的，该合同有效。本案中，胡大虽然在借条上签名，同意先行借房居住，但该借条内容仅涉及所借住房屋及配套设施、资料的情况，无法体现胡大系对涉案搬迁补偿安置协议的追认。因此，秦灶街道办所提供的证据不能证明达成涉案搬迁补偿安置协议系胡大的真实意思表示，或者事后得到胡大的确认，故涉案搬迁补偿安置协议应当确认为无效。

江苏省如东县人民法院依据《最高人民法院关于适用〈中华人民共和国行政诉讼法〉的解释》第九十四条第一款规定，作出如下判决：

确认案涉《港闸区住宅房屋搬迁补偿安置协议》无效。

秦灶街道办不服，提起上诉。江苏省南通市中级人民法院经审理认为：违反法律、行政法规强制性规定的合同无效。本案中，从两次司法鉴定的结果来看，第一次倾向性鉴定结论认为该协议上签名字迹不是胡大所写。第二次鉴定结论为涉案协议上签名与样本胡大签名不是同一人所写。鉴定意见是鉴定机构以其专业知识所出具的专门意见，案涉两次鉴定的鉴定人具有鉴定资质，鉴定程序亦无违法之处，且两家不同机构作出的鉴定意见高度一致。胡大虽然在借条上签名，同意先行借房居住，但该借条内容仅涉及所借住房屋及配套设施等情况，也仅选择了部分房屋，不涉及全部安置权益。胡大、胡小因非涉拆正常信访被公安机关询问的时间、电话报警时间、协议签订的时间、借条形成时间、房屋拆除时间等，均难以经受常理之推敲。因此，胡大称交房等并非其真实意思表示符合客观事实。本案协议非胡大本人签字，胡大对协议的签订也不予认可，协议欠缺合意、缔约、真实意思表示等基本生效要素，应当认定为无效行政协议。

江苏省南通市中级人民法院依照《中华人民共和国行政诉讼法》第八十九条第一款第一项规定，作出如下判决：

驳回上诉，维持原判。

【法官后语】

根据土地管理法、土地管理法实施条例等相关规定，对集体土地征收的补偿主要包括土地补偿费、安置补助费等相关补偿费用，前者一般归属于村集体经济组织，后者一般归属于农户个体。对宅基地上房屋的拆迁补偿，有的行政机关与被征收人签订“空白协议”，协议仅载明征收双方、被征收房屋等征收内容，但相关补偿内容仅作口头约定，而在房屋被实际拆除后再补充填写。实践中，有关“空白协议”争议主要有三种情形。

一是缔约资格争议。此类案件原告主要认为“空白协议”系无权处分人签订，或者原告虽然是案涉协议缔约方，但主张受欺诈胁迫签订协议。人民法院主要审查协议缔约方是否具备家事代理权、缔约方署名是否真实、行政机关是否经过权属调查等程序充分履行注意义务以及是否存在行政机关利用优势地位以欺诈、胁迫的方式签订协议等，对经审查认为存在上述违法缔约情形的，依法判决确认协议无效。

二是协议内容争议。从尊重行政惯例以及征收拆迁整体稳定性考虑，此类案件不宜整体“一刀切”认定协议无效。一方面，如果原告有证据证明协议明显不符合补偿安置方案确定的补偿标准，或者明显低于被征收不动产市场价值的、明显不利于保障被征收人合法补偿安置权益的，依法确认空白协议无效。另一方面，如果被告能够提供相应的证据证明原告在起诉前已经实际完全取得补偿、协议已经完全履行到位的，或者原告在诉讼中对补偿安置的内容不持异议的，一般不以“空白协议”为由确认无效。

三是协议履行争议。此类案件原告一般对“空白协议”约定的补偿安置内容没有异议，而仅认为行政机关未依法或者依约履行协议。对此，人民法院一般尊重双方对补偿安置的约定，即原则上不以补偿安置内容超过法定补偿标准确认超过的部分无效，而主要审查是否存在不依法或者不依约履行协议情形，并相应作出驳回诉讼请求、责令行政机关履行协议约定义务等判决。

编写人：江苏省南通市中级人民法院　鲍蕊　殷勤

62

高等院校未备案的校规校纪并非当然不能适用

——殷某某诉中国传媒大学教育行政管理案

【案件基本信息】

1. 裁判书字号

北京市第三中级人民法院（2017）京03行终87号行政判决书

2. 案由：教育行政管理纠纷

3. 当事人

原告（上诉人）：殷某某

被告（被上诉人）：中国传媒大学

【基本案情】

殷某某原系中国传媒大学MBA学院工商管理专业硕士研究生。2014年12月20日上午，在中国传媒大学处举行的全国大学英语四级考试中，监考人员发现殷某某由他人冒名代替参加考试。中国传媒大学考试管理部门从替考人员处查到殷某某的学生证、身份证及参加当日考试的《准考证》，监考人员和替考人员根据殷某某由他人代替参加考试的情形，制作一份《北京地区全国大学生英语四、六级考试考生违规情况登记表》，考生违规事实为“由他人冒名代替参加考试的”，情况说明中载明“经联系考生未在京，由学院教师代签”，后殷某某在另一份考试信息及考生违规事实等内容相同的《情况登记表》中签字予以确认。2015年1月21日，中国传媒大学研究生院对殷某某作出《拟处分告知书》，告知拟给予殷某某开除学籍处分，殷某某有异议可提交书面申辩材料。2015年3月9日，中国传媒大学研究生院向殷某某作出并于次日送达了《听证通知书》，告知殷某某可在收到通知书后三个工作日内提出书面听证申请。2015年3月12日，殷某某提交《听证申请书》。2015年3月23日，中国传媒大学研究生院作出《关于拟开除学籍处分召开听证会通知书》。2015年3月25日，中国传媒大学召开了听证会，听取了殷某某的陈述与申辩。2015年4月14日，中国传媒大学经校长办公会研究决定对殷某某作出中传研字〔2015〕71号《中国传媒大学学生处分决定书》（以下简称被诉《处分决定书》）。主要内容为：“殷某某在中国传媒大学2014年12月20日上午举行的全国大学外语四级考试中，由他人冒名代替参加考试。根据《国家教育考试违规处理办法》第六条第五款及《中国传媒大学研究生学籍管理规定》（以下简称《学籍管理规定》）第四十二条第四款规定，经研究决定给予开除学籍处分”，并于次日向殷某某予以直接送达。2015年4月20日，殷某某向中国传媒大学学生申诉处理委员会提出申诉复查。2015年5月11日，中国传媒大学学生申诉处理委员会决定维持原开除学籍的处分决定。殷某某仍不服，遂诉至法院。

【案件焦点】

1. 殷某某是否存在国家英语四级考试中由他人代替考试的行为；2. 被诉《处分决定书》所依据的《国家教育考试违规处理办法》与《学籍管理规定》可否适用；3. 被诉《处分决定书》的作出程序是否合法。

【法院裁判要旨】

北京市朝阳区人民法院经审理认为：根据中华人民共和国教育部在其他相关诉讼中的回函意见，中国传媒大学径行适用《国家教育考试违规处理办法》作为处分依据系对上述办法的适用范围理解有误，法院对此予以指出。但中国传媒大学所制定并于作出被诉《处分决定书》时所适用的《学籍管理规定》中关于开除学籍处分及程序的相关规定并不违背相应法律、法规的规定，中国传媒大学直接适用本校的管理规定与规则对殷某某的行为作出认定和处理并无不当。一审法院遂判决：

驳回殷某某的诉讼请求。

殷某某不服，提起上诉。北京市第三中级人民法院经审理认为：关于焦点一，中国传媒大学提交的《情况登记表》、监考老师出具的证明、照片、视频等相关证据能够形成较为完整的证据链证明殷某某在参加全国英语四级考试时由他人冒名代替考试的情况。关于焦点二，《普通高等学校学生管理规定》第六十八条虽规定了学校的学生管理规定应当备案，但并未明确备案为学生管理规定的生效要件，亦未对备案时限予以明确。结合《普通高等学校学生管理规定》全文中四处关于“备案”的规定综合判断，该条的“备案”不具有行政许可的性质，亦非一种行政审批，仅仅是备查式的登记。根据章程制定的学生的具体管理规定属于高校自主管理权范围内，教育行政部门主要按第六十八条第二款的规定进行指导、检查和督促工作。高校制定、修订的学生管理制度未按要求进行备案的，如不违反法律、法规，并不影响其生效。关于焦点三，中国传媒大学作出被诉《处分决定书》前履行了调查取证、审查、听证、决定、送达等程序，保障了殷某某的陈述、申辩、听证等权利，并无不当。一审判决认定事实清楚，程序合法。二审法院遂判决：

驳回上诉，维持原判。

【法官后语】

本案是一起开除高等学校研究生学籍的教育行政管理案件。一审法院指出了被诉处分决定适用《国家教育考试违规处理办法》不当的问题，但未进一步分析高等院校未备案校规校纪的适用性问题。对此，法院应当结合上位法规定，在考量高等院校自治性的基础上，予以司法认定。

一、关于备案

（一）从上位法规定看，备案不影响生效

首先，从《中华人民共和国立法法》的条文看，该法对行政法规、地方性法规、自治条例和单行条例、规章等未备案是否影响效力并无规定，未见到不备案不能生效适用的条文。

其次，参考“两高”司法解释备案与生效规定，备案并不影响司法解释的效力，并非生效的必要条件。《最高人民检察院司法解释工作规定》第二十三条规定，最高人民检察院发布公告的日期为生效时间，但司法解释另有规定的除外。

可见，从上位法律、法规及司法解释的规定和实践看，备案不影响生效，备案并非生效的必要前置环节，更倾向于是一种上级权力机关的事后监督与审查，实践中常见的是本法或本规定自公布之日起实施。从《中华人民共和国立法法》第八十六条至第九十一条规定看，对于与上位法冲突的法律、行政法规、地方性法规、自治条例和单行条例、规章，更多的是一种发布实施后遇到问题后才进行裁决、撤销、改变，行政备案对材料的审查是形式审查，是事后监管的手段。①

（二）从高校自治角度考量，校规校纪未备案不影响生效

首先，基于高校运行之实际考量，法律不可能也无法对高校管理的方方面面事无巨细地予以规定，高校存在自主管理的空间与必要。从大学史的角度看，“自治是高深学问的最悠久传统之一”②。基于权利保障的价值考量，司法开始介入高校和学生之间原本封闭的关系。③ 关于学生权利的保护与高校的管理，法律以事后的低密度的规范予以引导和控制。

其次，教育部作为最高教育主管行政部门，只对高等学校的章程有核准权，根据章程制定的学生具体管理规定属于高校自主管理权范围内的事项，教育行政部门只按规定进行后续的监督管理，备案不是生效的必备要件。

再次，我国高等院校众多，一个院校可能会同时制定分别规制研究生、本科生、专科生的校规校纪。学生管理规定只要经过其校长委员会通过并对外公布则发生效力。教育主管部门以事后监督的形式对违反上位法的情形责令改正。

最后，现有规章对备案主体、时限及责任没有规定。被诉《处分决定书》作出之时适用的原《普通高等学校学生管理规定》（教育部令 21 号）第六十八条以及新的《普通高等学校学生管理规定》（教育部令 41 号）第六十七条均未对备案的时限与责任予以明确，亦无不备案不能生效适用的条文。

---

① 王建鹏：《卫生行政备案研究》，载《中国卫生法制》2016 年版。

② ［美］伯顿·R·克拉克：《高等教育系统——学术组织的跨国研究》，王承绪等译，杭州大学出版社 1994 年版。

③ 戴乔：《“甘露案”的启示——基于最高人民法院行政判决书的分析》，载《重庆科技学院学报》2015 年第 8 期。

二、关于校规校纪的司法审查

依据最高人民法院指导案例“甘露不服暨南大学开除学籍申请再审案”的精神，校规校纪归属于“其他规范性文件”，被置于“法律－法规－规章－规范性文件”的审查格局之中。因此，高等学校学生应当遵守《普通高等学校学生管理规定》及高等学校依法制定的校纪校规。人民法院在审理此类案件时，应当依据法律法规、参照规章，并可参考高等学校制定的不违反上位法且已经正式公布的校纪校规。

本案中，从司法审查角度考量，中国传媒大学制定的《学籍管理规定》未违背上位法。关于开除学籍的最高上位法规定是教育部制定的《普通高等学校学生管理规定》，其第五十四条第四项规定，学生有下列情形之一，学校可以给予开除学籍处分：由他人代替考试、替他人参加考试、组织作弊、使用通信设备作弊及其他作弊行为严重的。《学籍管理规定》第四十二条规定，“研究生有下列情形之一，学校可以给予开除学籍处分……（四）由他人代替考试、替代他人参加考试、组织作弊、使用通信工具作弊及其他作弊行为严重者”。《学籍管理规定》第四十二条与《普通高等学校学生管理规定》第五十四条第四项内容基本一致，并未违反上位法规定，因此，高等院校在作出行为时予以适用的，司法应当予支持。

编写人：北京市第三中级人民法院　陈金涛

63

行政机关与部分共有权人签订的房屋搬迁协议对其他共有权人不产生法律效力

——王甲、王乙诉南通市港闸区唐闸镇街道办事处、南通市港闸区住房和城乡建设局房屋搬迁行政协议案

【案件基本信息】

1. 裁判书字号

江苏省南通市中级人民法院（2018）苏06行终523号行政判决书

2. 案由：房屋搬迁行政协议纠纷

3. 当事人

原告（上诉人）：王甲、王乙

被告（被上诉人）：南通市港闸区唐闸镇街道办事处（以下简称唐闸街道办）、南通市港闸区住房和城乡建设局（以下简称港闸住建局）

【基本案情】

2008 年 1 月 2 日，王乙以王甲为被告向南通市港闸区人民法院提起析产继承诉讼，要求确认王乙之母的遗产坐北朝南的三间平房的一半由其继承，对翻建前坐西朝东的两间平房的余值依法进行分割。该院于 2008 年 2 月 25 日作出（2008）港民一初字第 0093 号民事判决，判决坐北朝南的三间平房地上建筑部分为王甲和王乙共有，其中王乙享有 26.96 平方米的房屋所有权份额，王甲享有 44.94 平方米的房屋所有权份额。2017 年 8 月 28 日，南通市港闸区人民政府办公室下发《港闸区政府办公室关于下达中环路西延等工程拆迁任务的通知》，案涉房屋位于拆迁范围内。2017 年 12 月 1 日，南通大成土地房地产评估有限公司作出房屋搬迁评估报告，对案涉房屋拆迁补偿费用评估为 227201.70 元，并根据搬迁政策规定，作出补充说明三份，分别增加补偿 234798.30 元、38000 元及 188000 元。2017 年 12 月 10 日，南通市港闸区唐闸街道尖沟头村经济合作社（以下简称尖沟头村合作社）与王甲签订房屋搬迁补偿安置协议三份，其中编号为 0009323 的协议，约定各项补偿款总计为 462000 元，安置点为永和路北、河东二路西，限定价 1700 元/平方米等；编号为 0009358 的协议，约定补偿王甲户合法建筑面积区位因素与漏项等补贴 38000 元；编号为 0009359 的协议，约定补偿王甲户合法建筑面积区位因素与漏项等补贴 188000 元。唐闸街道办、港闸住建局均认可上述协议，且承认尖沟头村合作社开展搬迁工作系其指派。王甲认为案涉协议系受胁迫所签，王乙认为协议未经其提供，遂提起诉讼，要求撤销案涉三份协议。

另查明，1997 年 4 月，王甲户申请翻建房屋时，申请人包含：王甲、顾某、王乙、王小一。王甲户户主为王甲，家庭成员有妻顾某，子王小一。王乙户户主为王乙，家庭成员有女王小二。

【案件焦点】

案涉房屋搬迁补偿安置协议是否存在无效或者应予撤销的情形。

【法院裁判要旨】

江苏省如东县人民法院经审理认为：案涉协议不存在重大误解或者欺诈，王甲所提供的证据不足以证明其在签订案涉协议时存在应予撤销的情形。协议约定的房屋搬迁补偿价格远远高于评估价格，安置价格也远低于房屋市场价格，并未侵害王甲的合法权益。搬迁系以户为单位，王甲作为家庭成员代表在涉案协议上签字的行为应视为有效。遂依照《中华人民共和国行政诉讼法》第六十九条之规定，作出如下判决：

驳回王甲、王乙的诉讼请求。

王甲、王乙不服提起上诉。江苏省南通市中级人民法院经审理认为：《最高人民法院关于适用〈中华人民共和国民事诉讼法〉的解释》第一百零九条规定，当事人对欺诈、胁迫、恶意串通事实的证明，以及对口头遗嘱或者赠与事实的证明，人民法院确信该待证事实存在的可能性能够排除合理怀疑的，应当认定该事实存在。法律对胁迫行为规定了比一般民事证明标准更严格的排除合理怀疑标准，以维护法律秩序的稳定性以及保障交易安全。本案中，王甲主张协议是在被强迫的情况下签订，但提交的证据不能证明王甲是因为受到足以产生恐惧的威胁情况下而签订的协议。结合唐闸街道办、港闸住建局提交的协议搬迁申请表、拆迁户腾退房交接单来看，案涉协议的订立原因、订立过程、履行情况，并非完全系在一方强制力支配下完成。因此，对王甲要求撤销案涉协议的诉讼请求，不予支持。

《中华人民共和国合同法》第五十一条规定，无处分权的人处分他人财产，经权利人追认或者无处分权的人订立合同后取得处分权的，该合同有效。本案中，根据建房用地申请表、集体土地使用权证及民事判决书可见，王乙是案涉房屋的共有权人，且份额超过三分之一。王甲作为部分共同共有人，处分权受到一定限制，不具有单独处分该房产的权利，依法应认定为无处分权人。虽然在拆迁实践中，作为家庭的户主与拆迁人签订协议是普遍现象，一般不能轻易以其他家庭成员未签字为由否认协议的效力。但是，王甲、王乙已分户，王甲与唐闸街道办、港闸住建局签订的房屋搬迁协议在未经王乙追认的情况下，对王乙不产生法律效力。案涉房屋是作为一个整体进行的拆迁补偿，行政机关与被拆迁人签订搬迁协议的过程，既是双方就相关财产归属达成合意的过程，也是行政机关对被拆迁人进行安置补偿的过程，对如何补偿、补偿数额多少，仍需要拆迁人和被拆迁人在协商的基础上达成一致，如果本案确认协议部分无效，不仅无法对案涉协议确定的补偿数额予以明确分割，也不利于拆迁人和被拆迁人重新协商时数额的确定，加之案涉协议尚未履行完毕，因此本案应确认协议无效为宜。

综上，江苏省南通市中级人民法院依照《中华人民共和国物权法》第九十七条，《中华人民共和国合同法》第五十一条，《中华人民共和国行政诉讼法》第八十九条第一款第二项、第三款之规定，作出如下判决：

一、撤销如东县人民法院（2017）苏0623行初175号行政判决；

二、确认案涉0009323、0009358、0009359三份港闸区住宅房屋搬迁补偿安置协议无效。

【法官后语】

现代法治政府治理国家，逐渐从管理模式转变为治理模式，公共治理朝多元化、协商化方向发展，行政协议即现代法治政府柔性管理模式的重要体现之一。实践中，行政机关存在大量通过行政协议方式实现行政管理目的之情形，需要充分考察行政协议本质属性及制度土壤，从而探究行政协议之司法审查模式。

1. 关于房屋搬迁协议的性质

行政协议系行政机关为实现公共利益或者行政管理目标，在法定职责范围内，与公民、法人或者其他组织协商订立的具有行政法上权利义务内容的协议。对于法律明确规定的协议类型或行政机关在法定授权范围内所签署之协议属行政协议自无异议。在行政管理活动中，即便没有法律授权，仍存在大量行政机关通过签订协议的方式达到行政管理目标的事项，如房屋搬迁协议，即基层政府在征地拆迁中未依法作出征收和补偿决定的情况下，与房屋所有权人达成拆除房屋并给予补偿的协议。如果将行政协议严格限定在“法定”范围内，既与行政实践不符，同时也忽视了行政协议中契约性的特征。因此，对于行政协议的认定，其核心标准应当是为实现公共利益或者行政管理目标，而法定职责应作从宽解释。搬迁协议的背后表现的行政管理目的主要是土地功能调整、城市建设等内容，应属行政协议，不能简单地以不符合《国有土地上房屋征收与补偿条例》之规定而否认其合法性。

2. 关于房屋搬迁协议主体的识别

行政机关作为协议主体一方自不待言，但这里行政机关作为行政协议的一方更应该指涉的是实质意义上的而非形式意义上的，所谓形式意义即协议的签约方必为行政机关，而实质意义则指协议的签约方可能是行政机关，也可能非行政机关，但体现行政机关的意志。搬迁协议主要涉及土地利用、城市建设等行政管理目标，这些领域必须也只有通过行政手段才能得以推进，作为拆迁公司或集体经济组织在没有行政机关允许或授权的情形下，显然不具有签订搬迁协议的能力。此时，即使行政机关未直接出面签订协议，仍不影响其属于行政协议的认定，当相对人就某协议提起诉讼时，法院应当揭开对方当事人的“面纱”，直接以相应的行政机关为被告并承担后果。

3. 关于房屋搬迁协议中无权处分的效力

就民事合同而言，无权处分合同存在有效说、无效说、效力待定说等几种观点，目前主流观点认为只要合同无《中华人民共和国合同法》第五十二条规定之情形，一般应认定有效。《最高人民法院关于审理买卖合同纠纷案件适用法律问题的解释》第三条第一款亦规定，当事人一方以出卖人在缔约时对标的物没有所有权或者处分权为由主张合同无效的，人民法院不予支持。搬迁协议作为行政协议，其无权处分之判断不能套用民事合同的认定规则。原因在于：一方面，搬迁协议不同于发生以房屋为标的的买卖合同，其还涉及被搬迁人的安置利益，具有一定的人身属性，他人不得随意处分，部分共有权人或家庭成员签订的协议，无法真正反映所有被搬迁人的真实意志；另一方面，搬迁协议作为行政行为，行政机关应当遵循正当程序原则，实践中，有的搬迁人为加快拆迁进度，往往同部分被搬迁人达成一致后，就实施房屋强拆，引发大量矛盾纠纷，违反正当程序原则。因此，行政机关应当与所有被搬迁人签订搬迁协议，行政机关在未经其他被搬迁人同意，径直与部分被搬迁人签订搬迁协议的，即使足额、及时履行了补偿义务，涉及未参与的被搬迁人的部分原则上应属无效。例外的情况是，考虑到我国传统家庭关系尤其是农村家庭关系以户为单位的特点，户主在意思自治情况下与搬迁人签订的房屋搬迁补偿协议依法有效，该协议对其他家庭成员具有法律效力。除此之外，一般的共有权人、继承人、家庭成员等签订的协议不对其他人员产生效力。

编写人：江苏省南通市中级人民法院　张祺炜　金保阳

64

行政相对人要求变更行政协议条款须具备法定事由

——韩某诉北京市通州区人民政府房屋征收办公室行政协议案

【案件基本信息】

1. 裁判书字号

北京市第三中级人民法院（2018）京03行终17号行政判决书

2. 案由：行政协议纠纷

3. 当事人

原告（被上诉人）：韩某

被告：北京市通州区人民政府房屋征收办公室（以下简称通州征收办）

【基本案情】

韩某与谷某2系夫妻关系。2000年4月17日，谷某2取得房屋所有权证，将322号房屋登记在谷某2名下。2000年5月19日，谷某2、韩某共同立下公证遗嘱，表示将322号房屋中属于其所有的份额留给谷某1继承，后谷某2去世。

2014年9月19日，北京市通州区人民政府发布《北京市通州区人民政府国有土地上房屋征收决定》（通政房征字〔2014〕第1号，以下简称《1号征收决定》），涉案房屋（以下简称322号房屋）在征收范围内。2014年9月24日，韩某向谷某1出具授权委托书，确认谷某1在322号房屋征收过程中全权代表韩某办理被征收房屋处置的相关事项；同日，韩某与谷某1、张某1共同提交定向安置房更名申请书，载明购房人为谷某1、张某1，同意变更后的安置房所有权人作为安置房购房人办理相关手续，即视为基于322号房屋征收选择定向安置房屋补偿方式涉及的安置房购买等事宜办理完毕等，并书写“安置房一套归张某1所有，另一套安置房归谷某1所有”。

2014年10月16日，谷某1作为乙方被征收人谷某2（已故，以下简称乙方）

的代理人与通州征收办签订原《322号协议书》，其中202号安置房登记在谷某1名下，502号安置房登记在张某1名下。2014年10月20日，通州征收办向谷某1支付剩余补偿款753611.3元；2016年11月25日，谷某1提交定向安置房更名申请书，将购房人变更。其他内容未更改，落款日期仍为2014年10月16日，谷某1在乙方处签字捺印；2016年12月14日，谷某1、谷某3及张某1分别办理了安置房入住。

2015年11月20日，韩某向通州征收办发送要求暂缓支付502号安置房购房款的请求，通州征收办称已经支付完毕，不同意韩某的请求；2014年12月，韩某诉至法院要求撤销对张某1的上述赠与，但法院判决驳回韩某的诉讼请求。后韩某又诉至法院请求判令通州征收办给付韩某502号安置房的购房款635200.74元。

【案件焦点】

1. 韩某所提诉讼请求的性质应如何认定；2. 韩某要求变更协议履行方式的诉讼请求是否应得到支持。

【法院裁判要旨】

北京市通州区人民法院经审理认为：502号安置房的购房款完成支付，韩某要求通州征收办给付购房款缺乏事实根据；通州征收办按《322号协议书》约定，扣减502号房屋的购房款并无不当。逾期签署安置房《商品房买卖合同》时，收回安置房的主动权在通州征收办；张某1办理完成502号房屋的入住手续，并无放弃购买502号房屋的意思表示；民事判决已经认定韩某对于张某1就安置房的赠与已经完成权利转移，韩某无权撤销，其亦无权放弃对502号房屋的购买。

北京市通州区人民法院作出如下判决：

驳回原告韩某的诉讼请求。

韩某持原审起诉意见提起上诉。北京市第三中级人民法院经审理认为：通州征收办系通州区人民政府确定的房屋征收部门，依据行政法规的授权负责其行政区域内的房屋征收与补偿工作，其具备与被征收人订立涉案征收补偿协议的行政主体资格。《322号协议书》由通州征收办与被征收人韩某、谷某1自愿签订，系双方的真实意思表示，不存在行政协议无效的情形。双方当事人均应按照《322号协议书》的约定履行协议内容。

（一）关于当事人诉讼请求性质及案由的认定

法院在审查当事人提出的诉讼请求及确定案由时，应当结合当事人的诉讼目的并综合案件事实对其诉讼请求的性质及案由予以认定。

1. 征收人与被征收人双方实际已经按照《322 号协议书》约定的内容履行完成了各自的义务，协议已经履行完毕。故韩某以不履行协议义务为由提起本案诉讼缺乏相应的事实根据。

2. 韩某要求适用违约条款，选择货币补偿的请求缺乏协议条款依据。故，本案中，韩某提出的诉讼请求在《322 号协议书》中并无相应的协议条款与之相对应，本案并非适用要求行政主体履行行政协议这一案由，其诉讼请求的实质系要求法院支持其变更行政协议。

（二）关于韩某要求变更行政协议的诉讼请求是否应得到支持

行政协议的变更一般是指行政主体一方基于其享有的行政优益权，基于法定事由或为了公共利益的需要，可以单方决定变更行政协议。但因行政主体与行政相对人签订行政协议须经双方协商，意思表示一致，行政协议具有契约性质。故行政相对人提起变更行政协议之诉时，在适用行政法律规范的同时，可以适用不违反行政法和行政诉讼法强制性规定的民事法律规范对案件进行审查。韩某关于 502 号安置房与 202 号安置房限购部分面积的计算问题系被征收人一方家庭内部关于拆迁利益的分配问题，其要求变更涉案征收补偿协议履行方式的主张不属于《中华人民共和国合同法》第五十四条规定的法定变更理由，故对于韩某要求货币补偿的诉讼请求，二审法院不予支持。

北京市第三中级人民法院遂作出如下判决：

驳回上诉，维持原判。

【法官后语】

一、原告诉讼请求名为要求行政机关履行行政协议，实为行政相对人单方要求变更行政协议条款

行政诉讼法所规定的行政协议争议大致分为两类：协议履行争议和协议单方变更、解除争议。不依法履行、未按照约定履行行政协议纠纷案件中，被审查的行政行为是行政机关不履行法定或约定职责的行为，法院应当对行政机关是否按照

法律规定或者行政协议约定的期限、数额、方式、范围等要求全面履行职责义务进行审查。若行政机关未全面履行职责义务的就会产生继续履行、赔偿损失等责任。本案中，韩某以通州征收办不履行行政协议义务为由提起行政诉讼。但事实上，被征收人谷某1已将被征收房屋腾空并交出房屋钥匙；通州征收办亦已将两套安置房屋交与张某1以及谷某1父子并办理入住，并将扣除购房款后的补偿款项交付谷某1。涉案行政协议中征收人与被征收人双方实际已经按照协议约定的内容履行完成了各自的义务，协议已经履行完毕，不存在行政机关不履行征收补偿协议的情形。

韩某的诉讼请求系要求选择货币补偿方式。而协议中约定的货币补偿方式是指征收人一方在被征收人逾期签署《商品房买卖合同》时有权适用此规定，即出现违约情形时是否适用该条款的选择权在于行政机关一方。韩某因其家庭内部关于补偿利益的争议要求适用该条款以选择货币补偿方式不符合该条款的订立目的及约定内容，且显然有悖于法理和诚实信用原则。其提出的诉讼请求在涉案行政协议中并无相应的条款与之相对应，该诉讼请求的实质系要求法院支持其变更涉案行政协议的条款及征收补偿方式，属于要求变更行政协议。

二、行政相对人单方要求变更行政协议条款需有约定或法定事由

行政协议与民事合同的最大区别在于行政主体一方具有单方变更、解除合同的行政优益权。行政协议的变更一般指行政主体一方基于行政优益权，在协议继续履行将导致公共利益重大损失或因不可归责于双方当事人的原因发生情势变更，导致合同的基础动摇或丧失，继续维持合同原有效力可能导致显失公平等情形下变更协议。在司法审查中，法院主要对行政机关变更行政协议是否符合法律规定、协议约定的条件进行审查。因行政协议案件在适用行政法律规范的同时，可以适用不违反行政法和行政诉讼法强制性规定的民事法律规范对案件进行审查。民事合同中关于可变更可撤销合同的有关规定同样适用于行政协议。因真实意思表示这一要素欠缺导致的合同可变更可撤销在行政协议中同样存在，故行政相对人一方在符合条件的情况下亦可以起诉要求变更行政协议内容。本案中，行政相对人一方要求变更行政协议履行内容的理由系因其家庭内部对征收补偿利益分配产生的争议而引起，其要求变更行政协议履行条款的理由不符合《中华人民共和国合同法》第五十四条规定的法定事由，亦不能对抗协议双方意思表示一致的约定，其合同变更

权的行使基础不存在。在此情形下，行政相对人一方要求变更行政协议的请求不应得到支持。

编写人：北京市第三中级人民法院　胡林强

65

社会保险待遇追偿决定的司法审查

——北京世纪九成校服礼仪服饰有限公司诉北京市朝阳区社会保险基金管理中心社会保险待遇追偿行政决定和北京市朝阳区人民政府行政复议决定案

【案件基本信息】

1. 裁判书字号

北京市第三中级人民法院（2018）京03行终444号行政判决书

2. 案由：社会保险待遇追偿行政决定、行政复议纠纷

3. 当事人

原告（上诉人）：北京世纪九成校服礼仪服饰有限公司

被告（被上诉人）：北京市朝阳区社会保险基金管理中心（以下称朝阳区社保中心）、北京市朝阳区人民政府（以下称朝阳区政府）

第三人（被上诉人）：孔某某、王某、韩某某

【基本案情】

2011年9月26日，北京市朝阳区人社局认定王某某的死亡为工伤。孔某某系王某某之母，韩某某、王某分别系其妻、子。2013年12月5日、2014年3月17日，北京市朝阳区人民法院和北京市第三中级人民法院分别作出《民事判决书》，判令原告赔偿本案第三人一次性工亡补助金343500元。后因原告无财产可供执行，裁定终结该次执行程序。2014年8月14日、2014年10月15日，北京市朝阳区人

民法院和北京市第三中级人民法院分别作出《民事判决书》，判令原告支付王某2010年6月7日至2014年8月供养亲属抚恤金57053.94元；自2014年9月起至王某年满18周岁止，于每月5日之前按照1436.18元的标准按月向王某支付供养亲属抚恤金，若遇供养亲属抚恤金标准调整则按照调整后的标准支付。后执行程序再次终结。2017年3月17日，北京市朝阳区人社局出具《关于北京世纪九成校园礼仪服饰有限公司无财产可供执行的证明》。

2017年4月12日，第三人向朝阳区社保中心提交申请，请求该中心向三人支付王某某一次性工亡补助金343500元，向王某支付2011年7月至2014年8月供养亲属抚恤金46474.84元，2014年9月至2016年12月供养亲属抚恤金46213.04元。朝阳区社保中心于2017年4月13日作出《催告书》，要求原告履行支付工伤保险待遇的义务，原告未予回复。2017年7月10日，朝阳区社保中心对王某某因工死亡待遇进行核准，核准结果为：一次性工亡补助金343500元，给付起始日期为2010年7月；供养亲属王某的给付标准为756.18元，给付起始日期为2010年7月，给付终止时间为2021年1月，并出具《北京市因工死亡工伤职工待遇核准表（工表十）》。

2017年8月15日，朝阳区社保中心将原告应向第三人支付的一次性工亡补助金343500元、向王某支付的2011年7月至2016年12月供养亲属抚恤金92687.88元，共计436187.88汇入韩某某指定的银行账户。

2017年9月12日，朝阳区社保中心作出被诉《追偿书》，要求原告自收到追偿书之日起十日内将工伤保险待遇偿还给该中心。原告不服上述《追偿书》，向朝阳区政府申请行政复议，朝阳区政府予以维持后原告提起本诉。

【案件焦点】

在对社会保险待遇追偿决定进行司法审查时应对追偿权主体、追偿权的条件是否成就、追偿数额如何确认、追偿程序进行审查。

【法院裁判要旨】

北京市朝阳区人民法院经审理认为：本案被诉行政行为涉及工伤保险基金的先行支付和追偿制度，主要围绕以下问题进行审查：一、社会保险经办机构负有先行支付职责和享有追偿权的法律依据。根据《工伤保险条例》第五条第三款、第四十六条，《中华人民共和国社会保险法》第四十一条第一款、第二款规定，社会保险经办机构负有受理工伤保险基金先行支付申请，依法进行审核并在履行先行支付义务后，具有向用人单位追偿的权利。二、先行支付的条件、程序及追偿权的行使。1. 第三人的申请符合工伤保险基金先行支付条件。根据《中华人民共和国社会保险法》第四十一条第一款、《社会保险基金先行支付暂行办法》第六条规定，第三人提交的申请材料能够证明王某某被认定为工伤，且法院判令原告应向第三人支付工亡补助金、供养亲属抚恤金等工伤待遇。因原告无财产可供执行，法院已裁定终止执行程序。2. 朝阳区社保中心履行了工伤保险基金先行支付的审核义务和法定程序。朝阳区社保中心对于应支付的工伤待遇项目、数额进行了核定，在确认申请符合受理条件后，向原告发出了书面催告，在原告未予支付的情况下，根据核定的项目和数额，经第三人确认后，先行支付了相应待遇，并取得对原告的追偿权。三、关于原告主张的侵权责任和社会保险责任的关系。对工伤保险与第三人侵权赔偿之间的关系我国尚无明确规定。但本案中，在第三人已获得交通事故人身损害赔偿的情况下，法院仍判决原告负有支付工亡补助金和供养亲属抚恤金的义务。故，朝阳区社保中心并无判断是否应扣除相应项目的裁量基础。原告所持主张实质系对生效裁判文书的质疑，并非行政诉讼审查的范围。朝阳区政府作出维持《追偿书》的决定事实清楚、程序合法、结论正确，应予支持。

北京市朝阳区人民法院依照《中华人民共和国行政诉讼法》第六十九条、第七十九条之规定，判决如下：

驳回原告北京世纪九成校园礼仪服饰有限公司的全部诉讼请求。

二审法院同意一审法院裁判意见。

【法官后语】

《中华人民共和国社会保险法》明确规定了社会保险基金的追偿制度。然而实践中，追偿制度功能并未充分发挥，对于追偿决定的司法审查问题较少涉及。本案的价值在于明确了对行使追偿权、作出追偿决定的司法审查思路。

1. 权利主体的审查。《中华人民共和国社会保险法》第四十一条第二款规定，从工伤保险基金中先行支付的工伤保险待遇应当由用人单位偿还。用人单位不偿还的，社会保险经办机构可以依照本法第六十三条的规定追偿。据此，社会保险经办机构作为工伤保险基金收支的管理部门，在履行了先行支付工伤保险待遇后，便可依法对用人单位进行追偿。需明确的是，该条款虽为授权性规则，但授权内容仅为行使追偿权方式的选择。事实上，积极行使追偿权是社保经办机构履行维护社会保险基金有效运行义务的方式，其怠于行使追偿权或放弃追偿必然导致社会保险基金的流失。因此，社会保险经办机构积极行使追偿权，既是法律赋予的权利也是法定义务。《社会保险基金先行支付暂行办法》第十三条中“应当”责令偿还的规定也能够印证追偿权的权责统一性观点。

2. 条件成就的审查。《中华人民共和国社会保险法》第四十一条第二款似乎将追偿权的取得条件明确为工伤保险待遇已支付完毕，且用人单位拒不偿还。然而实际上，拒不偿还是依照第六十三条进行追偿的前置条件，并非追偿权取得的条件。换言之，追偿权取得的条件仅为先行支付行为的完成，即社会保险经办机构已履行完毕先行支付程序，已将工伤保险待遇支付给个人为结点。其法理基础在于，支付工伤保险待遇的责任主体本应是用人单位，社会保险经办机构先行支付是履行了法定垫付义务，根据追偿权的理论基础——法定债权转移说，社会保险经办机构在履行了先行支付义务后当然、即刻取得向用人单位追偿的权利。

3. 追偿数额的审查。基于弥补社会保险基金缺口的制度设计目的以及先行支付行为、追偿行为的相对独立性，追偿数额原则上应以先行支付数额为限，法院也只需核对先行支付数额与追偿数额是否一致即可。但若用人单位对社保经办机构在先行支付程序中核准的项目、数额提出异议，法院则有必要对追偿数额的审查进行适当延伸，及于先行支付项目、数额的核准问题。一方面，先行支付法律关系产生于申请人与社会保险经办机构之间，用人单位很难参与到该程序中；另一方面，有利于法院释法说理，为切实解决行政纠纷打下良好的事实基础。

4. 追偿程序的审查。正当程序是行政行为合法的必然要求。《中华人民共和国社会保险法》第四十一条第二款、《社会保险基金先行支付暂行办法》第十三条第一款虽均规定了责令偿还程序，但该规定并非作出追偿决定的程序性规定，而是社保经办机构作出追偿决定后，启动社保基金强制执行前的程序性规定，其较类似于行政强制法中的催告程序。因此，在对追偿决定进行司法审查时，不应及于是否存在责令偿还问题。鉴于我国现行法律、法规中并不存在作出追偿决定的具体程序规范，故在审查时仅限于该追偿决定是否送达、是否明确告知救济权利即可。

编写人：北京市朝阳区人民法院　徐翔　朱军巍

66

司法鉴定机构在接受法院的鉴定委托后不得无故不予受理或终止鉴定

——曾某诉北京市司法局、北京市人民政府司法行政监督及行政复议决定案

【案件基本信息】

1. 裁判书字号

北京市第二中级人民法院（2018）京02行终509号行政判决书

2. 案由：司法行政监督、行政复议纠纷

3. 当事人

原告（被上诉人）：曾某

被告（上诉人）：北京市司法局（以下简称市司法局）

被告：北京市人民政府（以下简称市政府）

第三人（上诉人）：博大司法鉴定所

【基本案情】

2016年7月13日，北京市海淀区人民法院（以下简称海淀法院）委托博大司法鉴定所对曾某的伤残等级等事项进行司法鉴定。2016年8月8日，博大司法鉴定所作出《退案函》，以《司法鉴定程序通则》第二十九条第一款第三项为由，终止鉴定。2016年10月10日，海淀法院再次委托博大司法鉴定所进行司法鉴定。2016年10月14日，博大司法鉴定所以《司法鉴定程序通则》第十五条第五项为由再次作出《退案函》。

2016年10月24日，市司法局收到曾某的投诉。曾某在投诉材料中主要反映博大司法鉴定所：1. 态度强硬；2. 打压当事人的意见；3. 收取鉴定费和做完鉴定后，

先称退还费用后多次劝说退案。投诉要求：1. 监督纠正博大司法鉴定所的工作服务态度；2. 建议对博大司法鉴定所进行专业培训；3. 对退案侵权行为予以处理。

2016年11月7日，市司法局要求博大司法鉴定所对投诉的问题限期进行书面答辩并提交相关材料，并进行调查询问，组织专家论证。2017年1月6日，市司法局依法延长办理期限三十日。

2017年1月23日，市司法局作出本案被诉答复，针对第三项投诉，结论为“无法认定博大司法鉴定所存在态度强硬、搪塞、打压当事人等情况；无法认定2016年8月8日终止鉴定以及2016年10月14日不予受理鉴定委托存在违法违规问题”。

2017年3月22日，市政府收到曾某针对被诉答复提交的行政复议申请。2017年5月4日，市政府作出被诉复议决定，维持被诉答复。

【案件焦点】

博大司法鉴定所的终止鉴定行为和不予受理鉴定行为是否违法违规。

【法院裁判要旨】

北京市东城区人民法院经审理认为：根据《司法鉴定执业活动投诉处理办法》第八条之规定，市司法局对司法鉴定执业活动的投诉具有调查处理的职权。根据《司法鉴定执业活动投诉处理办法》第十五条、第二十二条和第二十三条之规定，市司法局作出被诉答复程序合法。曾某提出的前两项投诉事项存在主观因素，在没有充足证据的情况下，市司法局的答复并无不当。针对第三项投诉事项，博大司法鉴定所在接受法院委托并收取鉴定费用后，应当认定其认可委托鉴定事项在其技术条件及鉴定能力范围内。博大司法鉴定所2016年10月14日《退案函》的理由明显与规定不符。对于2016年8月8日的《退案函》，博大司法鉴定所是接受海淀法院的委托进行的司法鉴定，在被鉴定人提出要求后，应当由委托人对其要求判断接受与否，而不应自行认为要求不合理而终止鉴定。市司法局就第三项投诉事项的答复，事实不清，依法予以撤销。对被诉复议决定一并予以撤销。依照《中华人民共和国行政诉讼法》第七十条第一款第一项之规定，判决：

一、撤销被告市司法局针对曾某投诉事项中的第三项投诉事项所作的答复内容；

二、被告市司法局针对曾某投诉事项中的第三项投诉事项在三十日内重新作出处理决定；

三、撤销被告市政府《行政复议决定书》；

四、驳回原告曾某的其他诉讼请求。

市司法局和博大司法鉴定所不服，提起上诉。北京市第二中级人民法院经审理认为：市司法局、市政府具有相应的法定职责。被诉答复、被诉复议决定程序合法。市司法局对于前两项投诉事项的答复意见并无不当。司法鉴定机构在接受法院的委托后，非因法定事由，不得无故不予受理或终止鉴定。本案中，对于2016年8月8日的《退案函》，博大司法鉴定所在接受委托并收取鉴定费用后，应当认定其认可鉴定事项在其技术条件及鉴定能力内。且博大司法鉴定所是接受法院委托进行司法鉴定，被鉴定人提出的要求应当由委托人判断接受与否，而不应自行认为不合理而终止鉴定。根据《司法鉴定程序通则》第二十九条之规定，本案没有充分证据证明博大司法鉴定所存在可以终止鉴定的法定情形。2016年10月10日的委托事项与7月13日的相同，仅增加了部分检材。根据《司法鉴定程序通则》第十四条、第十五条之规定，博大司法鉴定所以“鉴定要求超出本机构技术条件或者鉴定能力”为由不予受理亦属不当。一审法院判决正确，依法应予维持。上诉请求无事实根据及法律依据，不予支持。依照《中华人民共和国行政诉讼法》第八十九条第一款第一项之规定，判决：

驳回上诉，维持一审判决。

【法官后语】

本案的争议焦点是，博大司法鉴定所的终止鉴定行为和不予受理鉴定行为是否违法违规。笔者认为，博大司法鉴定所的行为应属不当。

（一）司法鉴定机构与委托人构成委托合同法律关系

根据《司法鉴定程序通则》，司法鉴定业务由委托人向司法鉴定机构提供鉴定材料。对于不予受理的，鉴定机构应当向委托人说明理由。终止鉴定的，应当书面通知委托人。完成委托事项后，应当向委托人出具鉴定文书。根据《最高人民法院关于人民法院对外委托司法鉴定管理规定》，当事人提出鉴定请求后，法院经审理认为确需鉴定的，由法院向鉴定机构出具委托函。因此，法院在对外委托司法鉴定工作中系委托人，被鉴定人、当事人系利害关系人。司法鉴定机构与法院具有委托法律关系。本案中，博大司法鉴定所是接受海淀法院的委托进行的司法鉴定，若被鉴定人提出不合理要求，应当与委托人沟通说明，先由委托人对被鉴定人的要求判断接受与否，博大司法鉴定所不应径行终止鉴定。

（二）司法鉴定行为具有一定的准司法性

1. 司法鉴定活动服务于诉讼活动

根据《司法鉴定程序通则》第一条之规定，司法鉴定活动服务于诉讼活动，在诉讼活动中发挥至关重要的作用。特别是人民法院委托司法鉴定的，司法鉴定成为人民法院审判工作的辅助手段，构成司法行为的重要组成部分。司法鉴定机构作为为司法、仲裁活动提供科学鉴定服务的特殊的法人或组织，应当具有独立性、中立性、服务性和公益性等基本属性。

2. 司法鉴定活动接受司法行政机关的监督

根据《司法鉴定程序通则》《司法鉴定执业活动投诉处理办法》的相关规定，司法鉴定机构和司法鉴定人进行司法鉴定活动应当依法接受监督，司法行政机关依法开展司法鉴定执业活动投诉处理工作。因此，市司法局具有对本案鉴定活动提出的投诉进行处理的法定职责。博大司法鉴定所的鉴定活动应当遵守行政法律的规定，鉴定结论本身以外的行为受到行政法规的严格约束。

（三）司法鉴定机构不予受理和终止鉴定需符合法定事由

不予受理鉴定和终止鉴定意味着司法鉴定程序不予启动或者意外停止。《司法鉴定程序通则》第十五条和第二十九条对司法鉴定机构不得受理和终止鉴定的法定情形分别进行了规定。司法鉴定机构不予受理和终止鉴定需符合法定事由。博大司法鉴定所的行为应属不当。

1. 博大司法鉴定所不具有终止鉴定的法定事由

博大司法鉴定所在受理司法鉴定委托后，主张在鉴定过程中，因曾某要求补充提供鉴定材料，造成对鉴定活动的严重干扰，致使鉴定无法继续进行，故决定终止鉴定。但本案仅因被鉴定人提出补充提供鉴定材料的要求，并未“致使鉴定活动无法继续进行”，不符合《司法鉴定程序通则》第二十九条第一款第三项规定的情形，亦不存在可以终止鉴定的其他法定情形。

2. 博大司法鉴定所不具有不予受理鉴定的法定事由

2016年10月10日海淀法院给博大司法鉴定所的司法鉴定委托函的委托事项与

同年7月13日的委托事项相同，仅增加了部分检材。博大司法鉴定所以“鉴定要求超出本机构技术条件或者鉴定能力”为由不予受理。但博大司法鉴定所在受理第一次委托鉴定并收取鉴定费用后，应当推定其已经认可委托鉴定事项在其司法鉴定业务范围内，鉴定要求未超出其技术条件和鉴定能力，应当依法开展司法鉴定活动。因此，在10月10日第二次委托鉴定未调整委托事项、仅增加部分检材的情况下，博大司法鉴定所作出不予受理鉴定决定不符合《司法鉴定程序通则》第十五条第一款第五项规定的情形，亦不存在可以不予受理鉴定的其他法定情形。

（四）司法鉴定机构违法违规进行司法鉴定活动具有不利影响

因司法鉴定的特殊性，司法鉴定机构随意违反鉴定活动秩序的，可能损害司法权威，降低诉讼效率，浪费司法资源，同时增加诉讼当事人的诉讼成本。因此，司法鉴定活动需要依法接受监督，司法行政机关依法开展司法鉴定执业活动投诉处理工作。对于违反有关法律规定的行为，司法行政机关应当依法给予相应的行政处罚。人民法院在审理司法鉴定投诉处理案件时，应当依法审查司法鉴定机构的鉴定活动，敦促司法行政机关对司法鉴定过程中的违法违规行为进行处理，维护司法鉴定利害关系人的合法权益，营造良好的司法鉴定环境和鉴定秩序。

编写人：北京市第二中级人民法院　周建忠　李珊

67

证券公司违规情况下合规风控负责人的追责标准和行为审查

——郑某诉中国证券监督管理委员会上海监管局、中国证券监督管理委员会行政监管措施决定及行政复议决定案

【案件基本信息】

1. 裁判书字号

上海市第三中级人民法院（2018）沪03行终34号行政判决书

2. 案由：行政监管措施决定及行政复议决定纠纷

3. 当事人

原告（上诉人）：郑某

被告（被上诉人）：中国证券监督管理委员会上海监管局（以下简称上海证监局）、中国证券监督管理委员会（以下简称中国证监会）

【基本案情】

2016年9月，多家媒体对部分公募基金、专户产品、集合计划在参与新股网下申购过程中存在超额申报、获取超额收益的行为进行了报道。上海证监局对媒体报道情况进行了专项核查，发现自2016年6月1日起，上海光大证券资产管理有限公司（以下简称光大资管公司）14只产品在参与35只股票网下申购时出现379次申报金额超过产品现金总额的情况。上海证监局于2017年3月6日对郑某作出沪证监决〔2017〕18号《行政监管措施决定书》（以下简称被诉监管措施），主要内容为：郑某所在的光大资管公司违反了《证券公司客户资产管理业务管理办法》（中国证监会令第93号，以下简称《资管办法》）第三条第一款、《证券公司集合资产管理业务实施细则》（中国证监会公告〔2013〕28号，以下简称《资管细则》）第三十四条的规定。郑某作为该公司合规总监和首席风险官，未有效履行合规风控的管理职责，按照《资管办法》第五十六条第一款规定，要求郑某到上海证监局接受监管谈话。

郑某不服，向中国证监会申请行政复议。中国证监会于2017年8月3日作出〔2017〕104号《行政复议决定书》（以下简称被诉复议决定），认为《证券发行与承销管理办法》(2015年修订，中国证监会令121号，以下简称《发行承销办法》）规定，投资者在申购新股时无需缴付申购资金，获得配售后再按时足额缴付认购资金。但《发行承销办法》修订后，《资管细则》关于集合计划申购新股的专门规定仍然有效。因此，光大资管公司通过集合计划申购新股的，应当遵守《资管细则》关于新股申购金额不得超过集合计划现金总额的规定。郑某作为光大资管公司的合规总监和首席风险官，在新股申购的相关法规发生变动后，未能及时建议并督导公司评估其对公司合规管理的影响，而对集合计划申购新股的上限问题作出与法律规定不符的个人解释，对于公司存在的顶格申购情况未采取有效的事前风控措施。上海证监局根据公司自查情况，对公司相关人员进行多次谈话取证，并前往公司进行现场核查，未发现郑某所称本案处理程序不合法的情况。故决定维持被诉监管措施。

郑某诉至法院，请求撤销被诉监管措施及被诉复议决定。

【案件焦点】

1. 顶格申购是否构成违规；2. 如何认定公司合规风控负责人的责任标准；3. 被诉监管措施是否程序合法、目的正当。

【法院裁判要旨】

上海市浦东新区人民法院经审理认为：郑某未能有效履行合规风控的管理职责。上海证监局在调查取证的基础上，依法作出采取监管谈话措施的决定，并无不当。中国证监会作出被诉复议决定，亦无不当。依照《中华人民共和国行政诉讼法》第六十九条、第七十九条之规定，判决如下：

驳回原告郑某的全部诉讼请求。

一审宣判后，郑某不服，向上海市第三中级人民法院提起上诉。上海市第三中级人民法院经审理认为：（一）关于光大资管公司的行为是否构成违规。《资管细则》规定，集合计划申购新股，申报的金额不得超过集合计划的现金总额，申报的数量不得超过拟发行股票公司本次发行股票的总量。该规定能够防范证券公司利用优势地位损害中小投资者的利益，有利于维护市场的公平、公正秩序。并且，也可防范极端情况下中签金额达到集合资产计划的一定规模甚至超过集合计划现金总额所导致的流动性风险。2015 年《发行承销办法》改变原先新股申购时需缴付申购资金的申购预缴款制度，避免投资者为筹集保证金所带来的市场风险。两项规定内容之间并无矛盾，而集合计划顶格申购不利于维护市场秩序，不符合《发行承销办法》的修订目的。

（二）关于对公司合规总监和首席风险官的责任认定。1. 关于合规审查职责。合规总监应当出具书面的合规审查意见存档备查，并对履职情况作出记录。郑某提交的微信记录，仅证明其对公司个别业务员的咨询作出过答复，亦未提交可供存档备查证明其已履行职责的相关记录。2. 关于评估、监测、修改完善及报告、建议职责。2015 年《发行承销办法》作出修订，但光大资管公司仍沿用原制度。郑某未进行评估监测，未提出相应的修改、完善及管理建议。3. 关于向证券监管机构或者自律组织进行咨询的问题。合规总监认为法律、法规和准则的规定不明确，难以对合规性作出判断的，应在涉嫌违规违法行为作出之前向上述机构组织咨询。但本案郑某进行咨询时，光大资管公司已多次发生顶格申购的事实。4. 关于是否有效实施监督检查和风险管理职责的问题。在公司进行顶格申购的情况下，上诉人却未履行相应的检查、报告以及提出制止和处理意见、督促整改的职责。

（三）关于被诉监管措施是否程序合法、目的正当的问题。上海证监局在媒体报道后，对光大资管公司自查进行核查，对光大资管公司相关人员进行了谈话取证，现场核查调取证据材料。在对郑某作出被诉监管措施前，亦对郑某本人进行了谈话，听取了意见，行政程序并无明显不当。

上海市第三中级人民法院依据《中华人民共和国行政诉讼法》第八十九条第一款第一项之规定，判决如下：

驳回上诉，维持原判。

【法官后语】

证券金融市场的稳定问题备受社会关注，本案是金融监管领域的典型案件。中国证监会是中国证券市场的监管者，一方面通过市场行为监管维护金融消费者权利，保护证券市场秩序；另一方面进行微观审慎监管，通过对个别企业及相关责任人员的监管处罚，维护系统性金融稳定，防止因为个别企业的失败而导致整个金融市场的危机。本案明确了合规和风控负责人履行职责的审查认定标准，对促进金融企业高管勤勉尽责，引导金融企业和高管合法合规参与金融活动，维护金融秩序和金融稳定、维护金融市场健康运行具有积极意义。

由于特殊的新股定价机制，“打新股”通常被认为是没有风险的高收益投资。对于本案所涉顶格申购的问题，2015年《发行承销办法》的修订内容中取消了新股申购全额保证金，削弱了大资金在申购新股中的优势地位，也避免了由于新股发行带来的市场波动，有利于维护金融市场稳定。但证券机构在顶格申购的限制性规定并未取消的情况下，利用新规取消预缴款验资的机会，为增大中签率进行超额顶格申购，又增加了资金的流动性风险，已构成违规。

公司的合规总监和首席风险官履行职责应当达到书面性、主动性、事先性及有效性的标准。案件审理中，对于当事人提出的各项主张和异议，合议庭通过深入研究、依法全面审查、充分听取意见，均一一进行了回应，打消了当事人的疑虑。因此，本案的审理和判决均取得了良好的效果。

编写人：上海市第三中级人民法院　姚佐莲

68

取消高校考生录取资格事实认定的排除合理怀疑证明标准

——张某诉××大学教育行政处理决定案

【案件基本信息】

1. 裁判书字号

上海市第三中级人民法院（2017）沪03行终57号行政判决书

2. 案由：教育行政处理决定纠纷

3. 当事人

原告（被上诉人）：张某

被告（上诉人）：××大学

【基本案情】

2015年2月，张某参加××大学艺术类专业入学考试，素描成绩为72.7分。2015年7月，张某被××大学录取。同年9月张某入学，10月参加专业复查考试，素描成绩为41分。××大学委托本校的三位专家对张某两张试卷上的素描进行阅卷复评，结论为非同一人所作。后××大学委托华东政法大学司法鉴定中心（以下简称华政中心）对检材入学考试试卷与样本复查考试试卷右上方红色印文栏内的手写字迹是否同一人所写进行鉴定。华政中心出具的鉴定意见书结论为非同一人所写。××大学随后听取张某对考试情况的陈述和辩解，张某对入学考试素描试题纸布局结构陈述有误。后××大学委托上海教育考试院专家库中三位专家对张某2月、9月两张试卷上的素描进行阅卷复评，结论仍为非同一人所作。××大学由此作出教育行政处理决定告知书（以下简称被诉决定），认定张某在入学考试中有弄虚作假的行为，对张某作出取消录取资格的处理决定。张某不服，向××大学的学生申诉处理委员会提出申诉，该委员会作出了维持原处理决定的申诉复查决定。张某不服，提起行政诉讼，要求撤销被诉决定，并责令××大学恢复张某的录取资格。

经张某申请，一审法院委托司法鉴定科学技术研究所司法鉴定中心（以下简称司鉴所）对检材入学考试试卷右上方印框内手写字迹是否为张某本人所写进行重新鉴定，司鉴所出具鉴定意见书，结论为检材上需检的“张某”“江苏省”“2015090510”字迹是张某所写。经××大学申请，一审法院通知司鉴所两名鉴定人出庭接受询问，并通知一名美术专家出庭作证。

二审审理中，××大学申请重新鉴定。二审法院委托上海市司法鉴定专家委员会对于条形码为“2015090510”的人物素描画中右上方红色印框内的“2015090510”“张某”“江苏省”的手写字迹与供比对的张某样本字迹是否同一人所写进行技术咨询。上海市司法鉴定专家委员会出具《司法鉴定咨询意见书》，结论为系同一人所写。

【案件焦点】

××大学作出被诉决定认定的事实、证据是否成立，即能否根据既有证据认定张某在入学考试时存在弄虚作假的行为。

【法院裁判要旨】

上海市长宁区人民法院经审理认为：本案的争议焦点在于，张某入学考试试卷上的素描画与手写字迹是否为本人所作。本案系涉及学生受教育权等重大权益的教育行政处理决定，案件处理结果对当事人影响巨大，法院在合法性审查中要求××大学尽到更充分的举证义务，对违法事实的证明标准应达到确凿无疑、排除合理怀疑的程度。经对本案全部证据的综合审查判断，××大学认定张某在入学考试中存在严重违反高校招生规定的弄虚作假行为，尚未尽到充分的举证义务，对该违法事实的证明标准未达到确凿无疑、排除合理怀疑的程度。××大学作出被诉决定，属认定事实不清、证据不足，依法判决撤销。依照《中华人民共和国行政诉讼法》第七十条第一项之规定，判决如下：

一、撤销××大学于2015年12月4日向张某作出的取消录取资格的处理决定告知的行政行为；

二、××大学应于本判决生效之日起十五个工作日内恢复张某的录取资格。

××大学不服，提起上诉。上海市第三中级人民法院经审理认为：双方当事人的争议在于能否依据××大学所提供的证据认定张某入学考试时存在弄虚作假的行为。原审中，张某对于其当时无法说清考试的情况予以了合理的解释。关于手写字迹鉴定问题，司鉴所与华政中心的鉴定意见结论完全不同，经二审法院委托，上海市司法鉴定专家委员会出具的司法鉴定咨询意见，并不支持华政中心的鉴定意见。故××大学对于认定张某入学考试与复查考试的两幅素描画上手写字迹并非同一人所写的事实，不能提供具有证明力的证据予以证明。本案中，素描画与手写字迹存在于同一文本上，××大学没有其他证据能够证明在张某入学时的素描画与手写字迹系由不同人员所作。在素描画手写字迹已被相关鉴定机构鉴定是张某所写的情况下，××大学认定张某在参加2015年艺术类招生专业考试中存在严重违反高校招生规定的弄虚作假行为，作出被诉决定的事实认定不清，证据并不确凿充分。××大学的上诉请求和理由依法不能成立，不予支持。原审判决正确合法，应予维持。据此判决如下：

驳回上诉，维持原判。

【法官后语】

综观本案的整个诉讼过程，本案焦点实质上应归属于适用何种行政诉讼证明标准的争议。

结合理论界和实务界的认知和实践，我国行政诉讼证明标准是以追求最大限度地接近客观真实为依归，以“盖然性”标准为基础，并在“盖然性”标准项下区分个案案情予以差别适用的动态的、多元化标准。法官需要根据个案中行政行为所涉法益大小等因素的改变对行政诉讼证明标准的适用作出提高或降低的调整，从而最大限度地兼顾行政诉讼证明标准的公正性和灵活高效性的统一。按照证明程度由低到高的标准，我国行政诉讼证明标准可以依次划分为合理可能性标准、优势证明标准、明显优势证明标准、排除合理怀疑证明标准。结合本案实际，本案中的两方当事人对自身的主张需要达到的证明标准有所不同：其一，由于被诉决定一方面从实质上剥夺了张某进入高等学府接受高等教育的权利，另一方面也对张某本人的社会评价产生了负面影响，对张某权益影响重大，在双方地位极不对等的情况下，对被诉决定适用排除合理怀疑标准，最大限度地保障相对人的合法权益，合乎法理和情理。其二，张某对案件事实的查明承担一定的推进责任，对其相应主张达到合理可能性标准即可。被诉决定的事实证据有三，评析如下。

第一，入学与复查考试的两幅素描画上手写字迹能否确定为非同一人所写的问题。对此，司鉴所与华政中心的鉴定意见结论完全不同。二审中，更具鉴定权威性的上海市司法鉴定专家委员会出具的司法鉴定咨询意见，并不支持华政中心的鉴定意见。故××大学对于两幅素描画上手写字迹并非同一人所写的事实，并未提供更加具有优势的证据予以证明，其作出被诉决定的事实基础足以被本案存在的合理怀疑所动摇。

第二，入学与复查考试的两幅素描画能否确定为非同一人所作的问题。××大学以其举证的专家复查结论坚持认为，两幅素描画存在较大差异，故张某入学考试存在弄虚作假的行为。在诉讼中，××大学坚持对张某的入学考试画作进行鉴定。对此，考量如下：首先，素描画与手写字迹存在于同一文本上，××大学没有其他证据能够证明在张某入学时的素描画与手写字迹系由不同人员所作。在素描画手写字迹已被相关鉴定机构鉴定是张某所写的情况下，××大学作出被诉决定的事实和证据并不充分。其次，对考生的画作进行鉴定，在可操作性及客观性方面均极易引发争议。故二审法院对此申请事项不予准许。

第三，张某是否已经对当时考试情况做了合理解释的问题。本案中，从张某参加××大学2015年2月的入学考试至2015年10月参加××大学复查考试的时间间隔长达8个月之久，考生的前后分数差别受到应试时间、个人发挥、环境等多重因素的影响，并非恒定不变的。一审中，张某诉称其在2015年1月至3月连续参加了十余所高校组织的专业考试，因此事后回忆出现了偏差。张某对于其当时无法说清考试的情况予以了合理的解释，并提交了十余所学校的准考证予以佐证。××大学对此并未提供充分的反驳意见和证据，张某本人对其提出的案件事实已经达到了合理可能性证明标准，其意见应当予以采信。

综上，在此类案件的审查中，人民法院应当要求对相对人作出不利处理决定的高等教育机构尽到更加充分的举证义务，即认定相对人此类违法事实的举证应当达到排除合理怀疑的程度。以本案审理为契机，有关部门应通过相关机制的健全完善，最大限度地保障高等教育的诚信度和公平度的实现。

编写人：上海市第三中级人民法院　张文忠　高凌　史克诚

图书在版编目（CIP）数据

中国法院2020年度案例．行政纠纷／国家法官学院，最高人民法院司法案例研究院编．—北京：中国法制出版社，2020.3

ISBN 978－7－5216－0915－8

Ⅰ．①中… Ⅱ．①国…②最… Ⅲ．①行政法－案例－汇编－中国 Ⅳ．①D920.5

中国版本图书馆CIP数据核字（2020）第034121号

策划编辑：李小草（lixiaocao2008@sina.cn）

责任编辑：王熹　赵律玮　　　　封面设计：温培英　李宁

中国法院2020年度案例·行政纠纷

ZHONGGUO FAYUAN 2020 NIANDU ANLI · XINGZHENG JIUFEN

编者/国家法官学院，最高人民法院司法案例研究院

经销/新华书店

印刷/三河市紫恒印装有限公司

开本/730毫米×1030毫米　16开　　　　印张/17.75　字数/239千

版次/2020年3月第1版　　　　2020年3月第1次印刷

中国法制出版社出版

书号 ISBN 978－7－5216－0915－8　　　　定价：62.00元

北京西单横二条2号

邮政编码100031　　　　传真：010－66031119

网址：http：//www.zgfzs.com　　　　**编辑部电话：010－66071862**

市场营销部电话：010－66033393　　　　**邮购部电话：010－66033288**

（如有印装质量问题，请与本社印务部联系调换。电话：010－66032926）

中国法院2012～2020年度案例系列

国家法官学院　最高人民法院司法案例研究院　编

简便易用、权威实用——打造“好读有用”的案例

1. 权威的作者：国家法官学院案例开发研究中心持续20余年编辑了享誉海内外的《中国审判案例要览》丛书，2012年起推出《中国法院年度案例》丛书，旨在探索编辑案例的新方法、新模式，以弥补当前各种案例书的不足。

2. 强大的规模：2012、2013年各推出15本，2014年推出18本，2015年推出19本，2016年推出20本，2017年推出21本，2018、2019、2020年推出23本，含传统和新近的所有热点纠纷，所有案例均是从全国各地法院收集到的上一年度审结的近万件典型案例中挑选出来的，具有广泛的选编基础和较强的代表性。

3. 独特的内容：不再有繁杂的案情，高度提炼案情和裁判要旨，突出争议焦点问题。不再有冗长的分析，主审法官撰写“法官后语”，展现裁判思路方法。

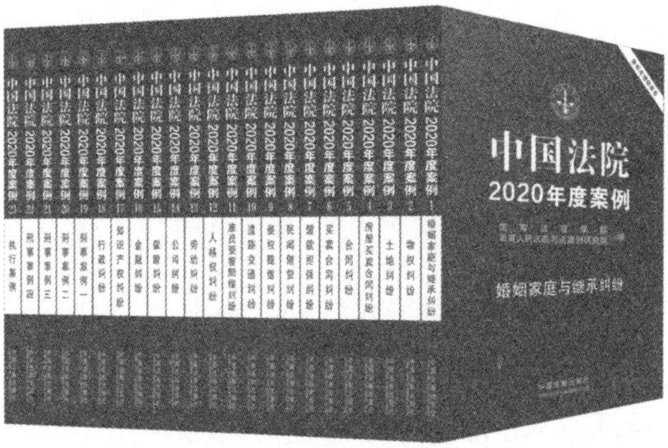

1. 婚姻家庭与继承纠纷
2. 物权纠纷
3. 土地纠纷（含林地纠纷）
4. 房屋买卖合同纠纷
5. 合同纠纷
6. 买卖合同纠纷
7. 借款担保纠纷
8. 民间借贷纠纷
9. 侵权赔偿纠纷
10. 道路交通纠纷
11. 雇员受害赔偿纠纷（含帮工受害纠纷）
12. 人格权纠纷（含生命、健康、身体、姓名、肖像、名誉权纠纷）
13. 劳动纠纷（含社会保险纠纷）
14. 公司纠纷
15. 保险纠纷
16. 金融纠纷
17. 知识产权纠纷
18. 行政纠纷
19. 刑事案例一
20. 刑事案例二
21. 刑事案例三
22. 刑事案例四
23. 执行案例

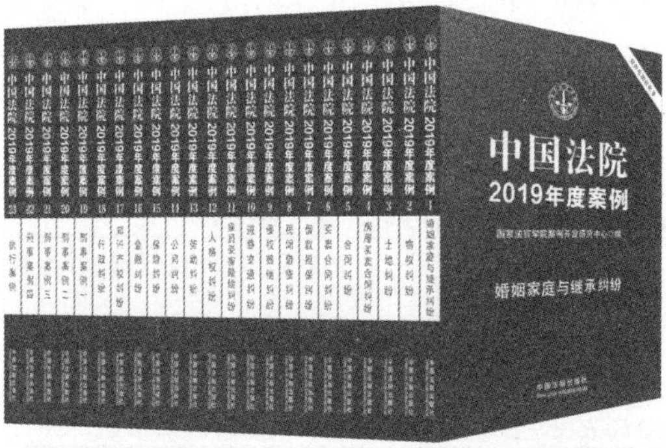

最高人民法院指导性案例裁判规则理解与适用系列

公司卷二	98 元	物权卷	88 元
公司卷（第三版）（上下册）	139 元	婚姻家庭卷（第二版）	68 元
民事诉讼卷（第二版）（上下册）	145 元	合同卷四（第二版）	98 元
侵权赔偿卷二	69 元	合同卷三（第二版）	98 元
侵权赔偿卷一	69 元	合同卷二（第二版）	108 元
房地产卷	98 元	合同卷一（第二版）	108 元
劳动争议卷	58 元	担保卷（第二版）（上下册）	139 元

最高人民法院知识产权审判实务系列

最高人民法院知识产权审判案例指导（第 11 辑）	86 元
最高人民法院知识产权审判案例指导（第 10 辑）	98 元
最高人民法院知识产权审判案例指导（第 9 辑）	88 元
最高人民法院知识产权审判案例指导（第 8 辑）	88 元
最高人民法院知识产权审判案例指导（第 7 辑）	98 元
最高人民法院知识产权审判案例指导（第 6 辑）	78 元
最高人民法院知识产权审判案例指导（第 5 辑）	88 元
最高人民法院知识产权审判案例指导（第 4 辑）	78 元
最高人民法院知识产权审判案例指导（第 3 辑）	78 元
最高人民法院知识产权审判案例指导（第 2 辑）	78 元
最高人民法院知识产权审判案例指导（第 1 辑）	48 元
中国知识产权指导案例评注（第 10 辑）	128 元
中国知识产权指导案例评注（第 9 辑）	108 元
中国知识产权指导案例评注（第 8 辑）	98 元
中国知识产权指导案例评注（第 7 辑）	118 元
中国知识产权指导案例评注（第 6 辑）	128 元
中国知识产权指导案例评注（第 5 辑）	118 元
中国知识产权指导案例评注（第 4 辑）	98 元
中国知识产权指导案例评注（第 3 辑）	98 元
中国知识产权指导案例评注（上、下卷）	188 元
商标法适用的基本问题（增订版）	78 元
反不正当竞争法的创新性适用【精装】	68 元
知识产权法律适用的基本问题——司法哲学、司法政策与裁判方法	168 元
最高人民法院知识产权司法解释理解与适用（最新增订版）	69 元
最高人民法院知识产权案件年度报告（2008～2015）（中英文版）	198 元
知识产权司法实务新型疑难问题：专利、商标与著作权热点问题	138 元
知识产权司法实务新型疑难问题：知识产权司法保护与产业发展	120 元

最高人民法院审判指导书系

执行规范理解与适用——最新民事诉讼法与民诉法解释保全、执行条文关联解读（增订 2 版）	159 元
最高人民法院民事立案业务指导	108 元
最高人民法院审判监督业务指导	128 元
最高人民法院执行业务指导	128 元